绿洲生态经济可持续发展理论与实践

李万明 等 编著

经济日报出版社
北京

图书在版编目（CIP）数据

绿洲生态经济可持续发展理论与实践／李万明等编著．
北京：经济日报出版社，2024.12.
ISBN 978-7-5196-1386-0

Ⅰ.F127.45

中国国家版本馆 CIP 数据核字第 2024GK9789 号

绿洲生态经济可持续发展理论与实践
LÜZHOU SHENGTAI JINGJI KECHIXU FAZHAN LILUN YU SHIJIAN

李万明 等　编著

出　　版：	经济日报出版社
地　　址：	北京市西城区白纸坊东街 2 号院 6 号楼
邮　　编：	100054
经　　销：	全国各地新华书店
印　　刷：	三河市国英印务有限公司
开　　本：	710mm×1000mm　1/16
印　　张：	16
字　　数：	270 千字
版　　次：	2024 年 12 月第 1 版
印　　次：	2024 年 12 月第 1 次
定　　价：	58.00 元

本社网址：www.edpbook.com.cn，微信公众号：经济日报出版社
请选用正版图书，采购、销售盗版图书属违法行为
版权专有，盗版必究。本社法律顾问：北京天驰君泰律师事务所，张杰律师
举报信箱：zhangjie@tiantailaw.com　　举报电话：（010）63567684
本书如有印装质量问题，由我社事业发展中心负责调换，联系电话：（010）63538621

前 言

农业现代化的过程就是改造传统农业、不断发展农村新质生产力的过程，这一过程既要符合当今世界现代农业发展的一般规律，又必须从我国乡村实际出发，改造传统农业，转变农业增长方式，不断发展农村新质生产力，促进农业又好又快发展。随着新一轮西部大开发的快速推进，国家对西部的农业开发、资源开发及生态环境恢复与重建的力度在不断加强，使得西部地区生态农业发展潜力不断释放。因此，加速实现干旱区生态农业现代化步伐，用科学发展观和现代科学技术开发绿洲生态农业，是西部大开发经济与生态协调发展、环境保护与开发并重的战略要求。

生态环境是农业生产与发展的自然基础。干旱区生态系统由山地、绿洲、荒漠三个相互依存、相互制约的生态子系统构成。"绿洲"（oasis）又称为"沃洲""沃野""水草田"。"oasis"源自希腊语，指荒漠中能"住"和能"喝"的地方。在"山盆系统"中下部的扇形地带，地势平坦，地下水出漏，地表物质多为颗粒较细的肥沃土壤，这就是天然绿洲，又称绿洲的"内核"。绿洲土壤肥沃、灌溉条件便利，往往是干旱地区农牧业发达的地方。当人类逐水草而居后，引水灌溉，围绕"内核"呈圈层向外扩展开发绿洲，绿洲就演化成了自然、社会、经济和生态的复合系统，学界称之为"现代绿洲"。绿洲生态子系统内水、土、光、热资源丰富，宜于多种农作物的种植，且各自然要素之间的组合关系良好，具备"两高一优"农业的自然基础。

西北干旱区绿洲是我国绿洲的主要分布区，由于光热水土的特殊组合，形成了独具特色的绿洲生态农业，具备了建立优质、高产、高效农业的优越条件。目前，绿洲高效农业成为国家特色农产品基地的优势已显现，如新疆优质棉产量占全国的90%，大面积丰产、小面积超高产的世界纪录都在新疆。同时，西北干旱区绿洲生态农业后备资源极为丰富，新疆人工绿洲仅占国土面积的5%，是我国农地资源开发的接替区，是解决我国"农业及粮食安全"的希望所在。但由于长期不合理的开发利用，西北干旱区绿洲自然环境恶化，水土流失、土地"三化"（沙漠化、沼泽化、盐碱化）现象严重，生态承载能力急剧下降。据统计，2010年西北地区冰川缩减25%，森林减少25%，草地退化60%，沙漠化的面积占国土面积的27.3%，并且每年以2460 km^{2}的速度推进，盐碱地面积达11万 km^2，次生盐渍化面积占耕地的1/3，低产田占耕地的30%~40%。

走中国特色农业现代化道路，增强农业综合生产能力，确保国家农业安全，把饭碗牢牢地端在自己手里，是中国式农业现代化的首要任务。鉴于干旱区绿洲农业后备耕地资源丰富，人均耕地面积大，水资源严重不足（农业用水占到90%，农业水利用率仅为40%），不合理的开发模式和无限制的农业用水，导致绿洲危机四伏等现实问题，我们提出了"干旱区绿洲生态农业现代化模式"：水资源约束是西北地区绿洲耕地扩大的瓶颈，因此推广现代节水技术不仅可进一步扩大耕地面积，还可兼顾荒漠生态恢复用水；西北干旱区绿洲农业应该是规模化、机械化的现代农业发展模式，即以生物技术充分利用绿洲光热资源提高土地产出率，因为绿洲丰富的光热资源为生物高产和超高产提供了条件与可能，只要种子和栽培技术突破就可以实现"两高一优"的现代农业目标；以节水技术扩大垦殖面积和运用大型机械提高劳动生产率，实现规模化经营，达到农民增收的目标。"干旱区绿洲生态农业现代化路径"必须以绿洲生态农业可持续发展为前提，以农地制度、水权制度、林权制度安排为基础，以发展节水型农业、推广现代节水技术为核心，以推广现代农业机械技术、信息化技术为手段，以规模化经营为组织形式。

本书是作者近十年研究"干旱区绿洲生态农业现代化"的系列成果。第一篇从哲学和生态系统耦合机制顶层研究人类社会系统、干旱区荒漠系统与农业生态系统的"协调"机理；第二篇研究了绿洲生态经济可持续发展理论与实践；第三篇从实证的视角研究了"中国绿洲生态农业现代化模式与路径"；第四篇针对"干旱区水资源可持续与利用效率"进行了专题研究；第五篇针对"沙漠阳光生态产业"方兴未艾的发展趋势，对新疆"塔里木产业沙漠之光"进行了展望。参与本书研究和整理的合著者有：王槿槿（参与了第五篇的研究与整理）、尹玥兰（参与了第三篇的研究与整理）、余沛贞（参与了第二篇的研究与整理）。另外，常雅琳、张玥两位老师也协助作者对文稿进行了校对，在此一并表示感谢。

李万明

2024年8月20日于新疆科技学院

目 录

第一篇 总 论

第一章 可持续发展理论及实践的哲学思辨 ………………………… 1
第二章 干旱区生态系统与现代农业系统耦合机制研究 …………… 7

第二篇 绿洲生态经济可持续发展理论与实践

第三章 绿洲生态经济可持续发展理论研究 ………………………… 14
第四章 中国粮食安全路径：滴灌栽培技术与干旱区土地资源利用 …… 25
第五章 天业集团节水滴灌产业创新案例研究 ……………………… 36
第六章 ST生态产业园发展模式研究 ………………………………… 54

第三篇 绿洲生态农业现代化模式与路径研究

第七章 绿洲生态农业现代化模式研究 ……………………………… 77
第八章 我国现代农业产业化制度安排 ……………………………… 86
第九章 农业产业化主体利益机制研究 ……………………………… 94
第十章 兵团××师农业现代化战略研究 …………………………… 101

第四篇 干旱区水资源效率与可持续利用研究

第十一章 西北干旱区水资源利用与经济要素匹配研究 …………… 129
第十二章 新疆农业用水效率及影响因素分析 ……………………… 142
第十三章 基于破产博弈理论的流域水资源优化配置研究 ………… 150

| 第十四章 | 玛纳斯河流域资源产权水制度研究 | 163 |

第五篇　科技赋能沙漠经济产业开发潜力无限

第十五章	沙漠产业开发模式研究	177
第十六章	沙漠旅游文化产业发展战略——以《阿拉尔市十一团昆岗沙漠旅游文化产业项目》为例	195
第十七章	塔里木油莎豆"三生共赢"产业开发模式研究	218
第十八章	结论与展望：塔里木的绿色希望	234

第一篇 总 论

第一章 可持续发展理论及实践的哲学思辨[①]

1999年7月11日是世界人口日，至此地球居民已近60亿，这是在环境恶化、地球生态退化、食品危机、贫困和两极分化等问题日趋严峻的情况下，近40年来每年新增7000万人口的结果。人口的急剧增加使生存需求对地球生态环境的索取和破坏日趋严重，其所造成的环境污染不仅给环境而且给人类自身的生存造成极大的危害。"绿色"消费只能是人们茶余饭后的消遣和奢望，这一严酷的现实从工业化国家开始，至今已遍及全球。人类作为这一结果的制造者，既受益又受害，于是在趋利避害原则的驱使下，人类开始研究并重视环境保护、污染治理等问题，并取得了局部效果，如伦敦等先工业化城市已从"雾都"变为环境优美的城市。但是大部分发展中国家、欠发达国家仍然在重复发达国家的老路，全球性的环境恶化问题还在加剧，全球范围内的环境与发展问题、可持续发展战略，已成为20世纪90年代世界性的热点问题。

我国是一个人口大国，人口对国土资源的压力已近乎极限，为生存而毁灭生态的现实（生态贫困的恶性循环），为发展而制造污染的案件（发展有为论）层出不穷，依靠法律和政令很难得到有效遏制。加之在工业化的过程中眼前及局部利益驱使人们置"环境保护法"于不顾，随意排污，结果是"大河变黄，小河变黑，天空变灰"，使得我国正在走前工业化国家的老路。人口

[①] 注：1997年国家环保部与"淮委会"出台的四省联合治理污染行动，到1997年12月31日零点淮河水变清，简称"零点行动"。那一刻淮河水"变清了"，让多少人心潮澎湃。国家环保部门称，淮河污染治理取得了阶段性胜利。

对耕地的压力使我们不得不选择"高产低效"的种植技术，农业无机化、"白色污染"、农药残留等已威胁到人们的生存。人口消费对环境的压力，沿江、沿路"白色垃圾"，城市生活垃圾成灾，人人厌恶，却也在无奈中继续污染。

近半个世纪的生态环境理论及实践可谓成果丰硕，但无可辩驳的事实是：地球环境仍在恶化，这不能不引起人们的反思。当然，用系统理论研究环境保护与可持续发展，把它看作社会、政治、经济、生态多位一体的系统工程无疑是非常重要的，在保证这一系统良性运作的协同因子中，理论探索、技术方法也很重要，然而，社会经济系统可持续发展深层次的哲学伦理问题，是更重要的"发展观问题"。

思考之一：生存第一与可持续发展的矛盾思辨

生存第一是人类乃至一切生命体保护自我生命及种群延续的最高、最重要法则，"物竞天择，优胜劣汰"是生物界的普遍法则。古典经济学家马尔萨斯的著名"人口理论"，亦是这一法则在人类社会的体现。当然马氏"战争、瘟疫等强制减少、平衡人口"的理论失之偏颇，但是社会现实又从不同的侧面对其给予了印证，战争及掠夺总是起因于资源的有限性和财富强制掠夺（市场法则下的掠夺）。自古至今，人类的生存都是直接或间接地向自然界索取，战争及掠夺行为大多起源于当前自然资源的相对不足，当人类还能用最经济的手段直接向自然界取得资源时，就不会想到自然资源的永续利用。例如，刀耕火种是因为有可新垦的土地去轮种；当扩大土地面积比集约化更经济实用时，人类就不会采用后者；当有更多的草场可游牧时，人类就不会采用"草库仑"式轮牧制；当有原始森林可开采时，人类就不会去营造人工次生林；当常规能源不发生危机时，人类就不会开发新能源，如此等等都是生存第一原则的具体体现。

因此，生存第一原则是眼前利益与长远利益、个人（局部）利益与群体（社会）利益、生物排他性与共存性矛盾的深层原因。正因为如此，才会出现当前科学技术日新月异，物质财富空前繁荣的同时，60亿人口的生存危机、环境与发展危机也在日益加剧，人类才会提出全球性可持续发展的战略思考。当然，人类的活动是面向未来的有意识的活动，这种计划性可以弥补许多短期性和局部性缺陷，但是环境的可持续性和地球生态系统作为人类共同的家园的整体性，靠目前这种局部的措施和手段很难达到理想的效果。例如，发达国家对局部环境的保护可谓有效，但他们对整体环境的破坏也更多，臭氧层空洞、厄尔尼诺现象的发生，他们的责任更大。这正是生存第一原则作用的结果，也是地球环境在一片保护声中继续恶化的深层原因。

思考之二：经济全球化与生态全球化的矛盾思辨

世界性的环境与可持续发展问题并不完全是人口数量增加造成的，而与全球性社会的经济结构直接相关。首先，社会经济的贫富差距越来越大，形成了金字塔结构。联合国计划开发署的统计数字表明：占全球人口20%的富有者消费着86%的各种商品和消费品，而占人口20%的贫困居民只消费了世界财富的1.3%；有至少26亿人缺少基本医疗服务，有11亿人没有适宜的住宅；3名世界巨富的财富超过了48个不发达国家的国内生产总值之和，1/5的最富有者和1/5的贫困者收入差距，1980年是30/1，到1998年竟扩大了一倍以上，达到了74/1。更为突出的是，富有者在创造自己舒适生活的同时，也在掠夺着地球公共资源，破坏了地球环境（如臭氧层空洞、极地冰盖消融等）。一个美国人的消费是30个印度人的消费总量，世界富有者使用着世界58%的能源，是87%汽车的主人，使用汽车的人不会去想汽车尾气对空气的污染和他人的危害。与此同时，贫困者为了生存也在向贫瘠的生存环境肆意掠夺，他们不会、也不可能去想将来环境恶化到人类无法生存时怎么办，我国北方农牧交错带地区、黄土高原的生态严重退化，正在陷入"生态贫困陷阱"的恶性循环，同时全球大部分贫困地区和人口正在生态贫困与经济贫困的双重灾难中艰难度日，这就是严酷的现实。

其次，新自由贸易主义使经济全球化加剧。200家全球性大企业占世界生产总值的比重已从1982年的24%上升到1995年的34%，如果企业数扩大到500家，则这一比重将扩大到45%，这些企业全部来自西方七国集团。一般跨国集团都将零部件加工或有污染的项目放在国外特别是发展中国家，而将产品装配及清洁项目放在国内，以节约资源和减少污染。同时在全球化贸易过程中蕴含着两种"资源"的转移：①资源和财富向富国的转移；②污染和废料向贫国的转移。例如，中美贸易是在市场平等交易下发生的，但两国的技术和经济发展水平差距很大，美国在宣称自己进入知识经济时代的同时，已将传统产业间接转移到发展中国家，用他们高附加值的知识产品换取加倍的传统消费品。现以中国新疆的棉花出口和美国微软光盘交易来举例，1998年中国棉花出口价为7000元/吨，美国的微软光盘（原版）也是7000元/张，但是中国生产1吨棉花的直接成本为6500元，如果加上农民人工和环境污染等成本，就突破了万元；而美国的一张"office97"光盘的成本仅3元。一般的知识产品都是低污染或无污染的，而传统工业品都是高污染的。因此，这一交换过程不仅是财富和资源的集中，更是污染的扩散和转嫁。这种间接转嫁过程使富国有理由谴责贫国对环境的破坏，推脱自己对环保的责任，而贫国也以富国不承担环保责任和自身无力承担为由置环境保护于不顾，因此当今世界在加速经济发展的同时加重了对环境的污染和破坏，这是严酷的现实。

思考之三：国家民族阶级利益与人类共同利益矛盾的思辨

"保护我们共同的家园——地球"是联合国环境与发展大会（以下简称世界环发大会）提出的口号，"既满足当代人的需求又不损害后代人满足需求的能力"是可持续发展的内涵。从1972年首次世界环境大会到1987年世界环发大会，再到20世纪末，这些被人们普遍关注和讨论的热点及难题，却仅停留在纸上或局部实践上，如何才能变成我们（人类）共同的、自觉的行为，甚至强迫的行为，尚待时日。究其原因，国家、民族、阶级利益的矛盾冲突是重要因素之一。

国家、民族、阶级的出现及存在有地域、社会、政治等原因，但更重要的是经济利益，即它们是为保护特定团体的利益而出现和存续的。在短缺经济或资源稀缺性条件下从事经济贸易活动，每个国家、民族都为维护本国或本民族的利益而损害其他国家及民族利益的行为是直接掠夺；市场公平交易背后最大的不公平就是经济掠夺，特别是一些大国采取以强凌弱的政策，表面上看是政治、经济不平等行为，但其对资源、环境的破坏作用更大。战争大都发生在以强凌弱的态势下，战场总是在弱小或被侵略一方的国土上，而战争的结果总是以战败方政治、经济屈服、资源环境的巨大破坏为代价。中华民族的摇篮——黄河流域的黄土高原曾是一片葱茂的绿野，几千年的战火及人为破坏使其成为不毛之地。

经济侵略是当今强国采取的"不流血的战争"掠夺方式。如前所述，经济强国在国际贸易和跨国经营中将资源及经济利益集中在本国，而将污染及环保责任转嫁给他国的行为就是国家、民族利益与人类共同利益矛盾的集中体现。从流血冲突到不流血的市场掠夺，再到其他花样翻新的"零和博弈"

行为，只要国家、民族局部利益的矛盾存在，维护人类共同利益——保护我们家园的职责就会被一推再推，自觉履行这一职责就遥遥无期。强迫履行这一职责就目前看，正如阿根廷《号角报》所称："全世界领导阶层的责任日趋淡化，给我们这个臃肿的、各国民族鸿沟纵横的星球造成了越来越令人不安的结果。"

思考之四：经济学原理对可持续发展的冲击思辨

经济学作为研究人类生产投入产出效益的科学，总是寻求在特定的资源环境下投入尽可能少，产出尽可能多的途径。在比较效益原则下，人们对当前利益更加偏好，即直觉比理性更易被人们接受，以当前利益或个人利益渠道的市场竞争，结果总会出现"纳什均衡"。因此，在当今人人关心环境及可持续发展，人人都明白若不能保护好我们的共同家园——地球，人类最终将毁灭自己的"文明时代"。例如，1997年的变清"零点行动"①，之后不到一个月，淮河水又变黑了，法律及行政强迫远不如经济利益的驱动力强。当人们能从自然界获取直接资源时就不会选择间接或转化资源，更不会花高额的成本或科技研发费去开发各类"新资源、新能源"，也不会去利用再生资源，因此，微观经济学的相关理论与原理是对资源环境永续利用的最大冲击。

思考之五：市场法则与可持续发展的矛盾思辨

近现代经济发展史中最具创造性的就是市场法则，它成为经济发展最强劲的推动力。但这只"看不见的手"在对经济发展产生强大推动力的同时，也对环境资源产生着巨大的破坏作用。市场经济具有短期性、自发性、盲目性的特征，市场主体都是"经济人"，以追求个人效用最大化为目的，从不考虑他人利益和社会福利。因此，人们在严格遵从经济学原则从事市场经济活动时，短期性、自发盲目性、自私利己性行为对环境的破坏、资源的掠夺达到了疯狂的程度。马克思在《资本论》中这样描述："如果有10%的利润，资本就会到处被使用；有20%的利润，资本就活跃起来；有50%的利润，资本就铤而走险；为了100%的利润，资本就敢践踏一切人间法律；有300%的利润，资本就敢犯任何罪行，甚至冒绞首的危险。"

---

① 注：本章为作者在1998年石河子大学举办的"中国西部可持续发展与生态建设学术会议上的发言稿"，收录在《中华新论》文集中，2002年获得新疆兵团"九五"哲学社会科学二等奖。

市场主体自由竞争的结果是资本主义社会固有的基本矛盾——生产的社会化与生产资料的私人占有之间的矛盾日益激化而导致的经济危机或称一次比一次更严重的生产相对过剩的危机。《龙须沟》《雾都孤儿》《羊吃人的圈地运动》是对这一事实的真实写照。为弥补"市场失败"、增进社会公共利益、保护环境资源，各国都选择了政府干预这种"看得见的手"，通过立法、调整经济参数、产业导向政策等方式调控市场主体行为，以期市场竞争有序，确实收到了巨大的效果。但这些只能是对有形资源或经济资源、有形福利、局部环境保护发挥有限的作用，公共资源（如空气、海洋、国际河流），全球环境问题仍在加剧。市场法则及经济利益驱动下的市场主体的利己行为，使法律、政策经常显得苍白无力。

　　综上所述，环境保护及可持续发展观是关系人类千秋大业、万代永续的根本发展之计，是全球人类共同的职责和义务，已引起有责任感的人们重视国家的关注和焦虑。但在讨论和实施这一战略时，国家往往将更多的精力放在了技术方法、行政、法律强制等方面，结果常常令人失望。本书从哲学的角度，以人性伦理、社会伦理、经济伦理的观点来讨论环保与可持续发展难题的深层原因，观点难免失之偏颇，以期引起争鸣。

第二章 干旱区生态系统与现代农业系统耦合机制研究[①]

近年来，我国干旱区的社会经济得到迅速发展，尤其是干旱区绿洲生态农业现代化建设，不仅在量的发展上有新的突破，而且在质的建设上有了新的飞跃。但是，在干旱区绿洲生态农业现代化高速发展的同时，干旱区的生态环境和自然承载力却面临着极大的挑战。因此，如何进一步推动干旱区绿洲生态农业现代化建设，协调干旱区生态环境与干旱区绿洲生态农业现代化建设之间的关系，是干旱区绿洲生态农业现代化建设的关键问题。

一、耗散结构理论

耗散结构（dissipative structure）的概念是由比利时物理化学家普利高津（I. Prgogine）在1967年提出的。耗散结构理论，是研究耗散结构的性质，以及它的形成、稳定和演变规律的科学。该理论强调一个远离平衡的开放系统通过不断地与外界交换物质和能量，在外界条件的变化达到一定的阈值时，其从原有的混沌无序的状态转变为一种在时间上、空间上或功能上的有序状态。这种在远离平衡情况下所形成的新的有序结构，普利高津把它命名为"耗散结构"。耗散结构的形成不是在任意条件下都可以发生的，它要具备下列四个重要的条件：

（一）开放的系统

由经典热力学定律可知，孤立的体系只会产生一种趋势最终到达平衡态，必须靠外界供给物质能量获得维持生命的活力。特别在生物界，生物体如果不从外界不断地吸收、耗散物质，它就不能维持生命，只能死亡。另外，在

[①] 注：本章主要内容发表于《黄河科技大学学报》2009年第4期。

只有能量交换而无物质交换的封闭体系中,其遵守的也只是玻尔兹曼原理。所以,开放系统是产生自组织现象的首要条件。

(二) 远离平衡态

因为只有远离平衡态,才能产生足够大的负熵流,所以,远离平衡态是有序之源。

(三) 系统内存在非线性的相互作用

一般一个体系内各要素之间的作用分为线性和非线性的。对于线性作用,它具有加和性,即每个小的作用性质、行为是相同的,没有制约性,不可能产生新的性质和结构。只有靠体系内部众多的具有相干性和制约性的非线性作用,它才能形成有序的耗散结构。例如,激光就是光子在非线性作用下产生的,否则永远是普通光。所以,非线性作用是形成耗散结构的重要条件之一。

(四) 要有涨落的触发

体系处在远离平衡态时的涨落不再是一般的干扰因素,而是对处在一个动态的体系起到触发作用,推动系统发生质的变化而跃到新的稳定有序的耗散结构状态。

二、干旱区生态农业系统特征

干旱区由于自然降水的不足,自然界的绿色植物对太阳光能的同化、吸收过程只能在具有一定灌溉条件的局部地域进行。绿洲农业的形成、发展与水资源的形成与转化密切相关,水资源是绿洲农业的命脉。干旱区绿洲生态农业系统可以满足耗散结构所要求的条件。

(一) 开放性

干旱区绿洲生态农业系统与所处的环境之间存在着物质流、能量流、信息流的交换,用以保持系统结构和功能的相对完整与稳定。由于绿洲农业是灌溉农业，因此，干旱区绿洲生态农业系统的发展会造成绿洲的迁移变化，尤其是人口的增加，会使人们到水源上游地中部或河谷阶地上开发新的耕地。

（二）远离平衡态

判断系统是否远离平衡态的主要依据，是看系统是否是开放的、流动的。非平衡意味着"对外开放"（开放）和"对内搞活"（流动）。干旱区绿洲生态农业系统是进行生物生产以取得农新产品的生产部门，是自然再生产和经济再生产过程交织的生态—经济复合系统。这就意味着这个系统与外界，以及系统的各个层次、各个部分之间时时刻刻都在进行着物质和能量的交换。这种永无休止的交换与流动，正是系统处于非平衡态的表现。

（三）非线性相互作用

干旱区绿洲生态农业系统内部和外部包含不稳定的因素与系统，而这些因素之间、这些因素和外部系统之间，又是相互影响、相互制约的。它们的这些作用，通常都是非线性的、不稳定的。

（四）涨落性

耗散结构理论认为，一个系统只要含有大量子系统或要素，其中就必定存在一些涨落。从这个角度上说，干旱区绿洲生态农业系统在系统内外两方面因素的复杂非线性相互作用下，产生无数个局部的涨落，系统不断受到它们的影响而偏离平衡态。这些涨落有可能被放大，在系统中产生更大范围的、更强烈的过程，从而使系统发生跃迁，形成新的耗散结构，不断地推动系统向前发展。

综上所述，干旱区绿洲生态农业系统是一种开放的、非平衡状态的、非线性的且具有竞争涨落的耗散结构，系统通过不断与外界交换物质和能量，产生一种自组织现象，从而使系统由原来的无序状态转变为一种在时间、空间或功能上有序的结构，这就需要向干旱区绿洲生态农业系统中输入物质和能量，即负熵流。

三、基于耗散结构干旱区现代农业系统设计

根据耗散结构原理，只有不断地向系统输入负熵，干旱区绿洲生态农业系统才能由无序走向有序，逐步向自组织结构转化。干旱区绿洲生态农业现代化建设中熵流产生的因素可分为两类：一类是自然因素，即系统的内部因素，包括阳光、空气、水分、土壤、气候等；另一类是社会因素，即系统的外部因素，包括科技进步、制度建设、人口素质与人口规模、物化投入、市场机制和观念更新等。其中，自然因素是无法改变的，可以改变的是增加科技投入以改变农业对自然因素的利用效率。因此，向系统输入负熵流的因素主要来源于社会因素。主要表现在以下几个方面。

（一）建立人力资本开发体系

人力资本是干旱区绿洲生态农业现代化建设的基础，人力资本投入和流动推动干旱区绿洲生态农业现代化建设。通过建立人力资本开发体系向干旱区农业现代化建设输入的负熵流主要表现在以下两个方面：

1. 完善人力资本投入机制

人力资本的投资主体分为政府和个人两种。干旱区绿洲农业的人力资本开发体系应由政府主导，主要包括基础教育、职业技术教育和医疗卫生三个方面。首先，各级政府应加大基础教育投入力度，切实执行九年制义务教育，进一步完善高等教育，开发职业教育和各类技术培训的教育体系，特别是要加大对农村劳动力转移培训的投入，并通过各种优惠政策，动员各种社会资金，依靠相应的法律、法规来保证人力资本的投资落到实处，获得预期效果。其次，政府要积极引导个人增加人力资本投资，引进高素质的人才，这样才能进一步推动干旱区绿洲生态农业现代化建设。最后，积极发展干旱区卫生保健事业，增加干旱区卫生事业的投资，包括基础设施的建设、对农村卫生人员的技术培训及医疗救助等机制，为干旱区人力资本开发体系的建立打下坚实的医疗保障基础。

2. 建立有效的农村人力资本流动机制

随着干旱区绿洲生态农业现代化建设的发展，农业的劳动生产率必然会

大幅度提高，并实现集约式的增长，这将导致大量的劳动力从农业中释放出来。只有建立有序的人力资本流动机制，充分发挥市场机制在配置劳动力资源方面的基础性作用，才能解决剩余劳动力的问题，才能更好地发挥人力资本的作用。劳动力的流动，不仅有助于劳动力实现异地就业，增加个人收入，而且劳动者可以学到新技术、新的生活方式，增强其接受和掌握信息的能力。这不仅有助于提高收入，而且能够提高人力资本存量水平、促进人力资本得到充分的开发和利用。因此，政府应加大组织力度、培训力度，积极创造有利于劳动力流动的条件，提高劳动力外出务工的技能，尽快建立全国统一、开放的劳动力市场，取消各种地方性的就业歧视法规，消除各种行业壁垒，加快城市化进程。同时，干旱区的地方政府可以与经济发达地区合作，将本地劳动力有组织地定向输出。这不仅可以保证劳动力的合法权益，减少劳动力盲目外流造成的自身权益受损，而且对于地方经济的发展有着巨大的推动作用。

（二）建立农业科技开发体系

科技在经济发展中的作用是不言而喻的。以干旱区绿洲生态农业现代化建设为基础建立农业科技开发系统，既要提高干旱区绿洲生态农业现代化建设的生产效率，又要维持干旱区农业现代化建设的可持续发展，同时肩负改善干旱区生态环境的重任。在干旱区绿洲生态农业现代化建设的过程中，我们必须继续强化科学技术的作用，把发展干旱区绿洲生态农业现代化真正转移到依靠科技创新与进步的轨道上来。

1. 引导投资主体多元化，加强对科研基金的监管

有效的资金投入是干旱区农业科技开发体系的科研开发及其成果转化的基础。投资的减少，必然造成农业基础设施和生产条件的恶化，直接影响农业的可持续发展。政府作为农业投资的主体，要进一步调整财政支出结构，加大财政对农业科技开发体系的资金支持力度，重点落实财政对科技成果的推广和应用的补助资金；完善科研基金监管体系，充分发挥行政监督、审计监督、社会监督作用，并保证科研开发的资金落到实处；积极探索科研基金的市场化运营机制，多方开辟筹资渠道，改革和完善农村的投、融资体制，采取各种措施鼓励和引导农民、外商增加对农业的投入，最终建立起完善的农业投入机制。

2. 建设高素质的科研工作队伍

农业科技革命最根本的力量是培育一支科技实力强大的人才队伍，包括具有国际竞争力的高科技队伍，以及懂专业、善经营的技术开发经营队伍。首先，加大农业科研和技术推广的资金支持力度，并加强农业科技推广工作人员和农民的教育培训工作，以利于农业科技创新成果的快速应用及其存在问题的反馈。其次，建立健全分配、激励机制，在提高现有科研工作人员收入、激励其工作积极性的同时，引进高素质的人才，充实和完善科研队伍建设。

总之，建立农业科技开发体系需要我们在继承和发展我国传统农业技术精华的基础上，实现传统技术与现代技术相结合，并对各种先进适用的单项技术进行合理的组合，以达到合理利用资源，改善生态环境，提高经济效益，促进农业现代化建设的目标。

（三）进一步完善市场运行机制

市场是新技术推广和应用的催化剂，因此，政府必须进一步完善市场运行机制。首先，建立农产品价格保护体系。目标是通过价格支持手段保证农民的收入能弥补农业生产成本，以稳定农业生产的发展。其次，强化市场在资源配置中的作用。干旱区绿洲农业由于其生产力落后导致经营粗放、资源利用率低。一方面，政府要明确资源的产权归属，完善资产有偿使用制度；另一方面，政府要建立资源核算制度，将资源数量的增减和质量的变化纳入国民经济核算体系，这样才能有效保护自然资源。最后，将农业科技创新研究和农技推广推向市场，并由市场的配置性作用实现其价值并推动其发展。在推进农业科技体制改革的过程中，科研机构应直接面向农民和市场提供服务并参与市场竞争，围绕农业现代化建设中的关键技术问题发挥各自优势，解决困难。同时，政府要做好鼓励和引导工作，实现科研开发、技术应用和农业现代化建设的有机结合。

市场运行机制的完善，不仅有利于干旱区科技工作的顺利进行，也有利于更新人们对干旱区绿洲农业现代化建设的观念，扩展人们对干旱区生态农业现代化建设的视野，活跃人们的创新意识，开辟新的思维领域。基于耗散结构理论的干旱区绿洲生态农业现代化建设如图2-1所示。

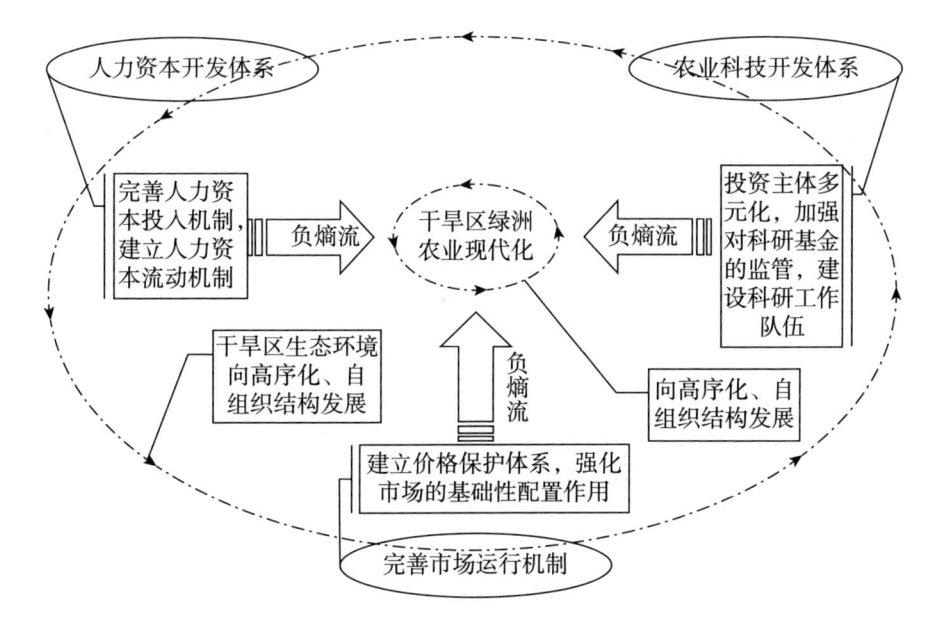

图 2-1 基于耗散结构理论的干旱区绿洲生态农业现代化建设

我国干旱区绿洲生态农业现代化建设正面临着发展的"瓶颈"问题。解决这个问题的关键，在于建立人力资本开发体系和农业科技开发体系，并且发挥市场经济的基础性配置作用，推动两大体系不断地向干旱区绿洲农业系统输入负熵流，使干旱区的绿洲农业生态系统保持耗散特性，向高序化、自组织结构发展，从而进一步协调干旱区的生态环境和农业现代化建设之间的关系。

第二篇 绿洲生态经济可持续发展理论与实践

第三章 绿洲生态经济可持续发展理论研究[①]

干旱区典型的地貌及生态景观是山地—绿洲—荒漠结构，绿洲是人类赖以生存和发展的物质载体与地理空间。新疆面积166万km^2，人工绿洲仅7万km^2，只占新疆面积的4.2%，却承载着95%以上的人口，聚集着90%以上的社会财富。因此，绿洲是新疆人类赖以生存和发展的物质载体与地理空间。现在主要问题表现在：河流断流，终端湖泊萎缩或干涸；绿洲水质咸化，土地次生盐渍化、沙漠化严重；绿洲外部生态退化，植被减少，生物多样性受损；自然灾害频繁，危害日盛；化学污染、工业"三废"（废水、废气、废渣）无治理排放，使绿洲生态系统"熵值"不断沉积，环境污染日益严重；产业结构单一，生物能量转化、增值率低。这是人类长期不适当地开发、利用绿洲而忽视绿洲经济与生态环境协调的结果。因此，研究绿洲生态—经济可持续发展是区域社会经济持续发展的需要，也是西部大开发战略的核心及关键。

新疆作为边疆少数民族和多民族聚居区，区域经济相对落后，许多地区特别是边远地区的农民生活处于贫困状态，是我国脱贫攻坚"难中之难"的地区。因此，绿洲不仅是这一广大地区当代人生存和发展的基础，更是我国

[①] 注：本章的主要内容已经发表于《中国农村经济》2003年第12期。是作者首次加入科技部"973"重大基础研究项目《西北山地—荒漠—绿洲结构区域可持续生态农业系统》前期研究团队，进行多学科交叉研究的成果。此项研究使本人的科学研究视角和眼界有了质的飞跃，陆续在绿洲生态经济、绿洲农业现代化、绿洲生态贫困等领域取得了丰硕的研究成果。

西部大开发生态建设的首选区,绿洲农业生态—经济系统的可持续是新疆生态恢复和重建,社会经济可持续发展的前提和基础。

一、绿洲生态—经济系统的主要危机

(一) 人工绿洲拓展与自然荒漠生态恶化并存

随着人口集聚,绿洲空间向戈壁荒漠和盆地扇缘农牧交错带拓展;生产、生活用水成倍增加,地表截流、地下提水等人为过程使下游荒漠自然给水量日益减少,地下水位下降,盆地扇缘带天然泉水溢出地带及湿地消失;农田生态系统不合理或无节制地用水,将地表水(洪水)全部截留,荒漠植被大量消失,土地沙化与沙漠化扩大,"沙进人退"的逆生态化演进日趋严重;许多河流截流,下游水量锐减甚至断流,终端湖泊萎缩或干涸,近 50 年来水域面积减少 50%,新疆的湖泊面积从 20 世纪 50 年代的 9700km^2 锐减到现在的 4748km^2。

(二) 绿洲生态系统的次生盐渍化日趋严重

河道缩短使内陆河水盐运移至绿洲沉积,绿洲浅层地下水质咸化,土地次生盐渍化严重。新疆农业是典型的内陆干旱性绿洲灌溉农业,水是自然生态及绿洲农业的生命之源。新疆的水利资源比较丰富,但由于不合理的开发和利用,水资源浪费严重,如许多水源丰富的地区亩灌溉超过千立方米。农业用水占 90%,由于灌溉方式粗放,1/3 的耕地不同程度地受到盐碱危害,只能依靠上灌下排、洗盐压碱来维持生产力。

(三) 土地沙漠化严重,沙漠与绿洲的对演日趋激烈,人工绿洲的稳定性变差

我国荒漠化的国土面积达 1/4,其中 70% 在西北干旱区。新疆近 20 年来年平均起沙风(6m/s 以上)30 天以上,其中南疆为 60 天,沙漠化土地年均扩大 0.24%,塔克拉玛干沙漠南缘每年向绿洲推进 5~10m,古尔班通古特沙漠南缘每年向绿洲推进 0.5~2.5m;绿洲外部生态退化,植被减少,生物多样

性受损。例如，准噶尔盆地是我国生物多样性十分丰富的地区，近50年来该地区物种减少了50%，20世纪80年代尚存的200多种植物，现存不足150种。

（四）化学污染、工业"三废"无治理排放，使绿洲生态系统"熵值"不断沉积，环境污染日益严重

绿洲内化学污染、土壤沙化、次生盐渍化不但影响绿洲农业的可持续发展，而且直接制约着当前生产的投入产出效益。例如，挖渠排碱的同时排走了大量的土壤肥力，农药杀虫的同时杀死了益虫，而病虫产生的抗药性使农药用量、烈度不断增加，农药残留影响食品安全。由于长期大量使用化肥，土壤有机质下降，微生物活动减少，新疆中低产田占60%，有机质含量不足1%，百姓称为卫生田。绿洲城镇工业、生活废水无治理排放到下游水库，农业大量使用化石能源，化学污染使绿洲生态环境越来越不适宜绿色、安全生产，甚至威胁人类生存。

（五）因地理与交通阻隔，绿洲农业经济系统外部经济环境的物流、价值流、信息流交换不便

新疆许多偏远地区的资源优势及名、特、优产品难以转化为商品优势；绿洲生态系统自组织功能差，只有依靠外部输入能量（水源等），生态系统才有高产出；同时绿洲经济系统能量输出不平衡，大部分工业性生活资料及全部生产资料依靠外部供给，绿洲大量农产品外销，在经济大循环中，绿洲输出的是物质产品和财富，而积累的是污染和贫穷。环境恶劣—生活贫困—掠夺环境—生态恶化—贫困加剧的"生态贫困"现象普遍存在。

（六）产业结构单一，生物能量转化、增值率低

"九五"期间新疆确定了"一白一黑"的发展战略，农村产业结构迅速向"棉花经济"调整。新疆棉花播种面积占全区总播种面积的近50%，宜棉区超过80%，到2000年棉花总产量达到近180万吨，占全国棉花总产量的1/3。但作物病虫害增加，土壤肥力破坏，农业物化投入增加，产品成本居高不下，是典型的高投入、高产出、低效益生产模式。目前新疆农产品的综合加工率不足50%，且加工层次很低，以棉纺为例，2000年新疆棉花总产近180万吨，

加工量不足 1/3 且仅限于纺织低支纱,致使棉纺厂大面积亏损。

二、绿洲生态系统能量循环规律

山地—绿洲—荒漠生态系统以水为核心的能量循环、运移有其独特的规律。特别是新疆的山盆系统最为典型,三山夹两盆,具有山高、盆阔、特别干旱、世界唯一的特征。这一特殊的地貌结构形成了以水的形成、运移、分布为基础的特有生态景观格局。新疆不仅远离海洋,还由于高山阻隔形成了封闭的山盆水汽循环系统。上百条内陆河发源于山区、流经平原、消失在沙漠,依水形成大小不等、流域分割的天然和人工绿洲。

干旱区蒸发量是降水量的十几倍到几十倍,水通过地表、水面、植被叶面蒸发形成大气水,除少量原地降落,大部分通过大气运移降至山地,又以大气降水(雨、雪、霜、雾)形成"山地水源"。盐分则滞留在绿洲水耗散地。因此水耗散越多的地带,盐分沉积越多,盆底盐湖由此形成,扇缘带盐碱滩和绿洲次生盐碱化都是这一地球物理化学构成的结果。

沙漠及冲积扇上缘地带地表水不足、地下水很深、大气降水很少,因此形成特有的前山及戈壁荒漠耐旱植被、抗旱耐盐的稀疏沙生植被景观;扇缘带(泉水溢出带)含盐较多的地下水溢出,在大气蒸腾作用下耗散,使扇缘带受盐碱侵蚀最重,形成湿地草甸、盐生植被景观;绿洲因地下水位适中、植被良好、灌溉条件充分、排水性能好,虽然蒸发量很大,但上灌下排将盐碱带入下游扇缘带,因此受盐碱侵蚀较轻,形成优良的人工农田生态景观。

随着绿洲人口集聚,生产、生活用水成倍增加,地表截流、地下提水等人为过程使自然水盐运移规律发生变化。绿洲空间向戈壁荒漠和扇缘带拓展,使自然扇缘带基本消失。农田生态系统不合理或无节制地用水,将地表水(洪水)全部截留,荒漠植被大量消失,土地沙化与沙漠化扩大日趋严重,已威胁到绿洲的生态安全。绿洲过度的耗水使原来排入荒漠及盆底湖泊的盐分大部分沉积在绿洲,加速了绿洲的盐渍化进程。在绿洲内部水盐运移过程中,上游的大量灌排和渗漏使下游扇缘带新绿洲浅层地下水位上升、水质咸化,土壤次生盐渍化严重。

绿洲城镇工业、生活废水无治理排放到下游水库,农业大量使用化石能源，化学污染使绿洲生态环境越来越不适宜绿色、安全生产，甚至威胁人类生存。资料显示，新疆近30年来人工绿洲与沙漠、荒漠化同时扩展，天然植被迅速减少，中、低产田占60%，次生盐渍化面积占1/3。

三、绿洲生态—经济系统的基本特征

绿洲生态与经济过程紧密交织，系统的可持续发展必须以生态安全为前提，以经济高效为目标。因此，认识绿洲生态—经济系统的特征，是制定绿洲生态—经济系统可持续发展战略的基本前提。

（一）绿洲生态系统的荒漠背景

景观学将绿洲称为荒漠景观下的"绿斑"。在区域生物地球化学循环过程中，作为"斑块"的绿洲始终受干旱荒漠型生物地球化学循环的影响和控制，干旱缺水、风沙肆虐、荒漠化、盐碱化是绿洲安全的基本扰动因子。为提高绿洲的生产效率，绿洲生态不断向经济目标趋动优化，外部生态环境劣化与内部生态环境优化过程的对演或博弈是绿洲生态演替的基本特征。新疆近几十年环境不断劣化，与30年前相比新疆自然灾害（霜冻降温、冰雹雪灾、沙尘暴等）的发生频度及强度提高了近1/3。

（二）绿洲的形成和存在具有明显的地缘性、依水性

干旱区生态植被景观依水存在且因水而异，地缘性特征明显。人工绿洲生态—经济系统是叠加在山盆系统特定区位上的人工景观，绿洲因水而存在和扩展。老绿洲大都建在冲积扇平原的中上部，这里地表水易于引流，地质通透性良好，地下水位适中且水质纯净，因而稳定性极好，可延续千百年而不衰；而在冲积扇上部开辟的新绿洲由于戈壁地土质可耕性差、地下水位下降（提水和防渗）和地表水不足而不断撂荒。在扇缘带新开垦的绿洲一般经过20~30年的耕作都出现了次生盐渍化，以扇缘带下部最为严重。例如，新疆兵团的车排子、安集海、莫索湾等垦区是20世纪50年代中期开垦的农场，到70年代都出现了严重的土壤次生盐渍化，碱进人退，最严重的141团、126团等曾因盐碱侵蚀而耕地绝收、房倒屋塌。虽经排碱恢复了农田的生产性能，但外排的盐碱又加重了农田周缘荒漠的次生盐渍化，绿洲农田生态系统

受盐碱侵蚀的危机仍未根本消除。

（三）绿洲生态—经济系统比较脆弱

生态环境恶劣，环境扰动因子（自然灾害）影响绿洲的安全和稳定；荒漠生态系统物质产出量极少，稍加利用就会出现退化，绿洲经济系统不但不能从外部环境获取生物资源，还要不断地向环境输入能量；大气蒸腾作用在绿洲最激烈，从绿洲带走的水分远大于降水，土壤次生盐渍化是绿洲固有的地球化学生态过程。另外，人类活动向绿洲环境排放的废物量大于绿洲生态系统的转化吸收能力，破坏了绿洲生态平衡，造成绿洲系统"熵"的累积，加重了绿洲的生态危机。

（四）绿洲生态—经济系统的封闭性与开放性

荒漠环境将绿洲分割成一个个"绿岛"，因地理与交通阻隔造成绿洲经济系统的封闭性，绿洲与外部经济环境的物流、价值流、信息流交换不便。新疆许多偏远地区的资源优势及名、特、优产品难以转化为商品优势；绿洲生态系统自组织功能差，只有依靠外部输入能量（水源等），生态系统才有高产出；同时绿洲经济系统能量输出不平衡，大部分工业性生活资料及全部生产资料依靠外部供给，绿洲大量农产品外销，在经济大循环中，绿洲输出的是物质产品和财富，而积累的是污染和贫穷。环境恶劣—生活贫困—掠夺环境—生态恶化—贫困加剧的"生态贫困"现象普遍存在。

（五）绿洲生态—经济系统的高效性与潜能性

绿洲光热资源富集，气候温差大，有利于作物养分的积累，生物转化利用率高。新疆的农业生产水平很高，棉花单产全国领先，许多产品品质独一无二。同时绿洲仅占5%，生物及经济生产拓展空间巨大；农田生态系统的光能利用率不足1%，区域水资源90%用于农业，农业水资源综合利用率仅为36%，说明绿洲资源利用率还很低，开发利用的潜力巨大。

四、绿洲生态—经济系统可持续发展的战略对策

绿洲生态—经济系统作为西北干旱区生态—经济系统最重要的子系统，

其存在和可持续发展必须以山地生态保育和水源涵养功能、绿洲外围荒漠生态系统的恢复与重建为前提。同时绿洲内部农业生态—经济系统可持续发展面临着一系列重大理论和技术创新问题。相关部门要根据新疆绿洲生态与经济共生互进的关系以及绿洲生态系统演进规律，运用生态与经济协同发展理论和高效生态农业技术体系，构建新疆绿洲生态—经济可持续发展战略框架。可概括为生态环境恢复与改善是前提，技术支撑体系是保障，绿洲生态安全是核心，经济持续高效是目的。建立绿洲农田生态良性循环的生产模式和技术体系，对促进绿洲农业结构调整、农民增收、农业资源保护、生态环境建设、巩固边疆具有重大意义。

（一）绿洲功能区划分与景观格局的优化配置

绿洲景观要素的和谐配置是维护绿洲生态环境安全的重要基础。以绿洲小城镇为核心的功能辐射区的建立，是整个系统安全稳定的区域优化配置模型。相关人员要从生态景观学的角度合理布局不同功能、不同类型的绿洲小城镇，如集生产加工、服务，生活居住、服务于一体的复合型中心城市；以绿洲资源加工为主的生产型小城镇；以居住、生产、生活服务为主的服务型小城镇；以山地和沙漠矿产资源开发利用形成的"油城、煤城、化工城"等。例如，克拉玛依、独山子、塔中油田等石油城镇，准东五彩湾、哈密三道岭、塔城和什托洛盖镇等煤城；石河子、北屯、阿拉尔等农产品加工城。

（二）实施环境生态恢复与重建工程

为维持绿洲生态—经济系统的高效可持续发展，保障绿洲生态安全，必须从以水过程为主的山地、绿洲、荒漠连续生态系统整体出发，探讨各系统间的依存关系和能量运移转换规律，然后制定科学的环境生态恢复与重建战略。

山地是蓄积、涵养水源的源流区。高山冰川是天然固体水库，融雪集流成为众多河流的发源地。近50年来由于全球气候变暖及生态恶化、环境污染，雪线不断上升，冰川减少了25%。山区森林、草地有涵养、保存水源的功能，由于过度采伐使山地森林减少了25%，过度放牧使山区80%的草场退化，严重退化的占36%，水源涵养功能严重受损。根据山地生态环境优良、破坏度低、生态系统自我修复功能强的特点，以自然保育、恢复为主，辅之以人工过程即可修复受损的生态功能。例如，封山育林、人工造林，严禁乱砍滥伐行为；实行季节性分区轮牧，畜群转移到农区以减轻草原压力等，使山地生态系统功能得以恢复。

荒漠生态系统原生的梭梭、柽柳、胡杨、枇杷、白刺等乔灌木以及众多的草本植物抗旱、耐盐碱，是十分宝贵的抗逆性种质资源。荒漠植被生态系统脆弱、环境恶劣，一旦遭到破坏恢复十分困难，且恢复过程十分缓慢。因此，荒漠生态建设的重点应放在绿洲边缘的过渡带，依托绿洲建立一个人工林草复合带，形成绿洲生态屏障。绿洲—荒漠过渡带生态重建是绿洲的屏障和最具潜力的开发区。所以要在绿洲—荒漠过渡带—经济产业耦合的生态重建区，改变传统的农田防护林体系，形成绿洲屏障，或绿洲与荒漠（沙漠）生态隔离带。

过渡带水资源较丰富，荒漠化轻，但盐碱化较重，选择耐盐碱的植物建立乔灌草复合带，不仅利用了绿洲生产废水（农田排出的微咸水），有效防止了绿洲次生盐渍化侵蚀，还形成巨大的绿洲生态屏障，改变了传统绿洲防护（农田防风林）格局，有巨大的生态效益。过渡带生态重建的主要、直接目的是获得"生态效益"，为此从生态效益上考虑，相关部门应选择种植长效、抗性好、生态效益高的植物，如梭梭、沙拐枣、柽柳等乔灌草。但若不考虑经济效益则既无实施的"经济动力"，也无现实意义。因此，相关部门要从经济效益上考虑：一是选择植物的经济利用价值，即该植物的生物产量要大、周期要短、有开发利用的经济价值，其产品有市场现实需求或潜在需求，如建设芨芨草、甘草、苜蓿等生长期短、生物量大、经济价值高的"草业""药业"原料基地。石河子垦区在含盐碱量4%的过渡带建立芨芨草生产基地，大面积种植成功，4年生芨芨草产量达1000kg，目前已种植2万亩，计划"十五"期间发展到50万亩。另外，利用弃耕地、低产田、过渡带盐碱地种植甘草、麻黄等药用植物，苜蓿等高效牧草，赋予这些过去认为利用价值不大的土地全新的生态—经济开发利用模式。例如，克拉玛依市利用"引额济克"水计划在荒漠上建立百万亩速生林草，发展百万头畜、百万吨纸浆的产业基地，目前工程进展顺利，生态效果良好。二是要充分考虑其与"农田生态生产系统"的协调性，求得生态—经济效益的统一。因此，相关部门要研究各种植物（方案）的生物产出量，经济利用途径以及它们的产业化经营模式选择，各种加工品的产业价值链构建及市场前景预测，经济效益评价，求得产业化经营的总价值最大化。

（三）建立绿洲农田生态良性循环体系

建立绿洲农田生态良性循环的生产模式和技术体系是更为迫切的战略任务。新疆农业是单一的"棉花经济"，据估算目前新疆棉花播种面积占全区总播种面积的近50%，宜棉区超过80%，致使作物病虫害增加，土壤肥力破坏，农业物化投入增加，产品成本居高不下，是典型的高投入、高产出、低效益生产模式。例如，2001年新疆棉花普遍受灾减产（30%~60%），加之市场价格持续下跌，损失惨重。因此，按照特色、优质、多元化调整农业生产结构，是新疆绿洲农业可持续发展的战略选择。

绿洲光热资源丰富，但目前的生物转化利用率很低，光热资源利用的空间和潜力巨大。据研究，作物光能利用率低的主要原因是农田生态系统 CO_2 量供应不足，即在1.5~2.0m作物生长空间缺乏植物光合作用所需的 CO_2。对此，相关部门可以通过增施有机肥、秸秆还田、翻压绿肥等措施增加土壤有机质，有机质不仅是长效肥，还可改善土壤可耕性和保水保肥性，同时增加土壤微生物的活动，微生物分解有机质将释放出大量的 CO_2 以供作物光合作用转化利用，可谓一举三得。根据石河子大学作物高产中心的研究结论：当棉花亩产100kg时，光能利用率仅为0.43%；当光能利用率为0.86%时，棉花亩产可达到200kg；当光能利用率提高到1.29%时，棉花单产将超过300kg。新疆超高产棉田实验成功的经验也验证了这一"生物环"原理。

研究绿洲农田系统中水—盐—植被的动态耦合关系。阐明绿洲化与荒漠化过程的发生机制与转化规律，提出防治绿洲荒漠化的理论与对策；研究绿洲内地表、土壤与地下水"三水"转化规律及绿洲水土资源承载力，绿洲水土资源优化配置机制，实现资源的优化配置；研究绿洲土壤质量受损机制，提出污染、盐渍化及沙化土壤的修复机理与模式；研究高效输配水及节水灌溉技术体系，提高水资源利用效率。

探索生态过程与经济过程高效融合的机制，构建绿洲农业生态—经济高效生产系统模式。研究充分利用丰富光热资源的特色作物种植模式，构建与生态建设相协调的、以经济效益为基础的农作制度的理论与优化模式；揭示绿洲农田系统水分与养分循环机制，建立水肥资源高效利用途径；研究农田农林草系统的复合机制，建立生态效益与经济效益高度统一的农作制度。研究绿洲生态系统有害生物种群的发生与迁移规律及生物制衡机制，构建以"增益控害"为主体的区域有害生物生态调控理论与技术体系。绿洲区优质高产牧草生产体系的建立和作物副产品饲料资源加工利用优化；全舍饲高效细毛羊生产、奶牛及肉牛生产系统优化，提高草畜转化效率，发展商品畜产品的生产机制与技术体系，建立动物有机肥料无害化处理及生物复合有机肥料生产技术体系。

（四）构建绿洲生态—经济产业价值链

新疆经济产业结构单一，资源加工增值率低。据了解，目前新疆农产品的综合加工率不足50%，且加工层次很低，按照优势资源转换战略发展特色农业是新疆绿洲产业结构调整的客观要求。以生态建设为切入点，以产业结构调整和优化为主线，促进绿洲特色农业资源转化，发展农业高新技术服务产业。研究绿洲资源总量和生态环境容量及其转换途径，探讨以促进一、二性生产力提高和一、二、三产业为基础的产业链构建机理，建立多种传统产业与高新技术相结合的产业链模式，促进产业结构的升级换代；研究生态—经济—社会系统持续发展的运作机理，构建产业效益放大耦合的生态—经济链机制与高效模式。

新疆棉花总产占全国的近1/3，且品质较好，2000年总产量近180万吨，但加工量不足1/3且仅限于纺织低支纱，实际上是在全部出售原料。因此只有尽快用现代科技改造传统棉纺业，提高棉纺业的机械装备水平和产品档次、成品率，将新疆建成全国最大的优质棉花生产基地和纺织品加工基地，才能使"白色产业"真正成为新疆经济的支柱。红色产业（番茄、枸杞、红花等）已成规模，种植—加工—销售产业链也初步建立，有待进一步规范和完善，将其做大做强，成为新疆绿洲经济的第二支柱。新疆的绿色产业（瓜果）具有丰富的品种资源和得天独厚的品质优势，而且吐鲁番葡萄、哈密瓜、库尔勒香梨、阿克苏苹果、喀什石榴、精河枸杞等品牌享誉海内外，但目前生产组织的商品性（规格标准化、品质稳定性）差，销售体系及网络尚不健全，产品及品牌优势未能充分发挥。以哈密瓜为例，其在北京、上海、广州等平均价格提高了5~8倍，在深圳、香港则提高了8~10倍，市场前景及经济效益十分可观。因此，要组建标准化、规模化商品生产基地，建立"公司+基地+农户"的绿色产业链，将绿色产业扶植为新疆的第三个经济支柱。新疆被誉为中国的"波尔多"，发展以原料产地为域名规范的葡萄酒及果酒产业，应成为新疆经济的又一"亮点"。

（五）实施"阳光工程"，发展生态产业

新疆地域辽阔，光热资源丰富，对光热能的利用仅限于5%的人工绿洲和不足1%的森林，新疆尚有近百万 hm^2 的弃耕地和几百万 hm^2 的宜垦荒地，但目前受水资源的制约尚未利用。"阳光工程"是指通过发展高效节水农业（膜下滴灌可节水40%~50%），用节约的水实施低产田退耕、弃耕地收复、宜垦荒地开发等种植林草植被，提高光热资源转换率，增加生物产出量。"生态产业"则是对生物产出进行后续加工、转化，将生态资源转化为经济产品的加工产业链。围绕"生态产业"新理念可以建立一系列的产业链：建立荒漠生态保护区，发展荒漠生态旅游业；种植各种药用植物，发展中草药加工业；发展特有野生植物种植、动物养殖（如马鹿、狐狸）业及产品加工业等。但建立绿洲农田与林草植被一体化的农牧复合产业链，不仅能有效利用大量生态产出，也是绿洲生态农业的基本模式。农牧复合产业链模型如图3-1所示。

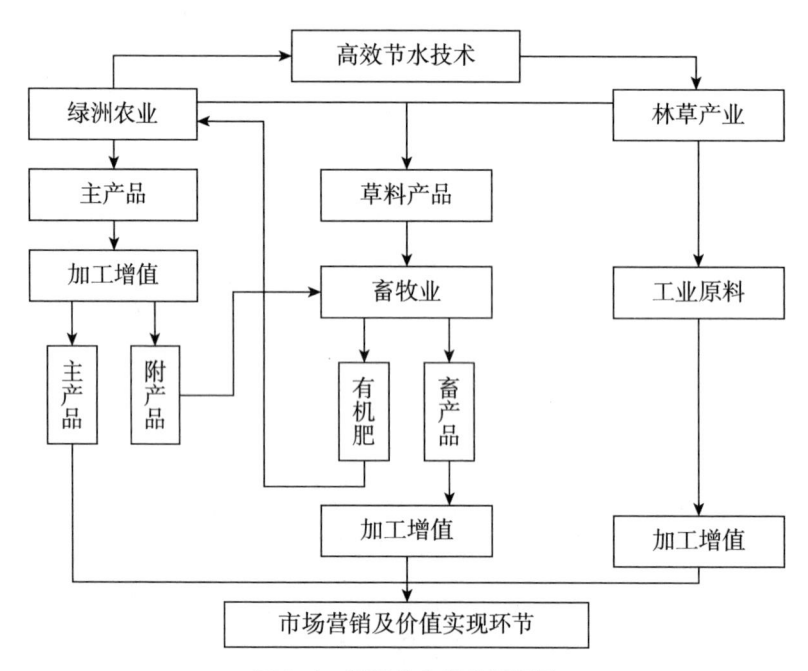

图3-1 绿洲生态产业示意图

第四章 中国粮食安全路径：滴灌栽培技术与干旱区土地资源利用[①]

粮食问题一直是困扰世界各国发展的难题之一，因此各国政府高度关注粮食安全问题。美国前国务卿基辛格曾说："如果你控制了石油那么你就控制了一个国家，如果你控制了粮食那么你就可以控制整个人类。"中国作为一个人口大国和粮食消费大国，农业及粮食安全问题不仅关系到国家的长治久安，也直接影响世界粮食的供求及安全问题。改革开放以来，中国的粮食问题得到了初步解决，但粮食安全一直在低水平徘徊。邓大才（2010年）认为改革开放40年来粮食安全保障的途径包括耕地面积增加、国际贸易发展，但最重要的是技术进步中的杂交种子的使用和复种指数的提高，除此之外，有效灌溉面积、化肥、塑料薄膜、农用机械的使用数量也对粮食单产做出了一定贡献。戴小枫（2010年）认为持续提高主要粮食作物单产是确保我国粮食安全的主攻方向。刘景辉等（2003年）提出超高产是中国未来粮食安全的基本技术途径，而要素集成和灌溉是突破与推广重点。提高粮食安全的途径有很多，从技术角度入手的化肥、机械、良种等的贡献率已达到较高的份额，滴灌栽培技术将成为解决粮食安全的又一有效途径。新疆天业集团开发的"成本低、性能好、农民用得起"的大田滴灌系统，经过十多年在棉花等经济作物上的推广使用，取得了巨大的社会、经济、生态效益。2008年天业集团将滴灌技术在小麦生产中试用，不仅改变了"滴灌只适用于效益高的经济作物"的论断，还创造了绿洲春小麦种植的"高产神话"。此外，滴灌技术还在玉米、水稻、大豆及马铃薯等粮食作物进行了种植试验和推广。目前对于滴灌技术与粮食增产关系的分析主要集中于滴灌技术应用广泛的新疆及兵团，除此之外是各种作物滴灌技术下的具体分析，没有对粮食作物的综合分析。本章将对粮食作物的滴灌技术进行全面分析，为保障粮食安全提供技术途径。

[①] 注：本章主要内容已在《节水灌溉》2014第3期刊登。

一、问题的提出——中国粮食安全形势堪忧

（一）粮食总产量和人均占有量在安全底线徘徊

进入 21 世纪，中国粮食总产不足再次成为政府关注的焦点。2003 年粮食播种面积为 0.99 亿 hm^2（创新中国历史最低点），粮食总产量 4306.9 亿 kg，人均粮食占有量 333.5kg，粮食库存量仅 1803.5 亿 kg，均为 20 世纪 90 年代以来的最低点。2004 年出台粮食直接补贴政策后，粮食生产中的高投入、低产出、低效益问题得以缓解，在一定程度上调动了广大粮农的种粮积极性，粮食总产量得到稳步回升（图 4-1）。

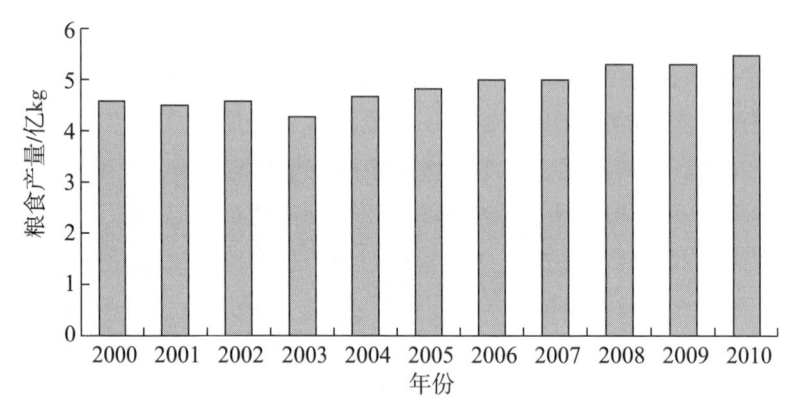

图 4-1 2000—2010 年中国粮食总产量变动趋势

（二）农业水资源利用程度不高、污染严重

水资源是除了耕地之外制约粮食安全的又一重要因素，中国虽然水资源丰富，但人均占有量和单位耕地占有量小，农业用水短缺。如图 4-2 所示，有效灌溉面积占农作物播种面积的比例从 1978 年起逐步提高，但幅度较小，2010 年为 37.56%，这些远不能达到农作物生长需要。水资源的时间和空间分布不均匀，近年来出现了南旱北涝现象并有持续趋势。由图 4-3 可知，化肥施用量逐年增加，且比例不断增大，化肥的施用会对土壤、水和大气造成污染，据专家测算，农药使用后只有约 10%~30% 对农作物产生作用，化肥有效

利用率只有30%。目前，全国80%的江河湖泊受到不同程度的污染，全国约70%的淡水资源因被污染而不能直接使用。

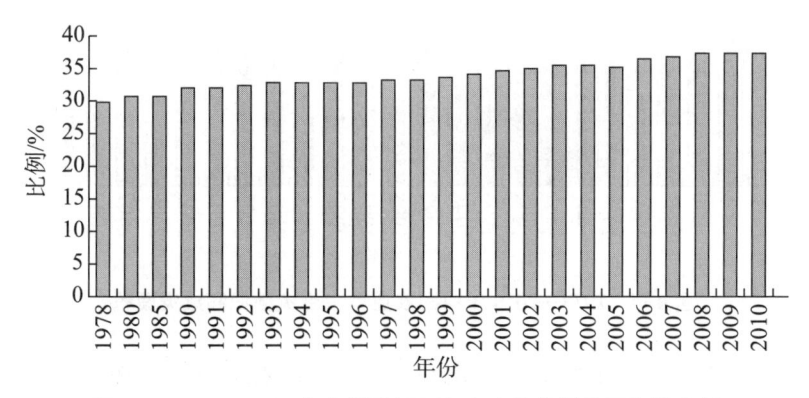

图4-2　1978—2010年有效灌溉面积占农作物播种面积的比例

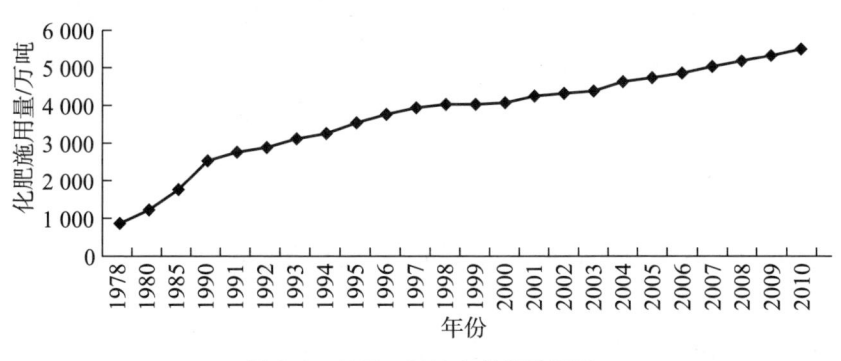

图4-3　1978—2010年化肥施用量

（三）旱灾频发

但是伴随粮食产量的回升，中国农业产业的弱势地位并未得到根本改变，许多地区农业水利设施落后、抗灾害能力较弱、问题比较突出。同时经济高速发展对农业用水带来的挤压性水资源紧缺（农业用水效益极低）、全球气候变化引发的农业自然灾害频发等问题，使得保证农业稳定和安全的难度逐年加大。连年出现的旱灾（图4-4）也使国家和地方政府不得不投入巨大的人力、物力、财力去"灾年夺粮"。

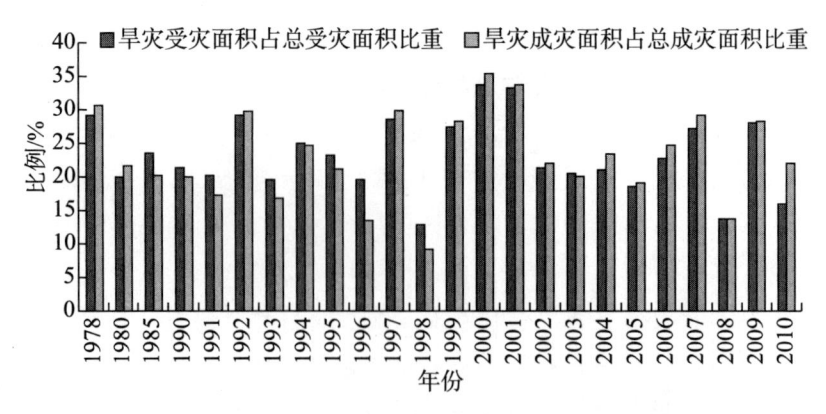

图 4-4　1978—2010 年中国农业旱灾受灾面积和成灾面积

2009 年 7 月，发生在中国西南地区的百年不遇的旱情，致使云南、贵州、四川、广西和重庆的大部分地区人畜生存与农业生产受到严重威胁。世纪旱情带给国人的不仅是震撼，更多的是灾情背后的思考：旱灾已不再有空间和时间的界限，昔日的"鱼米之乡"和"彩云之南"也会变成荒漠戈壁；不仅在干旱区，而且在全国范围建立起解决"全程节水灌溉"和"旱季补充灌溉"的有效农业灌水技术体系势在必行。

二、粮食作物滴灌栽培综合生产技术

粮食作物主要包括谷类、豆类和薯类，谷物中又有稻谷（水稻）、小麦、玉米和大麦等。水稻在 2007 年以前一直是播种面积最大的，其次是小麦和玉米，但玉米从 2002 年开始超过小麦成为粮食作物中第二大播种面积的作物，并在 2007 年以后超过水稻成为播种面积最大的粮食作物。豆类和薯类播种面积相对较小，且进入 21 世纪以来有下降趋势。因此，本章将选取播种面积较大的水稻、小麦、玉米、豆类中的大豆以及薯类中的马铃薯进行分析，对这些作物实行滴灌栽培技术必将带来节水、省肥、增收等经济效益和生态效益。

滴灌技术是一种把大水漫灌转变为按农作物需水量浸润式滴灌的技术，是当今世界上较为先进的农业节水灌溉系统技术。1996 年新疆天业集团引进以色列滴灌技术，经"消化、吸收、再创新"，开发出"成本低、性能好、农民用得起"的"大田滴灌系统"。经过十多年在棉花等经济作物上的推广使用，获得巨大的社会、经济、生态效益，目前在全国累计推广 133.33 万 hm^2，并走向世界。

石河子大学的王荣栋教授主编了《小麦滴灌栽培》，高杨等对春小麦滴灌节水高产高效栽培技术进行了研究，他们详细介绍了小麦滴灌栽培的具体技术和注意事项。新疆大田膜下滴灌技术及典型应用中详细介绍了玉米、大豆、马铃薯等作物的应用实例。本章结合前述文献仅对适宜各种粮食作物的滴灌栽培技术进行简要介绍。

滴灌系统由水源工程、首部枢纽、输配水管网、灌水器及控制、量测和保护装置等组成，每公顷投资因作物种类而异。首先是根据作物种植土壤需要、需水及对温度的要求选择适宜的种植地区。作物种植中不可或缺的水资源一方面可采取地下水，另一方面要充分利用天然降水。其次是进行种植前准备工作：一是进行整地施肥。不同作物对土壤的要求不同，相关人员根据需要选择前茬种植作物的地块，并施肥。二是要对种子进行处理。首先是选用良种，其次是用药剂等对种子处理，以防治病害。最后是滴灌栽培模式。不同作物对行距要求不同，相关人员可以按照作物需求将播种机具安装好滴灌带铺设装置，根据种植模式调整间距，播种时铺带、覆膜、播种一次完成。在此过程中要注意进行施肥管理、灌溉管理以及病虫害防治等田间管理。

三、粮食作物滴灌栽培技术的效益分析

（一）小麦

2008 年天业集团将滴灌技术在小麦生产中试用，农八师 148 团滴灌小麦，创造了绿洲小麦种植的"高产神话"。2007 年农八师 148 团 3000hm^2 春小麦单产平均 4950kg/hm^2，2008 年，1026.7hm^2 春小麦采用滴灌技术后平均单产 6475.5kg/hm^2，2009 年，1600hm^2 滴灌春小麦平均单产达到 8745kg/hm^2。其中，该团刘成福承包的 10.67hm^2 滴灌春小麦，经国家节水灌溉工程技术研究中心（新疆）的专家实测单产为 12090kg/hm^2。149 团 2009 年，540hm^2 滴灌春麦的每公顷产量为 9087kg，两团相比，148 团和 149 团每公顷成本分别为 10662.45 元和 9976.65 元，每公顷利润则分别为 7002.45 元和 8370.75 元。

农四师 67 团 2010 年滴灌冬小麦的经济效益分析如表 4-1 所示，其中每公顷成本滴灌比漫灌增加 975 元，每公顷效益增加 1764 元，由于滴灌可以复

播油葵,且每公顷增收 3075 元,合计每公顷可增收 3864 元。

表 4-1 兵团农四师 67 团 2010 年滴灌冬小麦经济效益分析表

项目			分析	漫灌	滴灌	差额
正播	物化成本		种子:330kg/hm², 3 元/kg	990	990	0
			滴灌带/(元·hm⁻²)	0	1350	1350
			灌溉设施折旧费/(元·hm⁻²)	0	675	675
			水电费/(元·hm⁻²)	1500	750	-750
			农药(含除草剂、杀虫菌剂、叶面肥、化调)	300	300	0
		化肥	1. 三料磷,375kg/hm², 2.3 元/kg	862.5	862.5	0
			2. 尿素,600kg/hm², 2 元/kg	1200	1200	0
			3. 硫酸钾,75kg/hm², 2.9 元/kg	217.5	217.5	0
			4. 一铵,150kg/hm², 5 元/kg	750	750	0
		有机肥	绿源肥,300kg/hm², 0.825 元/kg	247.5	247.5	0
			机耕费(包括收割、拉运、清粮等)/(元·hm⁻²)	1200	1500	300
			小计/(元/hm²)	7267.5	8842.5	1575
	活劳动成本		人工费/(元/hm²)	1500	900	-600
			小计/(元/hm²)	1500	900	-600
	管理成本		土地承包费及管理费/(元/hm²)	1620	1620	0
			农业保险/(元/hm²)	289.5	289.5	0
			防雹费用/(元/hm²)	75	75	0
			小计/(元/hm²)	1984.5	1984.5	0
			合计/(元/hm²)	10752	11727	975
	效益		平均单产/(kg/hm²)	6750	7995	1245
			销售单价/(元/kg)	33	33	0
			总收入/(元/hm²)	14850	17589	2739
			纯收入/(元/hm²)	4098	5862	1764

续表

项目		分析	漫灌	滴灌	差额
复播油葵	成本	种子/（元/hm²）		450	
		机耕/（元/hm²）		1200	
		肥料/（元/hm²）		900	
		水电/（元/hm²）		600	
		人工/（元/hm²）		225	
		其他/（元/hm²）		300	
		合计/（元/hm²）		3675	
	效益	平均单产/（kg/hm²）		1800	
		销售单价/（元/kg）		56.25	
		总收入/（元/hm²）		6750	
		纯收入/（元/hm²）		3075	

资料来源：农四师生产科等

滴灌小麦节水效果明显，滴灌条件下单位产量平均净灌溉水量仅为 $0.48m^3/kg$，比常规灌溉减少 $0.84m^3/kg$，滴灌较常规灌溉节省水 30%~40%，每公顷节约水费 270 元左右，水资源产出率提高 63.64%。同时可节省劳动力成本 72.68%，减少农用化肥施用量 41.71%。148 团 2007 年化肥产比（1kg 标肥：产粮 kg）为 1:2.64，2008 年为 1:3.59，2009 年 130 团滴灌冬麦达到 1:4.84。作物通过复播可以有效提高土地的利用率，一般可提高 5%~7%，小麦的品质和农民的生产方式都有较大提高和改变。

（二）水稻

新疆天业（集团）有限公司投入了大量的资金和人力进行膜下滴灌水稻试验，从 2004 年开始在天业农业研究所连续进行了 5 年的田间小面积试验，2008 年小面积试验成功后开始进行大田试验示范，2011 年示范面积达 $56hm^2$。

膜下滴灌水稻技术打破了"水稻水作"的传统种植方式，各生育阶段田间无水层、不起垄，一膜两管八行，全生育期耗水 700~750m^3/亩，比新疆常规水稻种植节水 60% 以上，节肥 10% 以上，土地利用率提高近 10%；采用机械化铺管、铺膜直播技术，有效地减少了育秧、插秧、撒机肥、药物防治等多个重要的栽培管理环节，使田间人均管理能力提高200%，节省了劳力投入，降低了投入成本，每公顷地可增加经济效益2400~3000元。该技术创造性地将膜下滴灌技术与水稻种植成功结合，实现了水稻高效节水栽培技术上的跨越，摆脱了过去深水淹灌给水稻带来的各种弊端，如倒伏、病重、早衰，根系发育受阻，稻根通气不良引起的根系中毒问题，同时，随水滴肥技术也将减少化肥径流、化学农药对农田环境的污染，有利于环境保护，减少了水稻田的CH_4排放量。但由于各种原因，目前滴灌水稻还未进行大面积推广。

（三）玉米

从新疆生产建设兵团农八师整体情况来看，玉米种植面积在不断减少，总产量也日益下降，很多团场只将其作为饲料在田边地头小面积种植或穿插于棉田当中种植几行。121团张合全家庭农场采用膜下滴灌种植1.53hm^2玉米。因无常规灌溉对照，故采用农八师1998—2000年的3年平均数据作为对照进行比较。分析表明，膜下滴灌成本投入增加的部分主要表现在滴灌设备费用的增加；肥料、水费、机力费、人工费均比常规灌溉减少。肥料费节约42.55%，水费节约22.22%，机力费节约25.00%，人工费节约25.00%，每公顷增产43.37%，每公顷收益增加3715.35元。从节水效果来看，膜下滴灌比常规灌溉节水22.24%，水产比常规灌溉的0.87kg/m^3高0.77kg/m^3，水效益比常规灌溉的0.87元/m^3高0.77元/m^3。

除新疆之外，黑龙江省哈尔滨、绥化、齐齐哈尔、大庆、爱辉区、林甸县等地区和吉林省舒兰市也进行了滴灌玉米栽培技术的试验和推广，均取得了良好的效益。表4-2为黑龙江省大庆市玉米投入与产出对比，通过对比可知，膜下滴灌比常规灌溉投入多，产出也多，综合起来纯效益要高于不灌。但是从投入产出比来看，作为对照的不灌比值最大，主要是因为覆膜后产出高于大田不灌不覆膜的，但却低于膜下滴灌的，其投入也低于膜下滴灌。可见膜下滴灌还有待降低成本，而且玉米的节水效益要胜过经济效益，因此建议集中连片大面积推广，以降低成本。

（四）大豆

大豆滴灌栽培对土壤的要求较低，因滴灌水流可使作物根系周围形成低盐区，有利于幼苗成活及作物生长，中度盐碱地可以利用并且获得较高产量，因此土层深厚、土壤盐碱程度较轻、肥力中等以及土壤质地较差、养分较低的土地均可种植。从土壤性质来看，砂壤土，壤土，黏土，白浆土，轻碱土，荒漠灌耕土均可种植，土壤 pH 值以 6.8~7.8 为最佳。但不宜重茬和迎茬，也不宜在其他豆科作物茬及油葵茬之后种植。

在通辽市、新疆石河子及内蒙古种植的滴灌大豆，其中石大豆 3 号，平均单产 4950kg/hm²；绥农 14 号，平均单产 4650 kg/hm²；农大 9419 号，平均单产 4500kg/hm²。节水 40%，增产 30% 以上，每公顷增收 3000 元左右。

表 4-2 黑龙江省大庆市玉米投入与产出对比分析表

投入与产出		膜下滴灌		不灌对照	不灌大面积种植
		1 次水	2 次水		
投入/（元/hm²）	整地	420	420	420	420
	播种	1140	1140	1140	750
	覆膜	1380	1380	1380	
	清膜	60	60	60	
	施肥	1200	1200	1200	1 950
	施药	120	120	120	150
	灌水	165	330	0	
	滴灌带	2700	2 700	0	
	水源工程	525	525	0	
	收获	300	300	300	300
	小计	8010	8175	4620	3870
投工/（工日/hm²）	播种期	30	30	30	15
	中期管理	30	45	75	75
	收获期	30	30	30	30
产出/（元/hm²）	单价/（元/kg）	22.2	22.2	22.2	22.2
	产量/（kg/hm²）（含水率18%）	13185	15510	9960	6750
	主产品收入/（元/hm²）	19515	22950	14745	9990
纯效益/（元/hm²）		11505	14775	10125	6120
与不灌相比增效/%		1320	2115	975	
投入产出比		36.45	42.15	47.85	38.7

资料来源：新疆大田膜下滴灌技术及典型应用（网上讲座参考材料）

（五）马铃薯

本章以内蒙古的马铃薯主要种植区乌兰察布市为例，进行具体分析。马铃薯常规灌溉用水约 320m²，滴灌只需要其中的 50%，而且产量提高了 30%。将水溶性肥料均匀施入作物根际，可提高化肥利用率 17%。不同品种增收效果也有差异，夏波蒂每公顷可增产 9397.5kg，增收 8307.75 元；费乌瑞它则可增产 17805kg，增收 28488 元。

从上述分析可以看出滴灌栽培技术一方面可以实现粮食作物增产，解决粮食安全问题，提高农民收入，实现经济效益。另一方面可以达到节水目的，进一步提高水资源的利用率，促进环境的改善。此外，滴灌技术的实施还可以在某些环节节约劳动力，提高农民种粮的积极性，这些都将成为粮食安全的有力保障。

四、应用前景——中国粮食安全的新举措

西北干旱区特别是新疆承担着国家未来人口增加、耕地减少时，农业及粮食安全的"后备基地"功能。新疆 2010 年底粮食播种面积为 199.16 万 hm²，产量为 1150 万吨，平均单产为 5776kg，其他作物具体情况如表 4-3 所示。如果粮食作物播种面积的 50%，即 99.58 万 hm² 耕地推广滴灌栽培技术，按照滴灌栽培比常规增产的数量进行计算，仅推广此项技术粮食就可增产近 130 亿 kg，能够满足 2600 万人口一年的粮食消费量（按人均消费量 500kg/a）。

表 4-3　2010 年新疆农产品产量及增产推测分析

	粮食	谷物					豆类
		合计	水稻	小麦	玉米	大麦	
农产品产量/万 t	1150.2	1121.88	58.98	623.49	421.61	12.54	28.32
种植面积/万 hm²	199.16	187.94	6.69	112	65.38	2.89	11.23
每公顷产量/kg	5775.2	5969.5	8812.2	5566.8	6448.4	4333.1	2523
种植面积的 50%/万 hm²	99.58	93.97	3.35	56	32.69	1.45	5.61
每公顷增产/kg	5025	3900	1050	1200	1650	0	1125
总增产/亿 kg	130.969	124.655	3.5138	67.201	53.94	0	6.3141

地处中国黄河中下游和淮河中下游的河南、山东、河北、安徽、江苏五省区是中国的小麦主产区，也是中国人口较为集中的区域，人口3.96亿。2010年五省区的小麦种植面积0.16亿hm^2，产量858.62亿kg，平均单产5366.38kg/hm^2。如果选择上述五省区的小麦种植面积（预计30%）采用滴灌技术，考虑到该地区光热条件差、单产水平较高等因素的影响，按滴灌小麦可增产30%计，五省区的小麦平均单产可以达到6976.29kg/hm^2，小麦总产量可增加257.7亿kg。我们看到在小麦主产区滴灌技术假设条件下，仅30%的小麦播种面积的30%产量的增长量，全国小麦总产量的增幅就可达到30%，该区域人地矛盾将得到一定缓解。中国小麦生产将不再依赖进口，粮食安全问题得以保障。

随着饲料玉米及玉米燃料的发展，人们对玉米的需求将大幅度提高。提高玉米的单产将为解决粮食安全提供可靠的保障。黑龙江作为玉米的主产区已经试验并推广了玉米膜下滴灌技术，并取得了良好的效益，作为玉米第二主产区的吉林与黑龙江有类似的自然条件，完全可以推广膜下滴灌玉米的种植。因此，2010年河北、山东、河南、内蒙古、辽宁、吉林、黑龙江这7个省份共种植玉米0.21亿hm^2，占全国的64%。由于玉米膜下滴灌技术要求低，可以进行大面积推广，按照目前这七个省区的40%推广计算，按每公顷增收1500kg计，可实现增产125.4亿kg。黑龙江和内蒙古还要保证菠萝的正常生长和最终的产量、品质以及经济效益，因而灌溉显得尤为重要。根据不同情况合理选择灌溉方式是首要难题，滴灌和微喷灌可以实现水肥一体，增产增收效果显著，但首次投入费用较高，适合大面积种植户使用。喷水带价格低廉，操作简单，对于小面积种植户而言，不失为一个好的选择。

第五章　天业集团节水滴灌产业创新案例研究

走过20世纪的风风雨雨，中华民族迎来了科学技术日新月异、知识经济突飞猛进、国际竞争日趋激烈的21世纪。作为国民经济的基础产业，中央高度关注"三农"（农业、农村和农民）问题，在历年的中央一号文件都提出了实现农业现代化的目标。科技进步是现代农业发展的决定性力量和根本途径。农业科技创新是我国实现农业现代化，提高农民收入，应对国际农产品市场竞争的根本途径，是21世纪我国农业发展的关键和希望。《国家中长期科学和技术发展规划纲要（2006—2020年）》（以下简称《规划纲要》）确定了"自主创新、重点跨越、支撑发展、引领未来"的15年科技工作指导方针。其中自主创新是这十六字方针的核心，也是贯穿《规划纲要》的一条主线。

实施科教兴国战略和人才强国战略，建设创新型国家，本质上是指一种依靠自主创新实现国家发展的道路。自主创新作为科技发展的灵魂和国家崛起的筋骨，它在我国未来发展规划中具有重要地位。基于以上背景，作者认为有必要探究农业科技自主创新的路径选择，加快农业科技自主创新步伐，推动农业现代化。对成功案例的追踪研究，是探究农业科技自主创新路径的有效途径之一。新疆天业集团（以下简称"天业"）是我国涉农企业技术创新的主要生力军，它通过消化、吸收国外先进的滴灌技术，成功研发出了"中国式"的膜下滴灌技术，并带动了我国节水产业由分散向集群化、标准化发展。新疆天业膜下滴灌技术的创新性研究是我国农业科技创新体系中的优秀案例之一，本章通过对其追踪调查和深入分析，探究适合我国国情的农业科技自主创新路径，对推进农业现代化和全面建设小康社会都具有重要的理论意义和现实意义。

一、农业科技自主创新的内涵及现状

（一）创新和农业科技创新

经济学上认为，"创新"是指建立一种新的生产函数，在经济生活中引入新的思想、方法，实现生产要素的新组合，以获取潜在的利润。在不同学科和不同领域中，创新具有不同的含义和标准。我们求同存异，可以把创新通俗地理解为：别人没想到的你想到了；别人没发现的你发现了；别人没做成的你做成了。创新涉及社会生活各个领域，包括理论创新、科技创新、文化创新、制度创新等。科技创新是科学技术创新的简称，它涉及经济、社会、技术等方面的问题。科技创新的含义是科学与技术的一体化，是从新理论、新概念、新设想的产生到新技术、新产品、新工艺的创造并进行产业化的完整过程。农业科技创新就是指在农业领域中进行的科技创新活动。

（二）自主创新和农业科技自主创新

自主创新，就是从增强国家创新能力出发，加强原始创新、集成创新和引进消化吸收再创新。过去自主创新是指一个国家在不依赖外部技术的情况下，依靠本国的力量独立开发新技术，进行技术创新活动，即摆脱在技术引进方式下对国外技术的依赖，依靠自己的力量所进行的原始创新。在新的时期、新的形势下自主创新已经被赋予了更丰富的内涵。现在所讲的自主创新不是封闭起来的自主创新，是开放性的自主创新，是在经济全球化条件下的自主创新，可以借鉴别人的成功经验，根据中国国情来进行的自主创新。

农业科技自主创新有别于经济学意义上的创新，是指由一个国家的国民和社会组织、机构，从增强国家创新能力出发，自主进行的农业科技自主创新活动，具有主体自主化、成果产权化、应用主动化等特点。农业科技自主创新应该包括三个层面的含义：一是原始性创新，在农业科学技术领域努力获得更多科学发现和技术发明；二是集成创新，使各种相关农业技术成果融合汇聚，形成具有市场竞争力的农产品和产业；三是在广泛吸收全球科技成果、积极引进国外先进技术的基础上，充分进行消化吸收和再创新。

（三）我国农业科技自主创新的现状

中华人民共和国成立 70 多年来，我国历代领导人都高度重视科技在农业发展中的作用，我国农业科技取得了以杂交水稻为代表的一系列重大农业科技成就，农业科技水平不断提高。例如，在粮食作物方面，我们突破了杂交水稻、杂交玉米、转基因抗虫棉、矮秆小麦、杂交油菜等一系列重大核心技术，培育主要农作物新品种多达 5000 多个；在畜牧业和水产方面，我们建立了蛋鸡、奶牛、肉羊、水产等良种繁育体系。农业科技为我国经济快速发展提供了源源不断的动力支持。我们以占世界 9% 的耕地养活了占世界 22% 的人口，这是我国依靠科技进步推动农业发展的生动体现，也是中国对全人类的一个巨大贡献。

但是，我们必须清醒地认识到我国农业仍然是国民经济的薄弱环节，其重要原因就在于科技创新能力不强。我国农业科技投入长期不足，农业技术装备落后，农业科技推广体系不健全，农业科技成果转化率不高，农业科技贡献率只有 50%，比发达国家低 20 个百分点。发达国家的农产品加工率一般在 90% 以上，农产品加工业产值与农业产值的比重为 3∶1~4∶1，而我国农产品加工率只有 40%~50%，其中二次以上的深加工只占到 20%，农产品加工业产值与农业产值的比重仅为 0.8∶1。

农业科技自主创新能力不强，科技水平较低，已经成为我国农业发展的"瓶颈"。我们现在面对的一个亟待解决又相当棘手的问题就是：怎样加快提高我国农业科技自主创新水平，即怎样更好地选择农业科技自主创新的路径？围绕这个问题，笔者对天业膜下滴灌技术的自主创新情况进行追踪调查和深入分析，以期得到有益的借鉴思路。

二、对天业膜下滴灌技术自主创新案例的透视

（一）行业背景及天业膜下滴灌技术自主创新概况

2006 年联合国教科文组织公布的《世界水资源开发报告》指出，全球每五人中就有一人的生活用水出现短缺现象，全世界有 30 亿人缺乏安全的用水卫生设施，到 2020 年地球上将有 35 亿人为水所困。随着全球化进程的不断加

速，世界性的"水危机"问题已逐渐成为21世纪人们关注的焦点之一。我国水资源严重短缺，人均水资源占有量仅为世界人均水平的1/4，被视为全球13个贫水国之一。水资源短缺已成为我国经济社会可持续发展的"突出瓶颈"。农业是用水大户，占全国用水总量的65%，提高水资源的利用率，推广现代节水技术是我国农业现代化建设和可持续发展的关键。

滴灌技术是当今世界领先的节水灌溉技术之一，但由于设备造价高、技术复杂等原因，不适合大田农业生产和推广。其在欧美、以色列等发达国家也只是局限在水果、花卉、蔬菜等高附加值经济作物和高效设施农业中示范应用，因而享有"贵族农业"的称号。天业从20世纪90年代初开始引进国外先进的节水灌溉产品和技术，经过十多年的消化、吸收、再创新，开发出高性能、低成本、农民用得起的"本土化"滴灌系统，不但开创了能与以色列相媲美的现代化滴灌大田农业和中国节水产业，而且实现了生产设备、工艺技术和产品的多项自主创新。主要包括：①研发了大田膜下滴灌系统，技术及领域处于世界先进水平；②大幅度降低了滴灌产品价格，使"贵族农业"平民化；③建立了世界规模最大、技术领先的节水滴灌设备生产企业；④实现了对废旧滴灌带的再回收利用和回收设备的研发过程；⑤实行了膜下滴灌技术与科学栽培技术相结合，保证了农作物生长全过程的机械化、精准化耕作。天业滴灌技术不仅节水效果显著，大幅度提高了水资源利用率，还大面积大范围在大田作物中推广，有效促进了农业增产农民增收，带来了农业生产方式的深刻变革，并产生了良好的社会效益和经济效益。

从引进消化国外先进技术到吸收再创新，研发出具有自主知识产权的"天业滴灌系统"和"一次性可回收滴灌带"等节水灌溉产品，短短十余年的时间，伴随着天业节水技术从无到有、从小到大、从弱到强的发展，天业逐步成长为世界上生产规模最大、产品质量达到国际一流水平的节水器材生产企业。天业滴灌系统在全国已累计推广3600余万亩，并在世界上7个国家推广近4万亩。

（二）对天业膜下滴灌技术自主创新路径选择透视

1. 选取自主创新路径——引进消化吸收再创新

在前文自主创新含义的基础上，我们可以相应地从三个层面理解科技自主创新的路径选择：原始创新、集成创新、引进消化吸收再创新。也就是说，科技自主创新水平可以通过原始创新获得，可以通过集成创新获得，也可以通过把原始创新和引进技术二者相结合起来，即引进消化吸收再创新获得。任何领域任何层面的自主创新，归根结底都是通过资源与创新要素的合理组合来提高自主创新能力，以进一步提升技术水平并达到良性循环。天业膜下滴灌技术自主创新选取了"引进消化吸收再创新"的路径，对天业而言该路径又何尝不是最合适最有效的发展路径呢？

（1）从理论角度分析

本章尝试建立了二元最优模型对科技自主创新路径选择进行分析，如图5-1所示。

在假设科技水平可以量化的前提下，笔者以引进技术水平为横坐标 x，以原始创新水平为纵坐标 y，在图形中画出 T_1、T_2、T_3 的三条曲线，它们表示通过原始创新和引进技术相结合所获得的等自主创新水平曲线，即在同一条曲线上，每一点所代表的自主创新水平是相同的，其中 T_1、T_2、T_3 所代表的自主创新水平是递增的。在任何领域，科技自主创新水平的提高都是需要一定成本的，而且可投入资金有限，假设成本为 m。在 x、y 的价格 p_x、p_y 不变的情况下，我们可以在图形中画出成本约束曲线 AB，其函数为 $p_x x + p_y y = m$，预算空间为 AOB 空间（图5-1）。

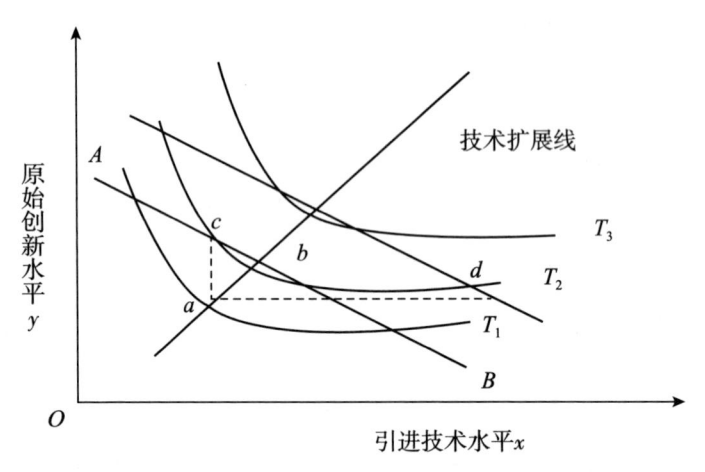

图5-1 科技自主创新路径选择的二元最优模型

如果一项科技水平处于 T_1 曲线的 a 点处，那么我们可选择什么样的路径使其自主创新水平提高到 T_2 呢？从图5-1中可以看出，从 a 点到 T_2 曲线，有无数条路径可以选择，本文选取三种典型路径进行探讨。若该技术单纯通过原始创新来提高自主创新水平，在图形中表现为从 a 点到 c 点；若该技术完全通过学习先进技术来提高自主创新水平，在图形中表现为从 a 点到 d 点；若该技术通过原始创新和引进技术并举，即引进消化吸收再创新的策略来提高自主创新水平，在图形中可表现为 ac 与 ad 路径夹角的中间路径，假设为 ab。从图形中我们可以看出，ac、ad 和 ab 线路尽管可以达到相同的自主创新水平，但花费成本是不同的，ad、ac 花费的成本较多，ab 花费的成本较少。当 b 为等成本线 AB 与 T_2 曲线切点时，ab 则是众多路径中唯一满足成本约束的路径选择，也是最优选择。其余路径都在预算空间之外。因此，最优路径就是等成本线与等自主创新水平曲线切点的连线，在图 5-1 中表示为技术扩展线。

通过以上分析可得，盲目地追求完全通过自身努力进行原始创新有碍于技术进步的效率，而单纯地依靠技术引进也难以在有限资源约束下最有效地提高技术水平，唯有两者的有机组合与有效协调，才是最佳选择。天业膜下滴灌技术自主创新正是走的这条最优路径，其成功也在一定程度上印证了上述二元最优模型的科学性和合理性。

（2）从实践角度分析

发展节水灌溉是农业提高水资源利用效率，摆脱缺水危机，保障粮食安全的必然选择。节水技术创新是解决水资源浪费的关键途径，对于巨大规模的农业用水来说，即使整体技术水平的微小提高，也能带来巨大的节水效益。节水灌溉设备的生产和应用，起源于1860年的德国，但由于能源和材料的限制，发展速度十分缓慢。第二次世界大战以后，由于塑料工业的崛起，促进了节水灌溉产业的快速发展。此时，世界上典型的干旱区国家以色列成功地研制出了长流道滴头，改变了农业生产的灌溉方式，其高效节水灌溉技术处于世界领先水平，其他国家如美国、澳大利亚、德国、瑞士等国在节水灌溉器材生产设备与控制仪器方面也有较高水平的研究。

虽然我国早在1974年就从墨西哥引进了节水灌溉技术，但由于产品的制造成本高、农业亩均投入巨大，农民承受不了其高昂的成本，微、滴灌技术在我国的推广受到阻碍。20世纪80年代，我国伴随改革开放的春风加大引进国外先进节水灌溉生产设备和技术的力度，从而使我国在产品质量和品质上与国外的差距不断缩小，部分产品居于国际先进水平。但我国产品在系列化、配套化方面还存在一定的差距，设备的国产化和生产的核心技术没有完全掌握，主要设备和原材料过分依赖国外进口；装备的技术水平普遍不高，引进装备所生产的产品质低价高，不能适应中国国情，市场销路窄；对节水灌溉条件下农作物的栽培技术研究不够，支撑农作物节水灌溉栽培技术不足；节水器材的多样性研究不足；对节水灌溉所用可溶性肥、药研究有待进一步提高。

天业于1999年12月成立了控股子公司新疆天业节水灌溉股份有限公司，致力于研发生产农民用得起的节水滴灌系统。选择怎样的技术自主创新路径是其面临的一个重要问题。笔者研究认为，天业膜下滴灌技术自主创新不宜盲目走原始创新的路径，也不宜走完全依赖技术引进的道路，其最优路径是引进消化吸收再创新。这是因为：

第一，我国农业节水产业发展滞后，节水技术亟待提高。在农业领域一场以农业节水技术创新为核心的"无硝烟战争"已经打响，我国农业面临着不可回避的竞争，谋求农业节水技术自主创新水平的快速提高是当前的一大要务。

第二，盲目的原始创新不仅效率低下，而且有难以承受之痛。该技术的创新周期长，从立项研发到成熟应用至少需要花费10年、20年甚至更长的时间；创新成果的转移推广慢，该技术在创新过程中过多地受地域和气候条件的限制，创新成果在转移推广过程中需要花费几倍甚至十几倍于工业技术推广应用的时间；技术创新的风险性较大，农业节水技术创新属于科技前沿研究，研究过程中容易出现超前性、不确定性等因素，技术创新的风险较高，技术的成功与否难以预料；加之农业科研的直接经济效益低，社会效益高，我国农业以小农户为主体，生产规模小、技术相似，新技术采用缺少排他性，致使生产者的科技投资无法得到有效补偿，而农民收入低下更难以承受农业科技研究"试错"的成本。

第三，先进的节水技术需要引进，但是完全依赖引进技术是不可行的。通过技术引进，企业可以在很短时间内使自身达到一个新的高度和水平，即"站在巨人的肩膀上"实现跨越式发展。实践证明，借鉴别人的先进技术是必要的，但是核心技术是引进不来的，也绝不能依赖引进。例如，以色列只卖产品，不卖技术，对于其关键的节水农业技术不愿开展具体合作。代表团去参观时，以色列公司也不让观看其最关键的技术设备。

作为一个有着自身特殊国情的发展中大国，我国农业节水技术不能盲目地原始创新，也不可能仅仅依靠引进技术来满足自身科技需求，因此引进消化吸收再创新成了不二的路径选择，也是最优选择。1998年以来，天业在引进、消化、吸收国内外先进技术的基础上，创造出了一条适合中国国情的节水新技术发展之路。现在天业的膜下滴灌技术和节水器材的研发、生产以及大面积的推广应用已远远超过了以色列滴灌，无论从知识产权、技术、产品品种、推广面积还是成本控制等各个方面都已经是世界上做得最好的。

2. 搭建自主创新平台——"人体模型"

所谓"创新平台"，就是一种创新性的融合过程，通过各种创新要素之间自组织优化，选择搭配，相互之间以最合理的结构形式结合在一起，形成一个由适宜要素组成的、相互优势互补的创新有机体。科技创新是将某一项新发明应用于经济活动中，从创新思想到创新成果形成并被人们广泛接受的全过程，包含环节之多、涉及面之广，单靠企业本身是难以完成的。加之我国的节水技术基础薄弱、自主创新能力不强，更需要搭建一个创新平台，以促进各创新要素之间的有机组合、优势互补。作者研究认为，天业膜下滴灌技术自主创新的成功在一定程度上得益于其搭建的技术创新平台，如图5-2所示。

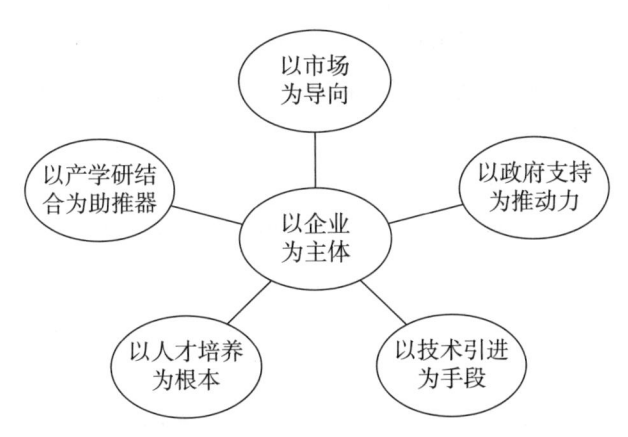

图5-2 天业膜下滴灌技术自主创新平台的"人体模型"

（1）以企业为主体

独立的市场主体才有独立的地位和利益，才有创新的内在需求和压力。企业作为独立的市场主体，追求利益最大化是其生产经营的根本目的，在市场重压之下生存和发展问题是其面临的基本问题，为了在激烈的市场竞争中获得优于竞争对手的优势，企业需要不断创新。从世界经验看，企业是自主创新的主体。100多年来，世界上对经济发展起决定作用的技术几乎全部源自企业。发达国家80%的科研工作是在大企业中完成的。但在我国，企业尚未成为自主创新的主体，没有把技术创新作为赢得竞争优势的重要手段。作者研究认为，企业要成为技术自主创新的主体，必须至少同时满足三个条件：技术投资的主体、技术研发的主体、技术推广应用的主体。

天业膜下滴灌技术的自主创新较好地做到了这一点。例如，技术投资方面，天业每年从工业销售收入中提取3%用于科研，并于2000年投资1.5亿元建立了2万亩节水农业试验基地和4万吨节水器材生产基地。技术研发方面，1995—1998年，天业通过一年技术攻关、三年田间试验，自主创新了大田膜下滴灌技术，第一次将滴灌用于大田经济作物的生产；2008年天业又将滴灌技术在小麦生产中试用，经过两年的技术试验工作和生产效益评价研究，成功论证了将滴灌技术应用于粮食作物生产的可能；2010年，天业水稻膜下滴灌技术扩大示范种植成功，大面积亩产量在500kg以上，成功扩大到新疆水稻主产区，这项新技术打破了水稻水作的传统种植方式，在水稻高效节水栽培技术上实现了跨越，达到国内外领先水平。技术推广应用方面，2009年兵团大田滴灌面积推广达970万亩，占有效灌溉面积的65%，全疆推广面积达1690万亩，占有效灌溉面积的32%。全国推广面积2000万亩，推广品种30余种，不仅包括棉花、糖料、水果、蔬菜等经济作物，还包括小麦、玉米、水稻、大豆等粮食作物，以及苜蓿等饲料作物和枸杞、红柳等沙生作物。

（2）以市场为导向

技术创新是从开发到产业化和商业化的过程，企业自主创新必定要落实到产品上，并最终推向市场。用户是检验产品的试金石，只有以市场为导向开发出来的产品，才会有用户为之买单。这是因为，一是在需求开发方面，以市场为导向能更好地洞悉和准确把握市场走向，进而把握产业技术的发展趋势，为本技术的创新和发展提出前瞻性思想并做出可行性规划；二是在产品开发方面，以市场为导向能从被动接受信息、被动开发转向主动搜集信息、主动开发，不仅使得技术创新有基础、不盲目，也使得其在应对外部市场变化时更积极主动、游刃有余。作者研究认为，以市场为导向应贯穿在技术自主创新的每一环节并对其系统、综合、全盘考虑。

节水灌溉技术很多，但大多"推而不广"，其主要制约因素就是投资成本高，农民用不起、用不好。但是天业在膜下滴灌技术自主创新的实践中，以市场为导向、注重破解突出矛盾，较好地解决了以上两个问题。正如天业董事长郭庆人所言："把开拓市场放在首位，而开拓市场的关键又在于开发技术先进，经济适用，农民用得起，能被市场认可的节水器材，我们还在开发之初就对成本采取倒算法，率先提出每米滴灌带 0.2 元，使棉花种植一次性亩投入不及国外同类产品的 1/5，低于国内同类产品的 1/2，并实行售后全方位的全程跟踪服务，我们认为，只有为用户提供保障收益的丰产技术，使用户既能用得起，又能得到稳定的收益，才能受到用户的欢迎，并最终赢得用户，壮大滴灌产品的生产经营。"

(3) 以技术引进为手段

我国属于发展中国家，这就决定了我国技术装备总体水平并不是世界上最先进的，我国与发达国家在技术自主创新水平方面还存在着巨大的差距。缩小技术差距最直接、最有效的办法就是引进技术。2003 年林毅夫曾委婉地指出："像中国这样的发展中国家应该充分利用与发达国家的技术差距，通过引进技术推动本国的产业技术升级，这是一种可行、成本低、效益好的战略的选择。"2006 年时任总理温家宝在全国科学技术大会上的讲话中也进一步指出："在激烈的国际竞争中，真正的核心技术是市场换不来的，是花钱买不到的，引进技术设备并不等于引进创新能力。"所以我们有必要在技术引进与原始创新两者之间选择某种平衡。作者研究认为，技术引进是缩小差距、提高技术自主创新水平的一种手段，目的是通过对引进技术的消化吸收再创新实现技术进步的良性循环和推动我国的产业技术升级，而且引进技术之后的创新活动，才是这一良性循环得以实施的核心。

以色列高效节水技术处于世界领先水平，它依靠节水灌溉技术实现了农业现代化，成为海湾国家的"农业大国"和农产品出口基地。天业最初设想引进以色列的滴灌产品和生产设备，并于 1995 年派技术人员与以色列最大的生产商"耐特菲姆"谈判，对方开价是每亩土地的投资为 5800 元，这个价格是中国农业和农民根本无法接受的。为了突破这个"瓶颈"，从 1996 年开始，在引进了世界最先进的技术和设备的基础上，天业通过消化吸收，创新研制开发了一批具有自主知识产权的塑料节水新产品及新技术，自主研发符合国情，生产出农户用得起的节水灌溉产品，实现了节水灌溉器材国产化，目前天业已成长为世界上最大的农业节水器材生产和推广企业（表 5-1）。

表 5-1　新疆天业大田膜下滴灌系统与以色列滴灌系统比较

项目	以色列滴灌技术	新疆天业滴灌技术
应用领域	以温室大棚、果树等高附加值经济作物为主	以大田经济作物为主、成功试验滴灌小麦技术
系统一次性投入	2 000 元/亩	300 元/亩
滴灌带年投入成本	400 元/亩	80~120 元/亩
废旧滴灌带的回收	不回收	回收
技术服务	设计、指导安装	设计指导安装、运行管理、配套栽培模式等全程技术服务
在国内的市场占有率	5%	58%
市场接受能力	项目资金试验示范为主	农民自主购买为主

数据来源：天业集团滴灌技术数据

（4）以人才培养为根本

人才是创新之本。技术自主创新离不开创新型人才，任何一项技术创新活动从闪现灵感火花到付诸实际行动，从取得创新成果到最终产品走向市场，无不是人的活动。产品的竞争，关键是技术的竞争，而技术的竞争，归根到底是人才的竞争。提高自主创新能力，人才是关键，没有人才就没有创新的源泉。作者认为，人才作为科技的载体和推动技术进步的最能动要素，它不仅决定着产品质量和技术创新成败，甚至在一定程度上决定着创新主体——企业的生死存亡。因此，在技术自主创新的过程中，我们必须牢固树立"人才资源是第一资源"的思想，用事业凝聚人才、用实践造就人才、用机制激励人才，营造优秀人才，特别是青年科技人才充分施展才华的良好环境，切实加强人才队伍的培养与建设，使人尽其才、才尽其用，充分发挥其在技术创新中的关键作用。

天业坚持"人力资源是第一资源"的战略思想，将人才战略作为其发展的第一要务和主要目标。天业节水技术取得的超常规、快速发展，主要得益于公司多年来培养的总量充沛、结构合理、专业技术力量厚实的人才队伍。目前天业员工已达到 15000 名，大专以上毕业生近 60%，其中本科毕业生 1077 余名，硕士研究生以上学历 132 名，现有各类专业技术人员近 2500 名，其中高级职称 110 名，中级职称 560 余名。另外，天业还将储备大量的人才作为企业发展的有力支撑。例如，2009 年天业节水公司优秀青年后备人才库正式建立启动，意在为公司发展储备人力资源，为广大青年员工提供广阔的发展空间和平台，为青年员工的发展成长提供科学指导。2010年，天业实施"1355"人才培养规划，即每年拿出100万元奖励做出突出贡献的员工；每年拿出300万元落实人才培训工程，通过有效的培养手段和方式，使年轻员工能够在相对短的时间内承担更重要的工作；每年拿出500万元，加强校企协作，依托石河子大学向全国招收屯垦戍边本科生；每年还拿出5000万元，为天业大学生建造食堂、活动室、宿舍和住宅，每年要解决近2000名大学生的住宿。

（5）以产学研结合为助推器

农业企业、农业高等院校和农业科研机构是我国农业科技创新中的"三驾马车"，也是我国农业科技研发体系的三大主体。农业科技研发体系的主要职能是从事知识和技术研发活动，它是农业科技创新的重要源泉。一般而言，农业企业主要从事技术研发，农业高等院校和农业科研机构主要从事知识研发。完整的技术创新链包括研究、开发和产业化三大环节，需要技术研发和知识研发之间的紧密结合。现阶段虽然农业企业具有技术和市场优势，但是其科研力量相对较弱；虽然农业高等院校和农业科研机构的科研力量较强，但是它们存在与农业企业和市场脱节的现象，不仅基本上远离市场，难以与农业企业进行有效沟通，对市场变化也不敏感。如果能坚持以农业企业为核心组织产学研联合创新，就可以优势互补，即一方面使农业高等院校和农业科研机构充分掌握市场信息、突破自身限制、缩短创新周期；另一方面使农业企业减少盲目投入和重复开发、提高技术成果转化率、产生良好的经济社会效益。因此，作者研究认为提高科技自主创新水平，必须切实推进产学研紧密结合，从而建立起牢固的研发利益连接机制，促进科技自主创新活动的良性循环发展。

天业善于整合社会的产学研机构相关资源，借助产学研相结合不仅弥补了企业自身高素质人才不足的缺憾，而且极大地提升了天业节水技术创新的能力与水平。天业已有国家级技术中心、干旱研究所和技术中心等七个科研机构，其中天业已与西北农林科技大学、西安理工大学、石河子大学、日本千叶大学和石河子水利局共建了天业农业研究所；与四川大学共建了天业—四川大学塑料研究所；与水利部、中国农科院农田灌溉研究所，即国家节水设备质检中心共建了天业节水灌溉工程研究所和天业节水灌溉产品检验室，并配置了比较完备的检验仪器；与中国机械科学院共建天业节水设备自动化研究所，解决生产设备自动化的生产能力。此外，天业还设立了专家顾问团、博士后科研工作站，与国内外研究机构、高等院校开展了广泛的科研合作活动。产学研密切结合、携手合作的技术团队，为攻克滴灌器材生产以及使用中遇到的各种难题提供了有力的智力保障，促进了节水产业的超常规、高速度的发展。时至今日，以生产"中国农民用得起的节水器材"为己任的天业，已成为我国最大的节水器材生产企业，取得专利授权28项。

(6) 以政府支持为推动力

政府部门是宏观调控、完善自主创新环境、提供创新制度安排的主体，是推进各组成部分间和国际合作与交流的"驱动装置"。基于农业弱质性、公益性、基础性等特点和农业技术自主创新风险性、时滞性、外部性等特征以及我国农业生产千家万户经营规模极小的现实，政府支持对我国农业技术自主创新具有重要的推动作用。农业技术自主创新需要政府的正面引导和大力支持，但是现阶段政府的支持力度尚不到位。例如，我国政府对农业科研和推广的投资强度不仅低于发达国家，也低于印度、泰国等发展中国家。我国政府对农业科研的投资强度不到发达国家平均数的10%，推广投资强度也仅为发达国家政府的60%~70%。作者研究认为，政府对农业科技自主创新行为的支持主要包括资金注入、制定政策法规、加强对农业科技工作的领导、加大对技术成果的保护力度等方面。农业科技自主创新的基本动力来自竞争，谁能更有效地利用政府支持"保驾护航"，谁就能更合理地配置创新系统内外部的人、财、物，从而更快捷地开发出针对市场需求的产品并更迅速地占领和扩大市场份额。

天业节水技术的研发推广涉及农业、水利、科技、财税等多个部门，其快速发展在一定程度上得益于各级政府及政府各级部门的高度重视和大力支持。例如，中央高度重视节水农业发展，党和国家领导人曾多次到天业考察，不但对天业节水技术取得的成绩给予充分肯定还对其农业节水工作提出明确要求。国家有关部委也多次派人到天业调研并明确表示大力支持，科技部更是鼎力相助天业节水所申报的计划项目，2001—2006年其支持兵团节水农业技术立项32项，匹配经费高达3115万元。为推广普及节水灌溉技术，新疆生产建设兵团和石河子市成立了由政府有关部门参与的领导小组，前期投入300万元支持新疆天业等龙头企业开发研制国产化滴灌设备，推广前3年投资1.03亿元进行示范引导，鼓励农民使用新技术。"天业节水成套设备"被国家认定为全国驰名商标，我国《塑料节水灌溉器材单翼迷宫式滴灌带》的国家标准和《一次性可回收滴灌带》的行业标准也都是由天业主持并制定，这种农民用得起的高效节水器材，还被列为国家农业综合开发办、原农业部在全国9个省市推广的节水器材补贴示范项目，此外天业已经代表科技部承办了5期"国际节水灌溉技术培训班"，并在中亚及非洲等建立了4个境外示范基地。以上政府支持对天业做大做强节水产业起到重要的推动作用。

（三）天业膜下滴灌技术的发展前景

近年来，随着我国国民经济的发展，经济发展与水资源利用之间的矛盾日益突出。虽然我国水资源总量占世界第四位，但是人均水资源拥有量却排到了第121位，全国600多个城市中有400多个缺水，其中100多个属于严重缺水。我国每年因缺水导致农业损失1500亿元。节水农业已经成为事关我国经济社会发展大局的要事。长期以来国家大力提倡节水技术的应用，农业"节水改革"已成为新时期经济建设者们认真考虑的问题。2009年和2010年国家在山西、内蒙古、新疆和新疆生产建设兵团开展膜下滴灌技术设备补贴试点工作并制定《膜下滴灌设备补贴试点实施方案》，其中明文规定膜下滴灌设备每亩补贴380元。此外，在连续七年聚焦"三农"问题后，2011年中央一号文件更是把主题指向水利问题，并表示未来10年水利投资将达4万亿。可以预见，在国家大力支持下，我国的节水农业必将迎来快速发展期，而节水农业的快速发展必将促生一个庞大的节水产品需求市场，并加快节水行业"黄金发展时期"的到来。

天业滴灌技术实现了节水、增产省肥、保质增效的综合效益，使被西方发达国家称为"贵族农业"的滴灌技术进入中国平民阶层，变成了名副其实的"平民农业"。这种灌溉方式既符合节水灌溉发展的趋势，又符合我国发展现代农业、效益农业的大方向，对我国发展现代化节水农业意义深远。天业作为名副其实的节水龙头，它不仅是中国最大也是世界最大的膜下滴灌制造商，其节水器材的生产和推广能力均居全国第一，在节水行业具有绝对的竞争优势。随着国家产业政策和产业标准的不断完善，国内节水灌溉产品将逐步走向规范化、标准化，天业节水产品的优势将会更为明显。2011年，在各方共同努力下，天业牌成套滴灌设备进入国家农机购置补贴推广目录，使得农户使用天业滴灌设备可享受国家资金补贴。原农业部规定进入国家农机购置推广目录的产品，优先进入各省农机购置补贴目录。这为天业节水技术在全国推广打下了良好基础。"十二五"期间，天业将进一步扩大节水器材的生产规模，争取达到满足 1000 万亩节水器材的供应能力，并计划实现在新疆推广应用 800 万亩，内地 120 万亩，国外推广应用 5 万亩。

"大鹏一日同风起，扶摇直上九万里"，凭借结构合理的高水平的紧密研发团队、面对广阔的行业空间和巨大的市场需求，乘驾西部大开发和中央新疆工作座谈会议的东风，我们有理由相信今日正驶入跨越发展高速路的天业必将拥有更为美好的明天。

三、天业节水技术创新对我国农业科技自主创新的路径选择的启示

在以上追踪调查和深入分析的基础上，作者认为选择"引进消化吸收再创新"的自主创新路径，搭建"以企业为主体、以市场为导向、以技术引进为手段、以人才培养为根本、以产学研结合为助推器、以政府支持为推动力"的自主创新平台是天业膜下滴灌技术自主创新取得成功的两大法宝。这也为我们探索适合我国国情的农业科技自主创新路径带来了有益的启示。

（一）中国农业出路必须依靠农业科技自主创新

尽管信息化和全球化给我们带来了难得的发展机遇，但是全球化并不是"免费的午餐"，在由发达国家主导的国际游戏规则下，发展中国家生存和发展的空间越来越受到挤压。尽管我国坚持走和平发展道路，但是国际上总有一些国家和地区不愿意看到社会主义中国的崛起，在技术和贸易上对华设置诸多障碍。在农业领域，一场无硝烟的战争正在悄然升级，农业技术壁垒也在进一步高筑。作为"第一生产力"的科学技术，其真正关系到国计民生的核心技术是不可能完全寄希望于技术引进的，而且一味地充当先进技术的追随者，是永远难以有所突破的，也必将难以分享全球化成果。我国农业发展必须立足本国国情、顺应科技发展潮流、走有中国特色的农业科技自主创新之路。

（二）走农业科技自主创新之路必须优先考虑引进消化吸收再创新的路径

虽然西方发达国家对我国在技术、经济上进行遏制和封锁，但是我们不能就此关起门来搞发展，清朝"闭关锁国"的教训已经足够深刻。农业科技自主创新并不意味着一切要从头开始，强调所谓的"完全自主创新"，更何况21世纪科技发展突飞猛进，快速发展和提高我国农业科技自主创新水平已经时不我待。"不管黑猫白猫，捉到老鼠就是好猫。"在对天业膜下滴灌技术自主创新案例的透视中，我们不难发现技术引进是提高技术水平的捷径，也是提高科技自主创新水平的一种最直接、最有效的手段。在对先进技术引进、消化、吸收的基础上进行再创新，不仅可以提高科技自主创新水平的起点，也可以进一步缩短科技自主创新活动的周期。

（三）走农业科技自主创新之路必须搭建自主创新的平台

农业科技自主创新主要包括技术研发、技术推广应用、产业化三个环节，涉及市场、企业、高校、研究机构、政府部门等各种相关因素，需要技术、人、财、物等要素的有机组合、优势互补。源自对天业膜下滴灌技术自主创新案例的透视，作者研究认为走农业科技自主创新之路必须搭建"以企业为主体、以市场为导向、以技术引进为手段、以人才培养为根本、以产学研结合为助推器、以政府支持为推动力"的自主创新平台，其作用机理见图5-3。

需要补充说明的是：①企业主体和政府支持分别为农业科技自主创新提供微观、宏观环境，并贯穿在农业科技自主创新的三个主要环节（技术研发、技术推广应用、产业化）中。②企业在市场导向下，决定农业科技涉足的行业和领域，决定引进技术的类型和方式，与此同时政府部门为技术引进提供了必要支持。③人才培养和产学研结合是科技创新的智力源泉，为技术研发提供了必要的人力支持；技术引进是提高技术的捷径和科技创新的有力跳板，为技术研发提供了必要的技术支持；企业是技术研发的主体，为其提供了财力和物力支持；政府部门可以通过宏观调控，完善自主创新的环境，推动各组成部分有机组合并促进创新活动的顺利进行。④市场导向贯穿在"技术引进—技术研发—技术推广应用—专业化"的整个链条中，每个环节的成败最终都需要市场的检验和修正。

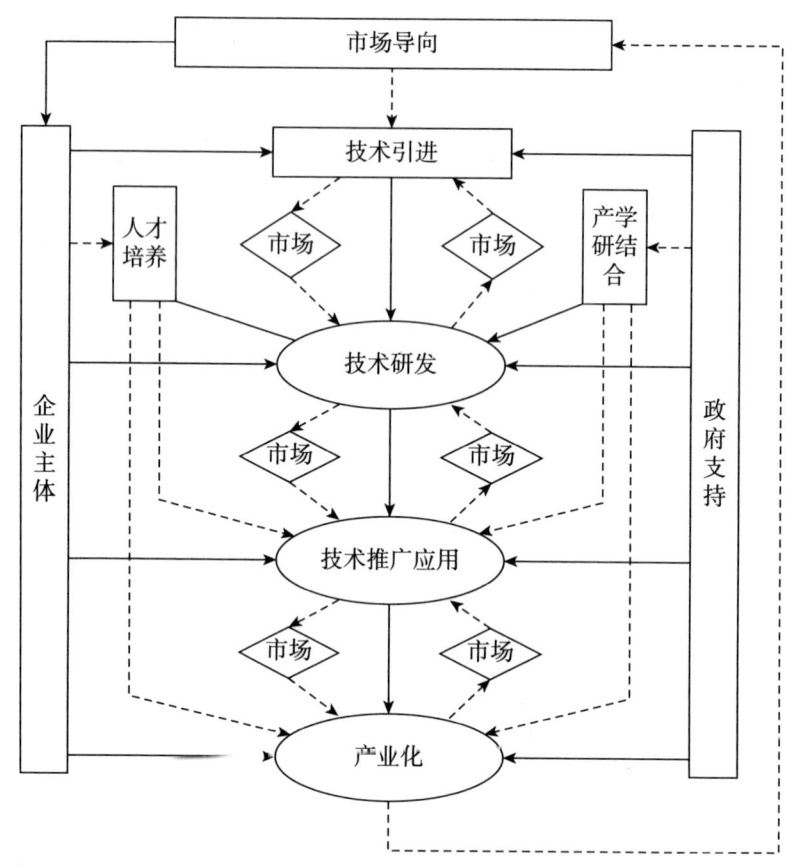

图 5-3 农业科技自主创新平台的作用机理

四、结束语

"条条大路通罗马",在对农业科技自主创新路径的选择上没有唯一解,只有最优解,具体问题需要具体分析。由于国际竞争日趋激烈、科学技术日新月异,加之我国的农业科技基础薄弱、自主创新能力不强,中国农业科技创新难以承受"试错"之痛,尽快提高我国的农业科技自主创新水平已经迫在眉睫。

作者在对天业膜下滴灌技术自主创新案例追踪调查和深入分析的基础上,提出现阶段我国农业科技自主创新应首先考虑技术引进,然后走自主创新之路,而不是一味地追求原始创新,即"引进—消化—吸收—再创新"的路径选择是最为适合中国国情和高效的。当然,并不是所有的技术都能引进(尤其是核心技术),那么加强原始创新和集成创新就必不可少。简而言之,引进技术是手段、自主创新才是根本,自主创新贵在自主重在创新。在综合、系统、全盘考虑并选定了自主创新的路径的基础上,农业科技就行走在了自主创新的征途中。作者研究认为需要搭建农业科技自主创新平台,综合考虑各种相关因素并主次分明,做到市场、企业、高校、研究机构、政府部门等要素的通力合作有机组合,真正实现"1+1>2"的效果。

面对 21 世纪、新时代重大机遇和历史挑战,我们要把坚持科技创新作为加快转变经济发展方式的重要支撑,深入探讨农业科技自主创新路径选择。作者本着严谨、认真、负责的态度,对大业节水技术自主创新的成功案例进行了深入透视,并得出了一些有益启示,这是对我国农业科技自主创新路径选择的积极探索,并为加快我国农业科技自主创新步伐提供了有益参考,对我国农业现代化建设和建设创新型国家都具有重要的理论意义和现实意义。但是文中也存在一些不足之处,本研究侧重分析了农业科技自主创新的源头环节,即技术研发,而对"技术推广应用"和"专业化"环节分析尚待进一步深入,如对中介组织、服务机构及农业科技的最终受益者农户没有涉及,这是本人研究的局限性所在,希望在此起到"抛砖引玉"的作用。

"路曼曼其修远兮,吾将上下而求索",作者相信本着实事求是的态度,走具有中国特色的农业科技自主创新之路,中国的农业现代化就有了希望,中国的创新型国家建设就有了航向,中华民族伟大复兴就指日可待。

第六章　ST 生态产业园发展模式研究

本研究中提出的许多理念和思路是与新时代我国"五位一体"高质量发展思路完全吻合的。例如，享受自然、消费绿色的"城市生态岛"理念；把农业生产系统升级为"乡村社会经济系统"；建设"城市生态岛"，绿洲生态廊道；发展城市集群及城市功能转移等，因此"ST 生态产业园发展模式"对今天新疆社会经济发展仍然具有重要的参考价值。

一、立项的背景及意义

（一）立项的背景

ST 生态产业园是在 21 世纪国际国内经济环境的大背景下，在我国产业结构战略性调整的大格局中，在西部大开发战略全面启动、新疆和兵团经济快速发展的条件下，提出的全新的生态产业发展战略理念和全新战略构想。ST 集团以园区和周边地区生态恢复与重建为基础，以生态—经济—社会协调发展为指导方针，将 ST 生态产业园建设成为 ST 集团的产业聚集区，企业文化及经营理念的展示区，ST 国际品牌的示范区，ST 吸引资金、人才、科技等要素的吸附器，ST "经济航母"的打造基地。

项目选址位于乌鲁木齐市、米泉与阜康市之间，沿 216 国道、吐乌大高速公路以北的狭长地带，米泉与阜康地域交界处，为该地区唯一的原始生态未遭破坏处女地，占地面积约 $100km^2$，地理位置十分优越。园区距离乌市 50km，米泉及乌市石化 30km，阜康市 20km，北临古尔班通古特沙漠，为 102 团、222 团、六运湖人工绿洲核心区；南有天山山前洪积扇丘陵戈壁荒漠地带，是冬季滑雪场的理想选区。园区周边城市位于天山北坡经济带的"龙头"地带，为新疆社会经济最发达的地区，基础设施完备，产业发育良好，社会经济资源丰富。在这样一个具有地理、社会、经济、资源的显著区位优势的千年绿洲与人工绿洲的生态连接带，建立 ST 生态产业园，必将取得良好的社会、经济和生态效应。

从宏观尺度上讲，随着全球经济一体化进程不断加快，我国加入 WTO 后，国内企业必然要参与国际经济循环，面对激烈的国际竞争；随着科学技术的飞速发展，知识经济扑面而来，创新已成为企业生存与发展的根本保证；随着社会经济的进一步发展以及大城市人口的急剧膨胀，我国乡村城市化进程必将加快。入世后，ST 集团将依靠其"产业航母"优势，实施"红、绿、白"战略，发展特色产业，升级产品结构，积极参与国际经济竞争，并在竞争中提高比较优势，提升产品的竞争力，不断创新，最终确立自身优势。

西部大开发的总体部署是以生态建设为前提，以产业结构调整为核心，集中优势资源，促进西部经济社会跨越式发展。在西部大开发战略的实施过程中，国家将加大基础设施建设投资力度，加强自然生态环境建设，缓解生态系统与经济系统之间尖锐的矛盾，创造一个良好的政策环境、体制环境与生态环境，吸引东部地区及国外资本的投入，促进西部地区内部资本扩张和成长，促进西部地区经济结构调整，提高各产业整体素质。国家将进一步加大对具有发展潜力、优质、高效、科技水平高的产业部门和企业的投资扶持力度，对于教育、科研、信息产业，支柱性特色产业，重点核心经济区域将加大投资的倾斜力度。国家将从税收、融资、价格、固定资产投资、特许经营、转移支付、资源开发、外经贸权等各方面对西部地区给予扶持和优惠。ST 生态产业园紧紧抓住西部大开发的大好机遇，以生态建设为其核心理念，进行产业结构的战略性调整。

自治区及兵团大力推进经济结构的战略性调整，以市场为导向，加强农业的基础地位，调整优化产业结构与产业布局，加快农业产业化，增强经济整体素质。兵团经济将改变单一的"棉花经济"格局，强纺织、精食品、拓建材，积极发展旅游业，推进优质特色农产品的精深加工，大力发展绿色产品，创建名优品牌；着力扶持重组一批发展前景好、内部增值能力强、现代企业制度改制效果好的巨型企业。这是 ST 生态园建设的有利条件。

从微观尺度上讲，优先发展天山北坡经济带是自治区实施西部大开发、带动新疆快速发展的战略部署。天山北坡经济带指包括乌鲁木齐市、昌吉回族自治州（部分县市）、石河子市、沙湾市、奎屯市、克拉玛依市、乌苏市、以及兵团农六师、农七师、农八师、农十二师和部分兵直单位共 15 个县市、56 个农牧团场。该区域内资源优势明显，经济结构较合理，交通运输条件完备,科研院所与人才资源集中,劳动者素质较高,信息发达,资本集中,城乡经济发达,对外经济往来比重大,整体经济发展水平走在全疆前列。该区域是亚欧大陆桥经济带的重要组成部分,是国家和自治区级经济技术开发区、高新技术产业开发区以及开放城市最集中的地区。新疆目前上市和拟上市的企业大多数集中在这个区域,已有的高校和科研院所也大部分集中在这里,具有十分突出的发展优势。

在天山北坡经济带优先发展战略中,乌鲁木齐市作为"龙头",其社会经济发展急需寻求新的增长点。面对优先发展天山北坡经济带的历史机遇,ST生态产业园的创业构想应运而生,乘西部大开发之势,在处于乌鲁木齐市、米泉、阜康三市及乌鲁木齐市石化、准东油田两大石油基地中心区的唯一未开发、生态环境较好的区域开发建设ST生态园,对于改善和扩展乌鲁木齐市生态人居环境,拓展乌鲁木齐市产业发展空间的意义十分重大。园区的建成将产生强劲辐射作用,从而发挥核心区域的辐射效应和梯度效应,实现由中心向外围的产业梯度发展格局,形成核心区域与外围区域全面发展、共同繁荣的局面,给全疆提供看得见、摸得着的保护大生态、实现战略转移、经济发展的典范。

随着社会城市化的进程不断加快,有限空间上人口及经济总量的聚集必将引起环境的恶化,城市生态"饥渴"日甚。乌鲁木齐及周边地区是新疆城市化水平最高的地区,该地区脆弱的生态系统已不堪重负,环境恶化加剧,已影响到人民生活质量的提高和经济发展。目前乌鲁木齐市先富起来的阶层,在满足了基本的衣、食、住、行的要求后,迫切希望获得一片蓝天碧水和空气清新的良好生存环境。ST生态产业园的规划建设以"500水库"为中心,以生态环境的恢复为基础,以产业的U型分布为格局,以生态产业开发为重点,建设"生态岛",实现乌鲁木齐市、米泉、阜康及周边区域的生态对接,保持并重现亘古时期的原始风貌,使定居于此的人们享受自然、消费绿色的理想得以实现,解决都市里涌动的生态"饥渴"问题,形成良好的生态聚集效应和资源的有效聚合,并形成全疆的区位优势地带与ST集团的核心优势。

(二) 立项的意义

1. 生态(科学)意义

(1) 园区建设是区域生态恢复、重建与合理开发利用的需要

在历史上,准噶尔盆地大部分地区气候温湿、森林茂密、生物种群丰富、

生态系统平衡。由于人类社会经济活动的频度和强度不断加强，一方面人工绿洲面积不断扩大，另一方面天然绿洲严重退化和萎缩，使该地区沦为干旱荒漠之地，很多特殊生态系统濒于绝迹，物种生存受到威胁。

新疆生态环境形势严峻，自然生态系统脆弱且破坏严重，已成为新疆社会经济发展的"瓶颈"。因此，以生态系统可持续性理论、景观生态学原理（景观生态学用"斑块—廊道—基质"模式来描述区域生态景观的功能）、冗余理论（生态系统稳定性的核心就是要通过物种的丰富多样性提高生态园的抗干扰能力和受干扰后的恢复能力）为支持，彻底改变典型的人类中心论和经济唯一论的行为表现，建立 ST 生态产业园，开展地区生物多样性保护，拯救濒于灭绝的物种，恢复生态系统的稳定性，再现百年前的自然生态风貌，实现人工绿洲生态系统与自然绿洲生态系统在结构和功能上的耦合，并进行生态资源的合理开发利用，通过生态系统的自组织演化机理，逐步使园区生态系统从低有序向高有序演进发展。

ST 生态园区建设的生态科学意义在于：

第一，有基本稳定的物种结构，从而形成准噶尔生态区有效的生态耦合。

第二，有较强的自维持力。利用对周围物质和能量的转换能力，推动 ST 生态产业创业园的吐故纳新、运转与发展。

第三，有较强的自调节能力。生态园与周围新老绿洲相互联系，良性互动，并以此为集聚点，带动周边生态系统有序、持续地发展。

第四，有较强的自组织力。ST 生态产业园充分有效地利用乌鲁木齐市、米泉、阜康、222 团、六运湖农场、准东油田基地等地可获得的多种资源，调整生态园的产业结构，不断提升园区产业优势。

ST 生态产业园的建成，将形成生态功能完善、适应生态演化过程的景观格局。这是一个满足园区及其周边城乡居民生活、工作和娱乐的需要，且其健康和创造力得以支撑的生态系统。

（2）园区建设是解决、追求生态消费的需要

可持续发展是经济、社会发展的持久永续，生态和资源的持续性是经济、社会持续发展的前提。今天，新疆的生态系统已遭到破坏，很难继续承受高速发展的传统生产模式；自然资源的过度利用也难以继续满足传统生产模式对资源的大量需求。这种建立在人与自然对立基础上的，以高消费、高能耗拉动高产出的生产模式，带来了环境污染、土壤沙化、人口暴涨、能源危机等问题，这些严峻的威胁呼唤着 ST 生态产业园所倡导的生态（绿色）产业。

随着社会的进步，人们越来越注重生活质量，注重身体健康。人们的消费要求越来越高，不仅要求产品的消费对身体健康有保证，还要求崇尚自然的消费。这主要体现在：①生态食品要求，人们希望食品符合生态要求，没有污染，对人体无害；②生态用品，人们希望日常生活使用的产品不会直接或间接造成污染；③生态环境，人们已认识到拥有一个良好的生态环境是生活质量的重要内涵，因改善生态环境而产生的消费需求将不断增多；④生态享受，人们将更多地从符合生态标准的服务和活动中得到消费享受，当今日趋兴旺的生态旅游、观光都体现出这一趋势。

我国居民，特别是城市居民由于对环境质量退化的觉醒导致人们的思维方式、价值观念乃至消费心理、消费行为发生了重大变化，绿色消费已成为时尚，在全球范围内出现了一个庞大的绿色产品消费市场。21世纪，环保产业和绿色产品的全球市场巨大，其中亚洲市场占1/3，这对我国企业来说无疑是个巨大的商机，如何准确把握这一机会，对我国企业的生存和发展至关重要。生态消费给现代人的生活方式带来了巨大的变革，ST生态产业园则向我们展示出一种全新的、可持续发展的经营运作理念和人们理想的生活方式，满足了现代人追求个性，实现自我理想，展现自身价值的需求。并且在充满绿色竞争的国际市场中，ST生态产业园的生态产业集聚的理念必将为其在国际竞争中争得一席之地。

（3）园区建设是解决城市生态建设危机与建设生态城市的需要

20世纪，世界范围的工业文明在创造巨大物质财富的同时，也导致了全球性生态危机，城市大气污染、水质恶化、农村土地污染、植被遭到破坏，已威胁到人类的生存。自80年代始，新的人类发展观——可持续发展理论正式形成并很快为大多数国家所接受。可持续发展在人与资源方面要求保持资源的永续利用，在人与环境方面倡导建设生态文明，在经济与社会方面强调提高生活质量。这一思想的提出，不仅涉及人类未来的命运和前途，而且将对人类的思维方式、生产模式和生活方式产生巨大的影响。

ST生态产业园着眼于建设新型的生态城，在一定区域内，以生态环境建设和社会经济发展为核心，遵循生态学原理与生态经济规律，把区域内生态建设、环境保护、自然资源的合理利用、生态破坏的恢复以及区域内社会经济发展有机结合，通过统一规划、综合建设，培育天蓝、水清、地绿、景美的生态景观，诱导整体、协同、自生、开放的生态文明，孵化经济高效、环境和谐、社会适用的生态产业，建设人与自然和谐共处的殷实、健康、文明向上的生态社区，最终实现区域性经济效益、社会效益、生态效益的可持续发展和高度统一。

（4）园区建设是建立以"500 水库"为生命线的生态综合开发区，研究并探索小区域生态综合开发模式的需要

"引额济乌"工程、"500 水库"的建设使园区所处位置的荒漠地带具有独特的战略地位，形成 ST 集团的发展契机。ST 集团响应西部大开发战略，提出的生态产业园的构想，立足于生态环境建设与生态产业的开发，建设了一个社会、经济、生态协调发展的生态综合开发区，为新疆小区域生态综合开发提供范式。

（5）园区建设是探索以人工生态产业区带动周边生态资源开发利用的新机制的需要

进入 ST 生态产业园区的产业必须是生态（绿色）产业。比如葡萄酒产业、被称为无烟工业的生态旅游、高效生态农业等。这些产业的进入，将会逐渐带动相关绿色产业的进入，从产品的研制开发、选料、生产、包装、运输、销售、消费及废物回收到再利用过程，各产业始终坚持环保原则，把对环境的破坏降至最低限度。这些产业在生态园区中形成优势产业的聚集、优化与组合，与生态园的理念相结合，产生新的生态产业开发利用机制。生态园和谐的自然景观、人文景观，人与自然的完美结合，必将吸引大量居民的进入，从而带动房地产的兴旺发展；同时，人居的增加、聚集，要求相关的服务、娱乐等第三产业的跟进，随着园区的发展，相关产业逐渐发展、完善。

2. 社会经济意义

（1）园区建设是建立生态可持续性的区域城市网络的需要

随着社会经济的发展和城市化进程的推进，地处天山北坡经济带的乌鲁木齐、米泉、阜康几个城市已逐渐连成一片，形成城市带。这个城市带附近的 222 团、102 团、奇台农场等兵团小城镇通过发展都市化农业促进了社会经济发展。在这个人口与产业向中心城市乌鲁木齐不断集中的过程中，形成了人口及产业过度拥挤的现象，以城市为中心的环境污染不断加剧，造成了区域性的生态环境恶化，严重地影响了整个区域经济的发展。为此，借助吐乌大高速公路与 216 国道，加强各城市的职能分工，设立生态走廊，使之成为具有生态可持续性的区域性城市网络，对于恢复区域生态环境，促进整个区

域经济的发展具有重大的意义。ST 生态产业园地处乌鲁木齐、米泉、阜康几市交界的中心腹地，园区的建设将成为这几个城市之间的生态走廊及生态保护区，能够有效地防止区域性的生态环境恶化，提高环境质量。现代区域经济发展理论与城市发展理论表明，作为区域经济的中心，乌鲁木齐的人口及产业的聚集功能将向周边的中小城市不断扩散，ST 生态产业园通过开发高效生态产业、生态旅游、生态人居环境，使得园区成为乌鲁木齐转移人口的聚集点及产业的接替区。

(2) 园区建设是自治区、兵团调整经济结构的需要

受短期利益导向，自治区、兵团农业是典型的棉花经济。作物种植结构单一，给自治区及兵团的经济发展带来了很大的隐患。另外，由于在棉花种植中地膜、化肥及农药的普遍使用，造成了土壤贫瘠及土壤的严重污染。"十五"时期，自治区及兵团对经济结构进行了重大调整，实施"红、绿、白"发展战略，大力发展农产品加工业，积极推进农业产业化经营。ST 生态产业园的建设，符合自治区及兵团"十五"时期经济结构战略调整的方向，园区内进行葡萄酒、高效生态产业、生物制药、生态旅游等多层次的生态产业的开发，建成高科技产业孵化器。园区的建设将为自治区进行经济结构调整、推进农业产业化经营及生态产业的创新与发展，摸索出一种全新的模式。

(3) 园区建设是区域经济发展的需要

天山北坡经济带是新疆未来经济发展的重点区域，根据点轴开发理论，吐乌大高速公路、312 国道、216 国道将成为天山北坡经济带的发展轴，沿轴线附近急需新的经济增长点来推动整个区域经济的发展。ST 生态产业园以其优越的地理位置（位于乌鲁木齐、米泉、阜康、222 团，102 团、准东石油基地之间）整合周边地区的资源，成为周边地区经济发展的结合点，也必将成为天山北坡经济带的一个新的经济增长点。园区通过对基础生态环境的建设与优化改善生态环境，符合国家西部大开发战略要求，得到国家自治区各级政府及兵团的大力支持。园区生态产业的运作依托周边地区的自然与经济资源，形成 ST 生态产业联动群，必将带动周边地区的自然与经济资源的合理、充分利用，为相关地、县、市、农场的经济带来无限的活力。园区建设以建设新型的生态城为目标，通过小城镇建设与园区生态产业的聚集效应，促进周边农场都市农业的发展，带动区域经济的发展。

(4) 园区建设是 ST 集团战略调整的需要

面对 WTO（世界贸易组织）与西部大开发的新环境，ST 集团将进行重大的战略调整，调整后的 ST 企业集团着眼于进行农业综合开发，实施多元化战略中的专业化、纵向一体化及国际化战略，并关注其整体市场竞争能力的提升，塑造 ST 国际化品牌。ST 生态产业园的建设正是适应 ST 集团的战略调整，建成后的 ST 生态产业园将是统领 ST 集团各产业的战略载体，发挥 ST 集团各产业的协同效应、聚集效应、规模效应，优化 ST 集团的产业结构，整合集团内外的各种资源，实现超常规的发展。

二、园区建设的理念与目标设计

（一）园区建设理念

1. ST 生态产业园区构建的经济—社会—生态和谐发展理念

ST 生态产业园立足社会、经济、生态系统协调、人与自然的和谐运作理念，以生态人本观开发生态系统的社会经济功能，强调生态为人类服务、人类关爱自然的共生关系。因此，园区建设应以生态建设为基础，以生态产业开发为主体，以人本生态系统发展为目的，实现三个系统相互促进，协调共生（图 6-1）。

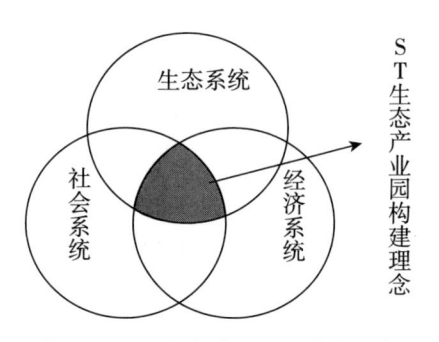

图 6-1 ST 生态产业园区构建理念

2. ST 生态产业园区产业发展新理念

ST 生态产业园产业发展有别于传统产业发展理念。传统产业模式以城乡二元经济结构为基础，以市场为纽带联结各自独立的工农业生产系统，从而造成自然与社会对立、城乡的矛盾冲突。ST 生态产业园的产业发展以 ST 生态产业园运作模式联结城乡社会经济系统，形成城乡产业的交汇点，促进贸工农一体化的农业产业化运作，成为新疆农业走向大市场的龙头。实现园区生态良性循环，社会经济协调运转的可持续发展生态产业系统（图 6-2）。

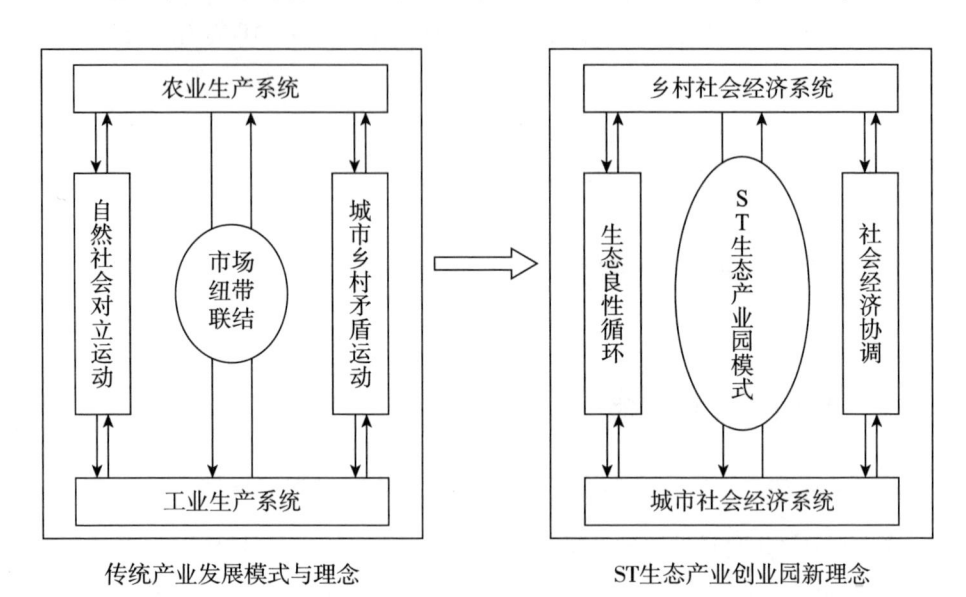

图 6-2 发展模式与理念

3. 享受自然、消费绿色——"城市生态岛"理念

ST 生态产业园位于乌鲁木齐、米泉、阜康之间，该区域城市生态严重恶化，农区绿洲生态系统发育良好，城区人口及社会经济发展超载，向农区拓展的空间受到限制。ST 生态产业园是该地区唯一未开发、生态恢复条件良好、发展空间较大的城乡接合部。园区南面为天山山前洪积扇丘陵荒漠地带，西南角为乌鲁木齐市、米泉、石化，东南面为准东石油基地、阜康市，北部及东北、西北为绿洲农田生态系统，临近的天山，拥有雪域、森林、草原、湖泊等山地生态景观，北部与准噶尔盆地荒漠生态系统相望。园区生态建设以准噶尔荒漠生态景观恢复和重建为基础，建设连接三市的绿色生态走廊，成为城市原始生态岛。在园区及其四周能够欣赏到多种自然生态景观，让人们充分享受自然与消费绿色。

（二）园区建设战略规划模型

ST 生态产业园区建设战略规划可以分为战略层业务、产业层业务、目标层业务三个层次。其中，战略层业务对生态园项目进行系统诊断与综合评价，完成项目的可行性论证，确立生态园的战略构想与设计；产业层业务以 ST 生态产业园总体战略设计为指导，进行战略目标分解，明确园区主要建设项目；目标层业务确定 ST 生态产业创业园总体目标及目标体系，其最终目标为区域"生态—经济—社会"的可持续发展，这一目标通过园区的综合功能实现。

（三）园区建设的原则

1. 生态效益、经济效益、社会效益并重的原则

新疆是典型的大陆性干旱气候，中华人民共和国成立以来社会经济建设取得了巨大的成就，但同时生态环境破坏严重，自然灾害频繁，给国民经济的可持续发展造成了巨大威胁。随着人民生活水平的不断提高，居民的消费观念发生了很大变化，追求人与自然的和谐成为一种时尚。生态建设是西部开发的主题，因此 ST 生态产业园区把恢复和保护生态环境摆在首要位置。在市场经济下，经济效益是企业生存和发展的根本，宏观经济环境是企业生存和发展的基础。批量生产、大量消费、大量废弃的企业经营理念为 20 世纪的企业创造了大量的利润，但经济增长也带来了生态环境的严重恶化。21 世纪，企业的经营理念也发生了根本性的变化，企业不再单纯地追求经营利润，而是追求经济、社会、生态等多元目标的协同效应，建立"以人为本"的经营理念，塑造企业品牌，形成企业文化成为企业发展的重要内容。因此，ST 集团在追求国际化的发展中，应重视生态效益、社会效益，为区域经济发展做出应有的贡献，塑造企业良好形象，实现企业长远经济效益目标。

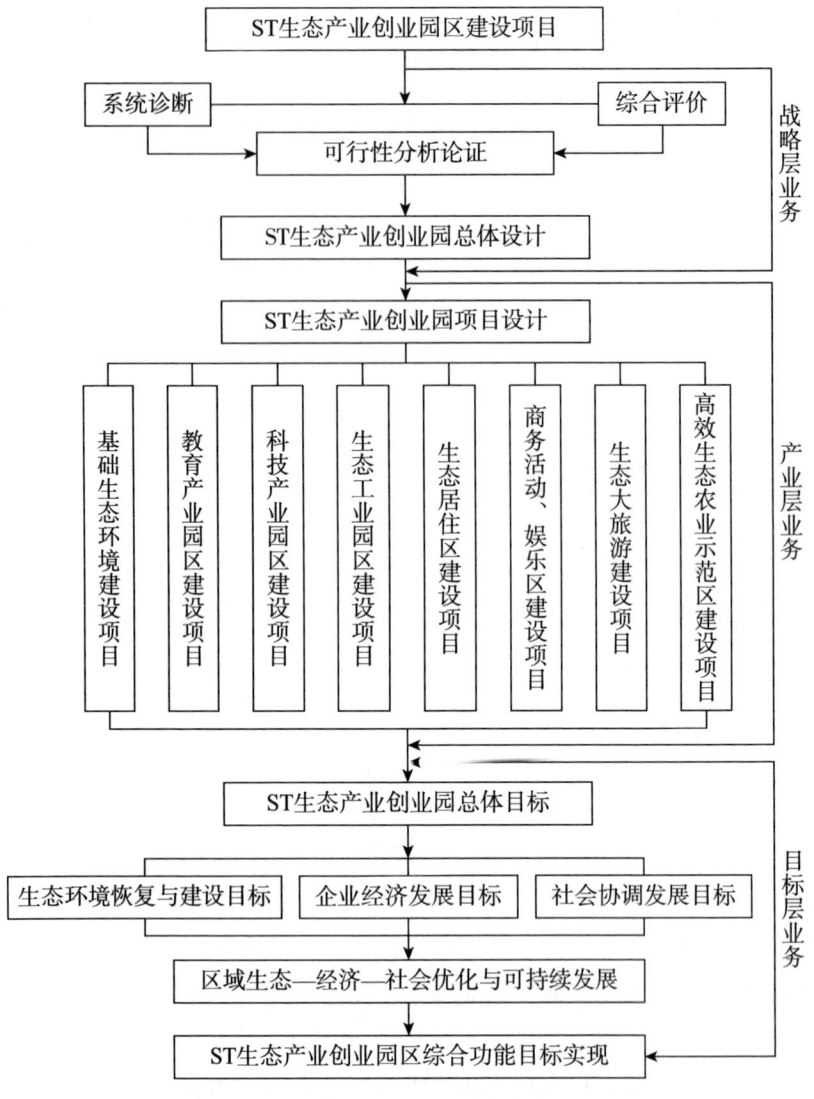

图6-3　ST生态产业创业园区建设项目业务

2. 市场引导和政府推进相结合的原则

社会主义市场经济已成为国民经济发展的主旋律。原有的政府主导型的区域经济开发模式已不适应经济发展的需要，以市场引导为主、政府推进为辅的新型开发模式将成为建立ST生态产业园的有效形式。ST生态产业园是集生态、人居、产业、科技等于一体的超大规模生态园区，由ST集团搭台、企业唱戏、政府扶持的全新开发方式，必须遵循市场法则，为入园企业创造良好的创业环境；同时，ST生态产业园积极寻求各级政府的大力支持，协调各方关系，使市场引导和政府推进有机结合，形成园区发展的强大动力。

3. 统一规划，合理布局，分步实施，科学管理的原则

园区建设既涉及企业行为，又涉及政府行为，兼顾生态、经济、社会效益，功能多样，投资巨大，是一个复杂的系统工程。因此，在项目建设前期，相关人员应深入调研，借鉴国内外先进经验，科学论证，综合评价，统一规划，合理布局。生态产业园区中期规划面积达100km^2，远景规划目标达350km^2，项目建成后相当于一个中等规模的城市。如此巨大的项目建设不可能一蹴而就，应对项目进行横向和纵向分割，根据实际分块、分步实施，平衡需要与可能，达到现实性与超前性的统一。在建设中应建立相应的机构，制定有效的运作制度，实施科学管理是项目成功的保证。

4. 开放创新，"筑巢引凤"的原则

ST生态产业园以全新的理念和运作规则，良好的生态和创业环境，广泛吸引国内外企业和人才入园共同创业。

（四）园区建设的目标

建设总目标：面向国家需要，依托新疆资源优势和ST集团资金、管理优势，以生态建设为基础，生态产业开发为主题，建设集生态、人居、产业于一体的新型生态产业园区，形成乌鲁木齐及周边城市的全新产业集群区、生态人居消费区。以此打造ST集团经济航空母舰，为ST集团进入国际化大企业行列提供平台。在改进区域生态环境，带动区域经济发展，推进城市化进程，创造更多就业机会等方面做出贡献。

近期发展目标（2002—2005年）：统一规划，科学论证，对项目核心区（面积100km^2）实施原始荒漠生态景观恢复和保护工程；进行道路、水、电、气、通信等基础设施建设；优先建设教育产业园区，特别是外向型基础教育基地的建设；启动生态居住区项目与ST集团投资的生态工业区、农业示范区等项目的建设。园区建设初具规模。

中期发展目标（2006—2010年）：全面实施项目核心区各功能区建设，初步形成生态环境优越、基础设施完善、功能齐全的硬件环境，并初具人口、产业聚集效应，城市功能显现。与此同时，启动项目扩展区的项目建设。

远景发展目标（2010年以后）：进一步完善项目区硬件、软件环境，完

善整体运作机制，实现人才、资本聚集，创新机制活跃，生态产业集群，城市功能齐全的"经济化、商业化、信息化、产业化、科技化、景观化、旅游化、生活化"的新型生态城市。

三、园区建设项目

ST生态产业园区由八大园区组成：生态园区、教育产业园区、科技产业园区、生态居住区、生态工业园区、商务活动娱乐园区、生态大旅游、高效生态农业示范园区。园区布局如图6-4所示。

图6-4 ST生态产业创业园区"三生协同规划"示意图

（一）生态园区

生态建设是人类进入21世纪社会发展的主题，追求良好的生态环境是项目建设的首要内涵，也是项目建设的吸引力所在。依托典型的准噶尔盆地荒漠生态景观及"引额济乌"和"500水库"工程的实施，园区按照现代生态系统理论和生态城市建设理论，迎合居民消费观念转变的需求，创造项目区良好的生态环境，改善周边生态环境，实现自然、社会、人文和谐统一。吸引广大居民、企业入驻和外来投资，达到资源增值的目的。

（二）教育产业园区

为实现生态人居工程的预期目标，吸引白领阶层入住，园区优先启动外向型基础教育建设，建立硬件设施完善，管理模式先进，师资队伍过硬，教学先进的一流学校。建立产业化运作，面向整个园区及全社会服务的专业性职业培训中心，为企业员工，特别是管理人员的继续教育和再培训提供基础平台。为充分利用园区多样性生态景观的特色，建立功能性生态教育示范基地，既有利于增加收入，提高经济效益，又有利于培养人们的生态环保意识，获得社会效益。

（三）产业园区

1. 国内外荒漠生态科研基地

园区以原始荒漠生态为中心，绿洲、高山、碧水、丘陵、戈壁、沙漠环绕，原生、人造景观并存，呈现的多样性特点，为开展干旱荒漠地区生态环境变迁研究提供良好的条件。提供优惠政策，吸引国内外相关科研机构在此开展科学研究，为生态保护的深层次研究提供技术支持，并建立多样景观示范区，创造经济效益。

2. 科技产业孵化器

高科技产业孵化器是促进园区经济快速发展，通向市场的一条捷径。园区将吸引高等院校和科研院所建立研究基地，吸引风险投资机构入园，并创造良好的环境，提供研发、生产、经营的场地，通信、网络与办公等方面的共享设施，系统的培训和咨询，政策、融资、法律和市场推广等方面的硬件支持和软件服务，加快科技成果转化，促进园区高科技产业的发展。科技产业孵化基地如图6-5所示。

图 6-5 ST 生态产业创业园"科技产业孵化"基地

3. 高新技术示范区

高新技术园区立足新疆，放眼全球，以加快传统农业向现代农业转变为己任，以农业增效、农民增收为目标，汇聚国内外农业新技术、品种、设施在区内落户，突出特色和效益，发挥指导和辐射功能，创建园区新型经营模式，为农业产业结构调整和可持续发展提供科学合理的例证。区内分设展示休闲区、精品农业展示区、高效农业生产区、生物技术中心及管理服务中心区等小区。

（四）生态工业园区

环境优美的新型现代化生态工业园区，是 ST 生态产业园区的重要组成部分。将之建设成为新疆生态工业的聚集区、新疆生态产业的培植基地，有利于充分利用政策、资源、交通及区位优势，积极吸引外商投资企业，集中发展先进的工业项目，逐步建成一个外向型、多功能、综合性的环境优美的现代化生态工业园区。

1. ST 企业首批入驻工业项目

园区第一批入园开工项目为 5 万吨的 ST 葡萄酒厂，在周边地区建成 8 万亩酿酒葡萄生产基地。这将在园区周围形成葡萄"绿色风景线"。依托现有资源及技术，建立酿酒葡萄科研基地、葡萄酒研究所，有利于向游客展示世界研究成果和本所研究成果，以达到塑造 ST 品牌的目的。

活化科研部门与生产企业的有机功能，形成产学研贸四位一体的生物制药项目。药品全部使用天然原料，利用现代生物技术进行生产，不引入化学合成物，不产生工业"三废"，是名副其实的"绿色工厂"。生物工程制药、生物工程农业以及第三态健康食品是产业的发展方向。

从国家西部大开发战略看，ST 生态产业园区农业机械项目将为现代耕作和农业生产提供大型农业机械。工业园区与国内外企业联姻，密切合作，共同发展农业机械高新科技项目。

新疆有水则绿洲，无水则荒漠。水资源一直是困扰西部经济发展的瓶颈，随着农业现代化的进程，节水灌溉成为解决西部水资源匮乏的关键。"十五"末，兵团喷、滴灌达到 550 万亩至 800 万亩，占总耕地面积的 1/3 至 1/2，为 ST 节水器材项目提供了良好的发展空间。ST 生态产业园区也因从事节水农业高新技术产业而得到了有力的政策扶持。工业园区与国外企业联姻，密切合作，共同发展农业节水灌溉器材项目。

2. 国内外投资的工业项目

通过招商、横向联合等方式，吸引外部资金注入工业园区，组建多条工业生态链，提升入驻企业总体效益，建成完善的"工业生物群落"。

（五）生态居住园区

生态人居是人类居家的最高境界，是工业文明发展到高级阶段回归自然、修身养性的必然产物，作为第二居家更是成功人士身份的标志。

园区通过借鉴欧美发达国家开发生态城镇的成功范例，组建由国内外各专业行家组成的开发班子，以保护生态、可持续发展、高起点运维原则，对整个园区进行统一策划、规划及开发。首期推出生态人居的代表作——星月庄园和怡月山庄，并以此为起点，逐渐形成以 ST 生态文化主题为中心的生态人居，区内集居住、度假、商务、投资于一体，演绎生态、人文、建筑的和谐统一。

园区的目标是从自然生态支撑系统（园区内外自然植被系统与人工植被系统）、土地支撑系统、能源支撑系统、高效用水支撑系统、废弃物处理系统、交通信息支撑系统等六大系统入手，建设成无害化、与自然有机结合、节地、节能、节水、资源再生的园区；同时努力提高园区企业、居民的环保意识，从法律、制度、组织上确立"环境第一""建立绿色生态园区"的意识和行为准则，建设人与环境共生的园区。

生态：园区绿地覆盖率达90%以上，空气质量优于1级。
交通：距乌鲁木齐市50km，米泉、石化30km，阜康市20km。
建筑：低层大空间生态共生式别墅类建筑。
设施：水、电、气、电话、光纤、宽带网到户。
安全：自然屏障与红外线监控结合。
物业：五星级度假酒店标准管理。
配套：游泳池、网球场、超市、医务、滑雪场。
周边：国际度假俱乐部、美食广场。

景区生态人居——居家福地

生态项目投资——21世纪发展主题

原始资源置业——最大的资产增值空间

绝佳自然环境——仅存，独有，无法再造

精神最高境界——知者乐水，仁者乐山，天人合一

（六）商务活动、娱乐园区

1. 商务活动项目

（1）建成国际标准的会展中心，具有接待国内外的大型会展及高科技展示的能力。

（2）建成具有生态理念的商务办公写字楼，为各行业提供优美、舒适、怡人的办公环境，成为新疆乃至全国闻名企业最理想的办公地。

（3）建成中亚会议中心，会议设施应具国际一流水平，具有接待国内外国家领导人会晤或大型会议的能力。

2. 商务娱乐项目

建立以参与性、高科技、刺激性、挑战性、娱乐性为主要特征的商务娱乐项目，通过天山天池股份有限公司利用园区及天池建成蹦极跳、滑翔伞、热气球等娱乐项目，未来还将建造适合园区地形、定位、环境的商务娱乐项目，如高尔夫球场、冬季滑雪场、网球场、跑马场等，以提升商务活动者及游客娱乐的兴趣。

（七）生态大旅游园区

生态旅游又称"绿色旅游"，其内涵是让游客在良好的生态环境中，或旅

行，或休憩，或疗养，饱览自然风光，观赏奇珍物种，进行健身活动。同时，在此过程中增强游客的环境意识。随着开发的不断深入，园内的各项硬软件旅游服务设施基本齐全，吃、住、游、玩将具备一定水平，其立体开发及生态农业与观光旅游相结合，融自然风光与人文景观、生态农业与观光旅游于一体，形成以生态为主题的 ST 大旅游的理念。

1. 准噶尔盆地原始生态景观旅游项目

园区内 70%~80%的土地保持着原始自然风貌的荒漠植被，有连绵成片的"红柳林"，有大片生长良好的梭梭，属于典型的准噶尔盆地生态景观，具有发展荒漠风光旅游得天独厚的条件。随着"500 水库"的建成，园区内环境得到了很大的改善，园区的荒漠植被恢复，园区通过栽植红柳、梭梭、胡杨、白刺、芨芨草、胡杂、沙枣、沙棘等乔灌木植物，并且把甘草、大芸等种植结合在一起，逐步恢复准噶尔盆地原始生态多样性特征，使园区成为准噶尔盆地原始生态的微缩区，吸引国内外的游客来园区体味准噶尔盆地原始生态的多样性。

2. 沙漠生态旅游项目

在古尔班通古特沙漠边缘，园区结合沙漠化治理，规划和完成生态林建设的同时，将其与观光旅游项目结合在一起，力争将其建设项目列入新疆沙漠化治理的总盘子，成为新疆沙漠化治理的典型项目。在沙漠治理中，园区把沙漠产业发展作为一项重要内容。沙漠生态旅游具体内容可考虑：①开展沙漠驼队旅游项目，让游客感受"沙漠之舟"的刺激；②设立沙漠滑翔旅游项目；③设立"沙漠之夜"野餐会。

3. 狩猎场及动物保护区项目

园区在原始生态恢复时期，严禁任何形式的狩猎。在园区植被较好的地块，设置围栏式的野生动物猎场，并有意识将易恢复的野生物种集中，待猎场中植被和动物达到可以狩猎的程度，再向社会开放狩猎场。使游客在享受惊险刺激的狩猎同时，又能观赏到新疆的野生动物。

随着荒漠植被的恢复，适应在植被中生存的动物会逐渐出现，并休憩在园区中。对于荒漠植被较茂密，立体植被体系具有初步形态，对原始生态恢复较易的地块，园区将其划为荒漠地及沙漠地动物保护区，并将水引到保护区，尽量将新疆的野生动物搜集其中，使野生动物有一个良好的生存空间并能够繁衍生息。

4. 园区南部丘陵滑雪场

新疆冰雪期较长，园区南部为山前洪积扇荒漠地带，丘陵连绵起伏，危险陡峭的沟壑少，是建立滑雪场的理想之处，并且滑雪场建设投资少，管理方便，收效快。随着城市冬季休闲娱乐的兴起，滑雪已成为人们的首选旅游项目。

5. 天池山区生态景观旅游项目

天池自然景观保护区地处阜康市境内的东天山主峰——博格达峰下，属林型综合自然保护区。其主要保护对象为森林、高山冰川等自然景观以及棕熊、雪豹、马鹿等珍稀动物和高山植物。天池风景优美，神话传说迷人，多座积雪终年不融的冰川山峰，是探险旅游者的乐园。维吾尔族、哈萨克族等13个世居少数民族至今仍保留着浓郁的民族风情。

ST已组建新疆天山天池股份有限公司，通过天山天池股份有限公司形成以天池山区生态景观为主题的旅游项目，建成雪山寻宝、冰川救援等具有刺激、趣味性的旅游项目。

6. 现代化生态农场景观区

随着园区的建设，周围的团场乡村形成支持园区产业发展的态势，这就形成了另一道风景线——生态农业景观。其可以通过合理的引导与布局，逐步形成以观光农业为主体的现代化农场景观区。

（八）高效生态农业示范园区

利用田园风光和自然生态资源，企业依托都市内部的经济辐射和按照都市的市场需求，建成集种养业生产、生态农业观光游乐于一体的大型生态农业示范园区。

1. 绿色农产品基地

随着中国经济持续稳定的发展，人们在解决温饱以后开始追求生活的高质量，要求农产品成为优质营养的、安全卫生的清洁食品——绿色食品。目前，人们崇尚回归大自然，重视生活质量，对有机食品的需求越来越多，新鲜的绿色有机食品尤为人们青睐。发展绿色食品以水果、蔬菜（含食用菌等）、野生菜以及畜禽产品等为主，以"新绿"品牌为策略，以贸易、加工企业为龙头对接市场。根据国际国内市场的不同要求和当地的不同条件，"A

级"和"AA 级"绿色食品并重发展，分类指导，以实现资源的最佳配置和规模效益。

2. 特色花卉园

随着世界花卉产业的发展，花卉生产由高成本的发达国家向低成本的不发达国家转移，花卉经营也由独立经营向合作经营发展。花卉生产和消费的国际化，为我国花卉产业提供了良好的发展契机。ST 生态产业园区四周由乌鲁木齐、米泉、阜康等城区所环绕，随着人们生活水平的提高，对于花卉的需求与日俱增。建立花卉生产基地，生产中要突出新疆特色的花卉，并与盆景建设相结合。

3. 观光农业项目

观光农业是一种新兴的旅游项目和特色农业生物相结合的休闲农业。随着人们生活水平的提高，拥挤在城市的人们有着返回大自然度过休闲时光的欲望，休闲观光农业因此应运而生。通过自然和温室等产业手段建立集参观、参与、生产、销售为一体的现代化生态农业观赏区。使游客先看花后摘果，再购买，使这里月月有花开，季季有果熟，它有利于活跃文化生活，繁荣经济，有利于保护农业资源，加速现代农业发展，是农业发展中的一项新兴产业。

发展休闲观光农业要统筹规划，形成农业与旅游项目、服务设施相互配套的格局。企业可以依托园区开发建设旅游观光农业，开发啤酒花、葡萄和花卉观光园区，开发具有特色荒漠风景的休闲观光园区等。

4. 啤酒花、酿酒葡萄项目

在现有的啤酒花生产基地的基础上，建成啤酒花绿色走廊，建设好游览的道路和提供便捷的交通工具，并沿道路边零星建立具有西方文化韵味的啤酒小屋，能够让游客在浏览观赏时能体味 ST 至纯至真的文化韵味。

以年产 5 万吨高档葡萄酒厂和压汁厂的建设为主线，在现有的酿酒葡萄生产基地的基础上，建成葡萄绿色长廊，新疆各种葡萄品种的展示带，企业要保证品种全，且四季都能参观。

5. 生态农业外延项目

农业生产未来的走向是精准、高效的现代化农业。现代农业对种子的质量及品质的要求越来越高。制种将是现代化农业生产中很关键的环节，ST 的生态制种技术涉及种子的加工、包衣、精选等方面，形成了兵团乃至新疆最大的制种基地。

由于特殊的荒漠植被及气候条件，园区适合种植大芸、甘草、紫草、贝母等中草药材。根据荒漠植被生长的特点，园区以野生药用植物的培育、引进、驯化及推广为主要发展方向，对中草药材的种植进行合理布局，建设现代化的天然药用植物原料基地。通过多品种引种、规模化种植、企业化运作，原料生产供应与制药等深加工相结合，不断提升中草药的价值，利用 ST 品牌效应，争取将生物药产品打入国际市场。

四、项目实施的效果评价

ST 生态产业园项目的建立和实施，不仅对自治区及兵团社会经济发展战略具有促进作用，也对西部生态环境建设和生态产业开发具有示范作用，还对区域（米泉和阜康）社会经济具有带动作用。同时，ST 生态产业园的开发与创建是 ST 集团 21 世纪的发展战略的重新定位，是 ST 战略方向和产业布局的重新"洗牌"，对 ST 未来的发展具有战略意义。

（一）经济效益评价

ST 集团作为企业，其经济活动的最终目的是提高企业经济效益，因此 ST 生态产业园的生态效益、经济效益和社会效益都将直接和间接地有利于增进企业的经济效益。ST 生态产业园的经济效益主要体现在：

第一，ST 生态产业园以生态环境建设为基础，以生态产业聚集为吸附器，吸引社会、人口、资金等要素来园区生活居住、创业发展，必将提升园区的房地产价值，使这块千古荒原变成炙手可热的"黄金地段"，为 ST 带来房地产开发的效益。

第二，ST 生态产业园以提升 ST 经营理念，孵化 ST 优势产业，打造"集团产业航母"为目的，必将创出 ST 国际品牌，ST 品牌及商誉价值的提高必将提升 ST 核心竞争能力。

第三，园区以绿色产品加工、生态旅游及居住产业为龙头带动相关产业发展，特别是以 ST 品牌和园区理念吸引国内外人才、资金在园区内聚集，其产业开发会给企业带来直接的经济效益。

第四，随着 ST 生态产业园区知名度的提升，园区产业及人口的聚集会形成聚集效应，大大降低产业间的协作费用和生产成本，形成园区内产业低成本良性运作的机制。

第五，ST 生态产业园是一个生态、社会、经济系统，基础建设的投入巨大，各级政府，特别是当地政府的财政支持十分必要。因此，企业只有前期争取国家、自治区及兵团的投资，后期地方政府通过园区创业交纳的税金返还企业，才能保证园区建设投资和持续发展。

（二）社会效益评价

作为新疆优先发展的天山北坡经济带的龙头，乌鲁木齐市及周边地区在 21 世纪会加速发展，人口及经济总量将成倍增长。从本地区目前的情况看，乌鲁木齐市的拓展空间十分有限，人口密集度过大，生态日益恶化，而米泉、阜康被农田生态系统包围，拓展的空间也不大，ST 生态产业园作为本地区的中心，且是未被开发的处女地，将其开发为全新的生态产业园区成为乌鲁木齐市社会经济发展的接替区，社会经济效益巨大。

第一，ST 生态产业园区将成为乌鲁木齐市经济技术开发区的接替区。乌鲁木齐市经济技术开发区位于乌鲁木齐河下游的农田绿洲生态系统，目前拓展的空间很小，而且区内发展的空间十分有限。就整体而言，乌鲁木齐市的人口及经济发展密度过大，21 世纪"退二进三"战略将成为必然。因此，转移部分第二产业的项目及人口到郊区，与城市郊区化和郊区城市化的趋势相结合，走生态城市之路，最理想的区域是 ST 生态产业园。

第二，天山北坡经济带发展战略是非平衡的"点轴"开发理论的具体化，而乌鲁木齐市及周边地区有昌吉、米泉、阜康、五家渠等中小城区，其社会经济发展在"点"上已比较充分，而在轴线上又是良好的农田保护区，只有 ST 生态产业园项目区属于荒漠生态系统，并将米泉及乌鲁木齐市、阜康分隔，形成真空地带。因此，开发该地区，可将米泉和阜康及乌鲁木齐市的社会经济系统连成一片，进而形成合理分工、有机结合的"城市网络"。

第三，增加阜康与米泉的社会经济总量。ST 生态产业园位于米泉与阜康的交界处，随着项目区各项产业的发展，必将增加米泉和阜康的经济总量和财政收入。

第四，农业产业化"龙头"企业的聚集区。ST 生态产业园以开发绿色农产品加工和生态旅游及相关生态产业为目标，地处阜康、米泉两个千年绿洲和 102 团、104 团、222 团，六运湖、阜北、天山农场等新绿洲的中心，是绿洲农业产业升级，增加绿洲产出功能，培育"龙头"企业的理想场所。以 ST 生态产业园为龙头，构建具有区域特色的农业产业化经营"航空母舰"，有利于带动区域经济走向国际国内经济大循环。

（三）生态效益评价

ST 生态产业园的构建是建立在西部生态环境建设，目前城市居民向往生态、消费绿色、回归自然心理基础之上的。因此，项目区的建设具有重要的生态意义。

第一，将园区建成准噶尔盆地生物多样性微观景观区，具有恢复荒漠生态、重建准噶尔盆地生态良性循环系统的生态科学价值。园区以良好的多样性荒漠生态系统为国内外生态科学研究和生态产业开发提供基地与样本。

第二，ST 生态园区的开发目的是利用生态景观的经济价值，提高 ST 生态产业的经济效益。其中 ST 生态旅游产业的开发理念正是以 ST 生态园为中心的系列旅游项目开发构建的，包括 ST 生态园荒漠景观区，绿洲生态都市化农业景观区，以天池为中心的雪域、阜原、民族风情山地景观区，准噶尔盆地沙漠生态景观区。这一区域距离均在 100km 以内，涵盖了新疆自然生态景观的全貌，形成了完整的山地、荒漠、绿洲、沙漠复合生态系统。探索其开发利用途径，建立良性可持续发展机制，将为新疆生态产业开发提供范式。

第三，以城市生态、产业生态理念营造社会、经济、生态协调发展的全新开发模式。随着社会城市化的进程，有限空间上人口及经济总量的聚集必将引起环境的恶化，城市生态及可持续发展已成为当代世界性问题。乌鲁木齐及周边地区是新疆城市化最高的地区，该地区脆弱的生态系统已不堪重负，环境恶化加剧，已影响到人民生活质量和经济发展，城市生态"饥渴"日甚。为此，运用城市生态、产业生态新理念，营造一个社会、经济、生态协调发展的区域经济发展新模式，ST 生态产业园填补了本地区生态城市理念和建设的空白。

第三篇　绿洲生态农业现代化模式与路径研究

第七章　绿洲生态农业现代化模式研究

国内外众多研究中对干旱的划分一般是以天然降水量的多少为标准，年降水量小于150mm的地区通常被称为干旱区，而干旱区内水草丰富、适宜人类居住的地方就是"绿洲"。我国西北地区位于亚欧大陆深处，年均降水量一般在200mm左右，是我国典型的干旱区。西北干旱区主要包括甘肃、宁夏、青海、新疆四省（自治区）和陕西、内蒙古自治区的部分地区，面积约占我国陆地总面积的1/3，人口仅为全国的7%。这里地广人稀、资源丰富、光热充足等特定条件使其未来发展潜力巨大，然而水资源的缺乏、交通不便和生态环境脆弱等一系列问题却成为其发展的"硬约束"。因此，通过实际调研发现该区在农业现代化的进程中，对现代农业发展模式的研究与选择必须走"人与生态相和谐"的特色化道路。

一、农业现代化模式研究

（一）农业现代化模式的含义

研究农业现代化模式需要从研究农业模式入手，而对于农业模式概念的理解可以从"模式"一词的认识开始。《现代汉语词典（第7版）》中"模"字的解释规范、标准；"式"字的解释之一为样式，"模式"一词的解释为某种事物的标准样式或使人可以照着做的标准样式。"模式"一词使用的范围较广,它是从不断重复出现的事件中发现和抽象出的规律,标志着事件之间隐藏的规律关系,是前人积累经验的抽象和升华,解决问题的经验总结。因为一件事情的不断出现,我们可以通过经验和科学认证判断其优劣;而在一个模式良好的指导下,我们的工作可以达到事半功倍的效果。在我们日常的工作和生活中模式存在于不同的领域:建筑领域有建筑模式,软件设计领域有设计模式,同样在农业领域的现代化进程中有农业现代化的模式。本章依据前人对"模式"一词意义的划分,把农业现代化模式的意义理解为:在现代农业发展的过程中,人们依据传统农业生产的经验,借鉴国内外现代农业发展过程中的优缺点,运用农业现代化进程中先进的科学技术,归纳总结出的适应某个特定区域内现代农业发展的方式和方法。

通过上述含义的理解,我们发现在对干旱区绿洲农业现代化模式的研究中,需要通过对国内外现代农业发展模式进行分析,充分借鉴国内外农业发展的经验,结合干旱区绿洲的特征,找出适宜干旱区绿洲农业的现代化模式。

(二) 国内外现代农业发展模式比较

1. 国外主要发达国家的现代农业模式

从与英国工业革命同时代的"圈地运动"开始至第二次世界大战后,现代农业经过两三百年的发展,在欧、美、日等发达国家逐渐形成完整的体系。20世纪30年代,欧、美、日等一些工业发达国家,从机械技术、生物技术和管理技术三个方面,对传统农业进行了全面的技术改造,完成了从传统农业向现代农业的转化与升级。许多西方发达国家依据本国自身的特点发展现代农业,形成了许多适应当时现代化发展需要的"石油农业"发展模式,如美国的机械化、规模化经营模式,日本的生物化、集约化农业模式以及西欧的专业化农业生产模式。在这些"石油农业"发展模式中,农业科学技术体系逐渐形成,各种新技术在农业生产中得到了广泛应用。随着时间的推移和全球油价的提升,发达国家已建成的"石油农业"发展模式中的弊端逐渐显现。在美国,"高度专业化、高度集约化、高度化学化"和"高成本、高能耗、高污染"为特征的现代"石油农业",给美国带来了农业环境污染、生物多样性减少等问题。全球石油资源储备的不断下降和能源价格的持续上涨,使美国现代农业的发展"雪上加霜"。针对这些问题,美国先后推出了有机农业、可持续农业、精准农业和基因农业等发展模式,并将生态工业发展战略成功地运用于乡村和都市农业。日本和欧洲各国也根据本国国情，不断地尝试对本国农业的固有模式进行调整。

2. 国内现代农业模式借鉴

在全球可持续发展的共同目标下，许多发展中国家把生态和环保放在了本国发展农业现代化的首要位置，各国的农业现代化逐渐向突出本国特色的方向发展，国内众多知名学者在我国农业现代化的研究中做出了不少贡献。顾焕章等学者认为，中国的农业现代化道路既不能走以美国和西欧国家为代表的人少地多型的以机械化与化学化为特征的道路，也不能照搬以日本为代表的人多地少型的以生物技术为侧重的道路。徐勇、牛若峰等其他学者认为，中国农业现代化切实可行的路子应该是走自然资源节约，技术优先发展的道路，走生物技术现代化和机械技术现代化相结合，精耕细作的传统技术和农业现代化技术相结合，机械工具以及半机械工具和手工工具相结合的道路，采取高就业、低成本的技术路线。因此，我国农业现代化道路的选择不能照搬一种模式，各地区不能同时采用某种单一模式，必须因地制宜、突出地域特色。学者张兆清将我国的农业模式定位为因地制宜地选择资源保护型、生态农业型和立体农业型的发展模式。随着人们对现代农业研究的不断深入，现代农业的模式开始转型，学者张忠根提出农业从传统农业转变到现代农业，具体的转型运行模式主要有：精准农业、都市农业、蓝色农业、白色农业、设施农业、有机农业和质量农业。这些模式都是侧重于科学技术选择的横向模式。学者孙瑞玲又总结了多种体现中国特色的运行模式，包括休闲体验农业、观光农业、生态农业、可持续发展农业等模式。我国农业现代化模式的研究体现了我国农业自身的特色，绿洲农业现代化需要结合自身的特点进行发展。赵丰等学者总结出农林草木复型、间作套种型和立体种养型等绿洲立体生态农业的有效模式。李述刚等学者认为绿洲农业的最佳模式和最佳出路就是发展绿洲生态农业，为此须搞清绿洲农业生态系统，特别是其结构功能与养分循环，剖析绿洲农业优化模式的物质流、能流、价值流。学者申元村认为根据干旱区特色发展绿洲生态农业是长期的发展战略，应该重点发展深层有机农业，加强大农业内部互济互补、走大农业土地利用的高效集约化道路。

在国内外这些现代农业模式中，人们不仅注重现代化的主要动力——科学技术在农业发展中的作用，更多的是吸取"石油农业"模式的经验和教训，把生态理论和可持续发展理论运用到模式的构建中，为现代农业的发展勾勒出一个生态和谐的美好未来。本章在干旱区绿洲农业现代化模式选择的过程中，不仅需要对国内外农业现代化模式的优缺点认真研究，引进先进的农业现代化技术，还需要结合西北干旱区农业的特点，从而达到经验、理论与实际三者相结合的最佳效果。

二、西北干旱区绿洲基本特征

（一）水资源匮乏，盐碱化突出

我国西北干旱区的主要划分来源于降水量这一指标，降水稀少、降水区域分布不均、降水的季节分配差异明显等水分特征成为该区水资源匮乏的主要表现。西北地区不仅降水量稀少，而且蒸发量很大。河套以西的干旱区，年降水量不足 200mm，内蒙古、新疆的部分地区年降水量低于 50mm，当地的蒸发量约为降水量的 10 倍或 20 倍以上，全年处于极端干旱的状况。以新疆为例，北疆、南疆和东疆的年平均降水量分别为 149.5mm、69.1mm 和 32.7mm，而三地区的蒸发量（蒸发量指的是蒸发能力）却在 2000~3000mm。传统农业生产过程中，由于使用大水漫灌方式，在水分蒸发过程中造成的土壤盐碱化问题，给整个西北地区的农业可持续发展带来了一些不利影响。盆地气候干旱多风、降水稀少、蒸发强烈，土壤中的盐分就会迅速随水分蒸发而上行，使盐碱化现象进一步加剧，造成大面积土地弃耕撂荒。因此，西北地区在发展经济，特别是发展农业经济的过程中，必须要注重水资源的节约与合理利用，发展先进的农业节水技术。

（二）气候变化快，风沙灾害多

西北地区多为山地和高原等地理景观，风速较大且频繁，所谓"小风天天有，大风三六九"就是西北多风区的真实写照，频发的风沙灾害也成为该区每年农业损失的一个重要方面。1957—1980 年，塔克拉玛干沙漠周边的地区，每年 8 级以上的大风日数，最多 39 天，平均 16.7 天；沙暴日数最多 24 天，平均 16 天；能见度 6 级以下的扬沙日数最多 95 天，最少 59 天，平均 74.8 天。近几年，伴随经济发展和绿洲地区的过度开发，西北地区的风沙灾害日益严重。全国各地的气象统计资料显示，西北地区年平均风速和大风日数在全国都算不上高值区,年平均风速多在 2~3m/s,大风日数多在 5~15 天。但由于部分地区的特殊地貌作用,空气通过山口和峡谷时流线加密、风速增高后造成的隘管效应,可以使风速猛增 4~5m/s,加大风力。

(三) 昼夜温差大,年积温较高

西北干旱区地处亚欧大陆中心,是典型的温带大陆性气候区,昼夜温差较大,气候变化比较明显。"早穿袄,午穿纱,抱着火炉吃西瓜"这一耳熟能详的谚语可能有过多的夸张成分,但是在新疆地区,昼夜温差在 20℃ 左右的地区却有不少。这里由于降水少,空气相对湿度较低,根据物理学中"固体比热小于液体比热"这一原理,我们可以很好地解释西北地区昼夜温差大的原因。西北地区是全国日照最丰富的地区,年平均在 2600h 以上,超过 3000h 日照的地区约占西北干旱区总面积的 1/2,该区 ≥10℃ 的有效积温超过 2000℃。这个特殊的物理效应,虽然不能满足生物的多样性,但是造就了植物高糖分的积累。依据西北干旱区的这一优势,政府在农业现代化进程中大力发展特色农业,形成特色农业产业化链式发展模式。

(四) 植被稀少,生态脆弱

作为植物生长过程中重要的元素,水资源的丰富与否和该区植物的多样与否有着必然的联系。西北地区由于水资源匮乏,当地植被较为单一。因此,在西北地区经济发展的过程中,当地的地表植被一旦被破坏将很难恢复。据考证,该区历史上著名的"罗布泊"和"楼兰古城"是一片水草丰美的地区,人与自然的和谐相处被当时经济与农业的发展所打破,曾经的美丽留给后人的只有黄沙漫漫和残垣断壁。千年之后,当我们在这片脆弱的土地上掀起农业的现代化革命时,发现只有把可持续概念、循环经济概念和生态经济概念穿插其中,我们才能与赖以生存的环境相和谐。

三、干旱区绿洲农业现代化模式选择

通过对国内外农业发展模式的研究和西北地区农业资源和绿洲特征研究,本章提出西北干旱区绿洲农业现代化的模式为滴灌大田精准农业现代化模式、滴灌设施农业模式、滴灌特色林果(药)复合农业模式与现代农业示范园区。

（一）滴灌大田精准农业现代化模式及其效益分析

西北干旱区后备土地资源十分丰富，在节水技术支撑下十分适合发展规模化高效农业。以新疆地区为例，区内国土面积占全国的 1/6，人口仅占全国的 1.6%，人均耕地资源排在全国前列。21 世纪新疆被国家列为农业发展的"四个基地""优质商品棉基地"和"粮食安全后备基地"的建设离不开大田节水滴灌技术体系的推广应用。通过地理信息技术、全球定位系统、遥感技术和计算机自动控制技术等核心技术的应用，结合西北地区光热资源优势和土地集约化水平较高的优势，通过密植、倒茬等耕作技术和信息技术、生物技术、机械技术的有效集成，种植棉花、番茄、果品等经济作物和小麦等粮食作物。该种模式的实施是西北地区实现农业"低耗、高效、优质、安全"目标的重要途径，该项模式带来的经济效益、社会效益和生态效益十分突出。

1. 棉花膜下滴灌技术体系

高产优质棉花产业一直是新疆的支柱产业。从 20 世纪 80 年代开始试验推广棉花覆膜栽培技术到现在大面积推广膜下滴灌技术，经过多年的试验研究，新疆现已形成了"矮、密、早、膜、匀"高产高效植棉技术体系。该技术集成体系包括棉花高密度栽培，膜下滴灌高效节水技术，计算机决策平衡施肥和生育期间营养诊断随水施肥技术。棉花在种植过程中，其间的耕地、播种、整地与棉花的打顶、收获采用机械化作业，整个作物的生长期的水、肥、药管理依靠先进自动滴灌系统和测土配方施肥系统进行可控性操作，使棉花的大田生产进入精准化阶段。与常规灌溉比，膜下滴灌提高了肥料利用率，其中 N 与 P 的利用率分别提高 17.5%~32.5% 和 31.5%~55.8%；提高了劳动生产率，将户均承包面积从 50 亩提高到 150~250 亩；系统综合产出效益较为显著，籽棉亩平均产量增加 23.72%，平均亩成本节约 12.18%，平均亩收入提高 23.78%，水分利用率提高近 1 倍。

2. 粮食作物滴灌技术体系

新疆兵团小麦滴灌技术和旱作水稻滴灌技术的大田试验成功，预示着未来我国粮食生产在滴灌技术下的大田精准化作业将成为可能。2009 年，新疆兵团农八师 148 团 2.4 万亩滴灌春小麦平均单产 583kg/亩，149 团 8000 亩滴灌春小麦平均单产 605.8kg/亩。148 团刘成福承包 160 亩滴灌春小麦，经专家实测单产 806kg/亩，创造新疆兵团春小麦历史最高纪录。春小麦在种植使用滴灌技术后，平均亩产比常规灌溉下提高了71.47%，亩成本（滴灌材料成本增加，人力成本降低）比常规灌溉增加了8.30%，每亩平均净灌溉水量比常规灌溉节约了37.78%，小麦的单位产出投入比的增幅达到了50.36%，水产比的增幅为175.29%，不仅提高了水的利用率，还达到了节水、节能、增产、增收的目的。

滴灌技术引入大田棉花、小麦、番茄等多种作物生产，不仅使各种作物实现了高产、高效，还解决了作物轮作倒插的技术和工程制约，实现了平衡使用地力并有效抑制作物病虫害。同时具有保墒、升温、抑盐等土壤理化作用，有助于实现土地永续利用的可持续发展目标。

（二）滴灌设施农业模式技术体系及其效益分析

西北地区的气候变化和风沙灾害使农业发展的风险很大，现代设施农业是从种苗繁育到产品加工的工厂化生产，可有效规避气候影响和自然风险。西北地区发展反季节果、蔬生产供应，前景较好，市场需量巨大且经济效益高。滴灌设施农业模式通过现代设施农业技术与滴灌技术的有机结合，把节水概念用于设施种植业的生产，使得设施农业生产摆脱了传统沟渠占地的成本消耗，从而有效节约耕地资源和水资源。这样不仅有效缓解了设施农业在西北地区发展中的水资源匮乏问题，也促进了西北地区高寒农业朝现代化方向迈进。宁夏吴忠市同心县位于宁夏地区中部河套灌区内的干旱地区，该地区常年干旱缺水。2006年，同心县引进滴灌技术，并依据当地农业特点，把设施农业与滴灌技术相结合，增产增收效果明显。以同心县石狮镇边桥麻疙瘩村为例，在推广使用设施农业和滴灌技术后，该村根据市场需求以种植蔬菜和园艺花卉为主，平均每亩产量可达到6000~10000kg，是采用新技术前产量的4~5倍，平均每亩纯收入为8000~18000元，是过去种植粮食作物每亩纯收入的8~10倍。采用滴灌技术后，不仅农民人均纯收入有了明显的提高，而且土壤有机质含量也有了明显改善，从原来的没有采用新技术时的0.4ppm提高为0.8ppm，起到了节水保墒、改善土质的作用。

（三）滴灌特色林果（药）复合农业模式技术体系及其效益分析

西北地区丰富的光热资源和温差大的气候特征，为特色果品的糖分积累创造了良好的环境条件，而"山地—荒漠—绿洲"的垂直生态系统，成为珍贵中草药人工种植的基地。麻黄、甘草、肉苁蓉、贝母等珍贵中药材的栽培在滴灌技术系统的支撑下，已大面积推广。因此，根据滴灌技术没有土地平整度和地面坡度的要求，能够在西北地区的丘陵和山地中建立以经济林建设为主，间种果品、药材或其他特色林产品的滴灌特色林果（药）复合现代农业模式。

新疆兵团农十四师224团位于极端干旱的皮墨垦区，是种植以"和田大枣"为主要作物的现代化大型国有农场。农场采用全封闭输水和田间自动滴灌系统，基本解决了地表蒸发和棵间蒸发问题，使灌溉定额下降了50%左右，还实现了承包果树面积增加和果棉间种套作，使劳动生产率和土地生产率大大提高。224团2连职工河南籍大学生楚家庄，2007年承包了65亩的梨枣园，并套种棉花，虽然棉花平均亩产只有176kg，但2008年的棉果总收入达到了13万元之多。

滴灌特色林果（药）复合农业模式，不仅实现了农业生产中的节水目标（干旱区可持续发展的首要目标），还可以有效地利用荒漠（沙漠）、荒山发展特色林果业。自动化滴灌系统不受地形地貌的限制，扩大了林果的种植地域，使特色果品和中草药种植进入规模化生产，提高了农业劳动生产率。滴灌系统还可依据植物生长和果实营养积累的需求进行灌水，种植区不受灌溉条件的限制，可选择更适合其糖分和营养物质积累的区域，可提高特色果品及药材的品质。推广现代滴灌特色林果（药）复合生产模式，不仅可以提高干旱区林果业的生产规模和经济效益，而且为整个绿洲系统的扩展、绿洲荒漠过渡带生态恢复，找到了一条"经济—生态相和谐"的发展模式，其社会效益和生态效益较为突出。

（四）现代农业示范园区模式

建设以展示先进农业技术、现代发展理念的现代农业示范园区模式，是加速农业现代化发展的推进器。西北地区的现代农业示范园区建设要结合该区水资源匮乏的主要特征，本着生态系统大环境的整体和谐原则，把以滴灌技术为主的现代节水技术作为示范园区的核心技术，以循环经济和生态农业为发展模式，以可持续发展和切实增加农业最优化极大地提高了产品的技术含量，提高了企业生产效率。由于先进技术的应用，劳动生产率大大提高，各类稀缺资源得到更加合理、高效地使用，资源要素的替代性进一步增强。例如，生物技术研发成果提高农业单位生产量，促进医药行业的发展。新型高科技机器设备提高劳动生产率，促进第一产业、第二产业的发展。电子、计算机技术的创新不仅使服务业快速、高效发展，而且对整个产业结构体系起到重大的推进作用。我国经济的发展，从需求角度来看要努力扩大内需，从供给的角度来看，要加大研发投入，提高产品的社会产量与社会价值。低碳经济是一种经济发展方式，它不仅会改变我们的能源结构、产品结构，而且会进一步改变人类的生产方式和消费方式。低碳经济是实现可持续发展的一项非常重要的措施，发展新能源是实现低碳经济的重要举措，新能源将引领下一次产业革命。我国加大研发投入，鼓励创新，从三个层次上推进新能源突破：一是技术层次，通过技术创新和引进结合，在技术上取得突破；二是经济层次，解决目前新能源成本高的问题，一方面通过技术突破降低成本，另一方面通过计算环境成本，给予新能源一定补贴；三是政治层次，发展低碳经济，发展新能源，应对气候变化，这是世界性问题。我国的 CO_2 排放量居世界前列，因此企业要从世界角度加强国际合作，重视低碳经济和新能源的发展，加大创新，通过新能源引领的产业革命逐步实现低碳经济和生态文明，走内生增长的可持续发展道路。

第八章　我国现代农业产业化制度安排

改革开放以来，以家庭承包经营为基础的双层经营体制，极大地解放了我国农村生产力。但随着市场化和农村经济的快速发展，我国超小规模的家庭分散经营与大市场的衔接问题、农户经营规模偏小与农业专业化、规模化、现代化发展的矛盾日现，成为农业现代化建设的制度约束。自20世纪80年代后期山东诸城率先组织、探索并实施农工商一体化经营，进而演变为"农业产业化经营"，并在全国范围内推开。但农业产业化经营的理论和实践探索，总是遇到产业化组织制度和经营机制的重重阻力。近几年中央把农业现代化建设作为解决"三农"问题的"抓手"，农业现代化建设涉及技术和制度两个层面的建设任务，农业产业化组织和经营制度就是农业现代化的制度设计问题。

一、现代农业产业化缘起的制度解释

当我们把现代产业组织理论和方法引入我国农业产业化缘起分析时可以发现，我国农村20年市场取向改革后的所谓"农业产业化经营"与西方市场经济国家19世纪中期以来农业产业历史性演变过程中的农业产业集中化、一体化经营具有某种形式和逻辑的相似性。这表明，农业产业化是世界范围内的普遍现象，其产生和发展存在共同的规律，农业产业化是适应农业和农村生产力发展和市场化经营要求，不断发展和壮大起来的。

农业生产组织是以家庭（个体）组织为基本单元和基本特征的。它比较符合农业生产的基本特点：一是农业生产组织的分散性，农业生产在广阔的田地里进行，劳动是高度分散的；二是农业生产的自然再生产与经济再生产的紧密交织性，生物自然生产的规律不以劳动投入的多少而改变，但受自然环境的影响很大；三是农业劳动的时间与生产的时间不一致，以时间为标准的劳动计量很难使用。以上特点使得农业产业化经营"第一车间"的生产组织，无法解决生产管理和组织制度设计中最大、最难的问题——劳动绩效和报酬计量分配。西方农业从自耕农到现代家庭农场，从手工人畜力农业到机械化农业、现代农业，其规模和生产率已发生了质的飞跃，但家庭生产的基本组织形式始终未变，正是农业生产的特点和规律决定的。

但随着市场经济的发展，农业生产要素及产品的商品化程度日益提高，农业生产的家庭分散性和市场经营的集中规模化矛盾日益凸显。自19世纪中期以来，西方资本主义市场经济结构由接近于完全竞争的状态发展到包含垄断因素的不完全竞争状态。一直被经济学家视作完全竞争市场典型代表的农业也没能置身于这一潮流之外，于是农业领域开始出现大型"农工商综合体"，对农业实行集中化、一体化经营，而且取得了巨大成功，极大地改变了农业的无序性和弱质性。这是由于走出土地的农产品可以集中化、批量化进行加工和销售，按照工厂化生产、企业化经营也是现代产业组织理论的体现。

二、"农业产业化经营"的理论解释

农业产业化是在农业产业劳动分工高度发达的基础上，在社会层面（不是企业内部，也不是纯市场机制）上的产业协作，或多层次、多主体参与的"产业链经营"而非企业经营，是按农业产业链条达成农工商有机结合、产加销整体联动和综合协同的经营。与一般企业经营不同，它以"利益共享、风险共担"为准则，多个参与主体结成的"产业利益"共同体。

农业产业化经营是一个组合性"名词"，是将企业经营的资源配置机制和组织制度强加到农业产业化组织系统中，意指农业产业的各环节、各主体像企业内部经营活动一样，使农业再生产各环节都按企业经营行为（组织内部行为）从事营运活动。从而将农工商人为割裂的、以市场机制（价格）指挥的传统农业产业组织，转变成产加销一条龙的现代农业产业组织，但是这个过程决不能用"经营"来表述。

经营是一个微观（企业）经济学的范畴，在西方企业管理学中没有经营一词，只有管理（Management）。经营是日本企业管理学界提出的，是企业面向市场计划和组织企业内部经济活动的总称，或者说只有企业才有"经营活动"。科斯认为：企业是市场机制的替代，是为节约市场交易费用而存在的。企业内部是权威（企业家和企业制度）组织生产，企业内部资源是企业家依靠权威来配置的，且科斯认为企业这一制度安排比市场机制更有效。但是，产业组织却是以产业链（产品形成过程）为依据，以合理分工（生产效率最大化）为基础，以有效协作为前提，组织动员企业和社会资源进入产业，形成最优化的产业生产秩序。产业组织是社会化、市场化行为，是多主体协作行为，在这里企业权威失效，只有高于各主体（企业）的"权威"，如政府、产业协会等出面组织才有效；或者只有市场价格（自由与合约）、垄断组织、产权契约等利益机制形成的协作才是有效的。有鉴于此，农业产业化经营没有理论依据，因而在实践中很难按企业经营机制建成真正的"利益共同体"。

三、农业现代化的制度安排

农业现代化可分为技术现代化和组织制度现代化。农业现代化过程中的技术变迁不仅依赖于科学技术的进步，也依赖于技术使用推广的制度安排。前者可以依靠外力（国外、产业外）实现，而后者只能依靠农业自身的组织制度改革和创新。现代农业技术可分为三类：

一是劳动型技术，如小面积的精耕细作管理，它能带来土地生产率的提高。在制度上要解决劳动分工协作和利益分配机制问题，国外的家庭农场经营管理体制和我国的家庭联产承包责任制就是很好的制度安排。因此，保持农村土地基本经营责任制长期不变是我国农业现代化进程和农业稳定持续发展的基本制度。

二是机械使用型技术，如机械化、信息化，它能带来农业劳动生产率巨大提高，以机械化为技术手段的现代化路径是提高劳动生产率和节本增效的关键。一个极端的例子是，新疆棉花若全部采用人工采摘，需要约720万劳动力，如按平均每台采棉机日采籽棉40吨测算，采摘期为20天（可延长至30天），则9000台采棉机就可全部替代人工，而且机采摘每公斤籽棉的采摘成本比人工低$0.6 \sim 0.8$元。但使用机械技术，特别是大型高效率机械必须有与之相适应的组织制度安排，新疆兵团和黑龙江农垦在国有土地制度上实施家庭土地经营制度，但保持了"五统一"的种植技术规范，走规模化、标准化生产的现代农业道路，实现了农业现代化的"率先"突破。

三是生物技术，如杂交育种、保护性栽培等，它可以适应不同规模和组织的农业生产，具有广泛的适应性。在制度上，安排技术转移的制度路径是关键，核心是建立技术推广各主体的利益分配和联结机制。从理论上讲，有效的利益联结机制应体现效率与公平的分配制度，而公平是相对的，在组织外部（技术市场上）表现为各主体的谈判能力或价值占有能力，与其所获得的利益相等或相近，在市场机制失效的环节政府必须补台。例如，"产学研结合体"要顺利运作，就必须建立接受者（农民）技术需求表达路径、技术产权所有者的推广路径、技术市场和中介组织的"游戏规则"，政府对农业科研和技术推广的投入机制等，只有这些制度安排到位，且发挥作用，才能保障技术推广的路径通畅和各主体的利益。

四、农业产业化的组织制度分析

现代化农业的基本标志是农业劳动生产率高，或者说农业现代化的终极目标是提高农业劳动生产率，只有当农业劳动生产率提高到与其他产业相近的水平时，农业劳动者才能得到与其他产业相近的收入，农业才能成为稳定发展的现代产业。农业产业化是农业现代化目标实现的根本对策，而农业产业化的制度安排是从制度上提高农业劳动生产率的基本路径。

一是在"第一车间"提高以机械使用性技术为主的现代技术装备程度。由于农业产业受自然的影响大，机械化、规模化、组织化程度低，特别是农业设备的资产专用性强、效率低，因而劳动生产率一般低于工商业部门。例如，政府的农机补贴政策就是针对农业产业的这一特性而安排的，其他制度安排在上一节已论及。

二是在制度层面上使农业产业形成"准垄断"的市场地位。在市场经济体制下，劳动生产率主要是以价值形态衡量的，因此低生产效率的产品若有垄断性市场地位，就可获得较高的市场交换价值，变相提高劳动生产率。由于农业的基础性和战略性地位，各国对农业产业均实施了保护性和补贴性政策，给予农业产业"准垄断"的市场地位已成为国际公认的制度惯例。

三是建立农工商一体化的"利益共同体"，让加工和流通领域的增加值尽可能多地留在农业内部。但是在"利益共同体"中农民和工商企业的信息和组织化力量极不对称，因而谈判处于劣势地位，使农民在"利益共同体"中处于弱势群体或"被共同"的地位，有时甚至政府给予农业的保护性收益也被"利益共同体"瓜分。

四是提高农民的市场谈判地位和价值占有能力。市场主体的利益保障程度是其市场价值占有能力的反映，价值占有能力又是市场谈判地位的基础，弱势群体通过"联合组织"可以提高政治地位和市场谈判能力。因此，为提高农民的市场谈判能力，必须提高农民的组织化程度，组建各种形式的农业合作组织，这是国内外农业产业化组织制度的共同选择。

五、农民经营组织的制度分析

农业经营组织制度创新的理论之一，是用一种效率高的农业经营组织形式和制度替代另一种效率低下的。组织制度变迁总是源于制度需要，新制度被创造出来是因为现有制度安排无法实现组织成员预期利益。农业产业化经营制度的出现是解释现在的家庭承包经营制度所面临问题的一种有效途径。

合作社是农业产业化经营的基本组织形式。根据合作组织理论和我国的实践，农业合作社是以农户的劳动联合为基础，约定共同经营的经济组织，实行农户与生产资料直接结合，从事合作生产、加工和销售，盈余按交易量返还社员。公司企业是资本的联合，而合作社是人的联合，在合作社中是资本为劳动者服务而不是劳动者为资本服务。因此，合作社作为劳动者自由联合的共营企业，不以最大利润为目标，而是依靠社员共同劳动和共同经营，实现分工协作的组织化增值和产业链延长增值，以达到增加社员劳动收入的目的。要实现上述产业化经营的目标，必须具备两个前提：

第一在合作社内部完成建立农业产业化经营体（关键是建立工商企业）的资本积累。但是，农业是面临自然和市场风险的弱质产业，内部的资本积累和积聚的能力十分有限，不依靠外部资本进入或参与，做大做强农业产业化组织（产业链）是不可能的，特别是工商业资本涉足农业产业后，合作社的资本实力就显得十分渺小了，在"资本实力说话"的市场竞争中不是被淘汰就是被吞并，除非政府补贴或政策保护。

第二合作社能成为由"权威指挥"的真正企业。新制度经济学认为，企业是一组合约的联结点。企业用自己选定的经营项目和设计的内部游戏规则动员或吸引社会资源，通过契约将这些社会资源组合到企业内部。在企业内部由企业家或"权威"配置资源、指挥生产，这里的企业家或"权威"包括企业家本身、企业领导班子和体制、企业特有组织制度和文化，它是构成企业核心竞争力的要素，是"看得见摸不着、扔在地下捡不走"的企业专有的知识和能力。因此，作为企业家必须具备三种能力：一是在大量的市场信息中，拥有去伪存真的甄别能力。处于企业外部的各种资源可以通过影响企业知识和能力的积累，进而影响企业未来的竞争地位。例如，企业不慎使用外部资源可能会导致企业将有价值的知识与能力传递给要素供应者，从而使要素供应者成为企业强有力的外部竞争对手，或者使企业难以积累有价值的知识与能力；二是根据正确的市场信息选择企业经营领域和方向的决策能力。一般认为，正确的经营方向和目标决定着企业成功的80%，或者说企业80%的业绩是产业环境和业务特征决定的，20%是内部管理决定的，即战略决策是企业经营的关键；三是企业内部资源合理配置、高效运作的组织管理能力。

不可否认，即便是在今天能源危机和自然资源十分短缺的时代，拥有经营知识和信息资源的企业家仍然是最紧缺的社会资源。农民自己的产业化经营组织必须平等地参与市场竞争，承担市场风险。但是，农业合作社（准企业）组织要成为市场主体是先天不足的：一是现代市场经济是大公司唱主角的开放系统，农村、农民的分散性决定了合作社的地域和人财物资源的边界，组织规模不可能太大；二是企业家（经理）是精英职业群体，作为稀缺资源必须在世界视野中选择，而合作社的经营管理者原则上是内部推举产生的，是"矮子中的将军"；三是农村距离市场远、信息不灵、交通不便等经营环境因素。因此，合作社作为"农民的企业"在与"企业家的企业"（公司）竞争中总是处于劣势，其之所以能够存在并得到认可就是因为特殊的制度安排，包括产品和资源的专用性与稀缺性，农民合作社大都具有这种优势；合作社以横向联合为主，主要目的是提高农民的市场谈判能力，实现产品的批量化供应；政府补贴、行业竞争规则等特殊的政策保护；农民对"自组织"的偏好和比较"满意"的心理；等等。

六、农业外部参与（契约型）的产业化组织的制度分析

传统的产业化经营理论认为：通过农业契约引进外部资源，组织农业产业一体化经营或龙头企业带动型一体化经营就可以降低和分解市场风险。但是当许多经营主体集中在同一组织时，其内部交易的组织成本就会上升，甚

至足以使组织失败。

无论订单农业（龙头企业+农户），还是龙头企业一体化组织（契约+产权），都是以契约将市场资金和人才资源引入农业领域参与经营，以期延长农业产业链，降低农业风险，增加农民收入。但在农业产业化组织内，农民与其他主体（特别是大企业）信息不对称和谈判地位不平等问题不仅普遍而且十分严重，农民的弱势群体地位并未改善，只不过农民面对的谈判对手由市场任意对手变为"内部唯一对手"。龙头企业具有市场开拓能力强和规模经营的特性与优势，一旦出现生产风险，龙头企业将这一优势用在与农民争利时，农民由于没有建立防范风险预案，造成的损失将注定比市场自由交易还大，也就注定产业化组织将解体。我国农业产业化经营中龙头企业在遇到市场风险时，大都向农民转嫁市场风险，由此引发的农企矛盾，不是产业化组织解体，就是政府出面强制调节。说明目前公认的、最好的产业化组织依然存在制度缺陷。

契约理论认为，市场（价格）、契约和企业都是一种制度安排。供给某产品或获得某产品的有关信息通常需要支付成本，选择何种制度取决于交易对象的特性及交易成本。农产品因为生产与供应期不一致、品质和属性特殊，选择契约交易更能减少交易风险并降低交易成本。分散的农户与工商企业签订供销合同，是为了企业原料保障供应和农民收益的稳定，为此，签订和履行合同必须设计与之相应的特殊制度，以确保上述目标的实现。签订农产品供应合同，企业面对分散的千家万户农民分别谈判并签约是不现实的，为降低签约成本，利用基层组织（村委会、合作社、农场）建立"基地+农户"模式是最优制度安排，可形成企业与基地签订合同，基地安排农民（户）种植计划和技术服务。在合同的履行时，合同价格只保护农民利益而不保护企业，即当市场价低于合同价时企业必须按合同价收购，当市场价高于合同价时企业一般要按市场价收购。理由有二：一是企业作为市场主体，其市场品牌和社会声誉等无形资产比农民大得多，因此企业违约的损失更惨重；二是当农产品涨价时，各市场主体到地头抢购，农民可就地涨价出售农产品，订约企业不可能也无力监督。当农产品降价时，农民则会全部到订约企业交售农产品，企业拒收或降价收购就会引发"社会群体事件"。因此，订单农业实际上签订的是"单项保护合同"。这些年我国各地发生的"农产品收购"事件，就是龙头企业不了解或知道而不按"订单农业"特殊制度安排执行的结果。

龙头企业一体化经营组织是农民（农户、合作社、农场）入股参股龙头企业，形成紧密型一体化经营组织，其目的有二：一是农民不仅获得供应农产品的收益，还可分享龙头企业的利润分配；二是农民违约的成本会提高，"订单农业"多了一项监督机制，提高了龙头企业的供应保障性。但是，龙头企业鼓励农民参股入股而不会让农民控股，这是出于双方能力和控制权的考虑，非如此不能吸引龙头企业涉足农业产业化组织。龙头企业一体化经营组织一旦建立，就形成了"农民与龙头企业主的委托代理关系"，必然产生"代理问题"。从经济学角度看，每个人都是有限理性的经济人，都有自己追求的个人效用目标，农民投资后作为委托人，期望代理人（企业）能带来更多的收益，必须行使监督权，但是由于掌握的信息不够，很难保证委托人全心全意为自己的目标服务，出现"内部人控制"现象和机会主义行为在所难免。因此，龙头企业必须有足够的市场开拓和竞争能力，才能在市场交换中获得足够的利益，这不仅成为保障农民利益的前提，也会使龙头企业将稳定的原料基地和生产作为经营的关键要素。这也是我国许多龙头企业在市场风险太大时，自身生存多受到严重威胁，根本不顾农民的利益和合作机制破坏的原因所在。

总之，利益机制是农业产业化组织存在和延续的核心，而制度安排是农业产业化组织利益实现的保障。不同的主体、不同的交易对象建立起的农业产业化组织，制度安排是不同的，但是不论何种制度安排，都必须保障农民的利益，或者说必须还利于农。只有在产业化组织内部存在共同的利益，并使总体利益大于个体利益时，农业产业化组织各主体之间才有可能联合。作为弱势和基础性产业，要达到上述目的，除了农业产业化组织内部制度安排科学合理外，政府补贴和产业政策保护是农业产业化组织建立和发展的外部环境。

第九章 农业产业化主体利益机制研究

随着农业和农村经济的发展，农业产业链的构建对于促进农业产业化、市场化进程、农民增收、农业增效及农村进步发挥着关键作用。学者傅国华最早提出农业产业链的概念，认为农业产业链是种植业、加工业、运输业、销售业围绕某一"拳头产品"，依托市场资源，集中土地、劳动力、资金等生产要素，以攻克农产品的保鲜、加工、储运技术为动力，转动优势农产品"产、运、销"或"产、加、运、销"的产业链，规模化经营，链状转动。左两军等学者认为农业产业链包括农业产前环节、产中环节、产后加工环节、流通环节和消费环节，即农产品从种苗培育到大田管理、农畜产品加工保鲜，直至流通、市场销售等所有环节和整个流程。农业产业链是涵盖农产品生产、加工、销售、运输等诸多环节，涉及农业产前、产中、产后的各个部门和组织机构，把价值链、信息链、物流链、组织链结合在一起的有机整体。

在经济运行的过程中，农业产业链的参与主体为适应市场变化、完成统一的战略目标而分工协作，从而形成一种战略同盟的关系，以市场为导向，以效益为中心，依靠科技进步和龙头带动，对农业和农村经济实行区域化布局、专业化生产、一体化经营、社会化服务和企业化管理，逐步形成产加销一条龙、贸工农一体化的农业生产经营机制。这种战略同盟能够把分散的成员所拥有的优势资源整合起来，发挥各自的比较优势；提升产业链的运作效率，增加收益，降低风险。同时，稳定的战略同盟关系，能够促使农业产业链更加稳定和规范，克服农业产业链的松散和脆弱性，确保各参与主体的利益得以实现；并能够拓展和延伸产业链，使农业产业链的功能得以增强。维系与巩固这种战略同盟关系的关键是在产业链各参与主体之间合理地分配因合作所增加的利益，但在这种农业生产机制下各组织成员都是理性的经济人，各自追求利润最大化，势必会产生利益上的冲突，从而导致同盟关系的破裂，出现产业链条的断裂和脱节。只有参与各成员在合作博弈下得到合理公平的利益分配，使合作双方双赢，才能形成稳固的同盟关系。Shapley 提出了一种解决 n 人合作对策问题的 Shapley 值法，是解决合作博弈下农业产业链中参与主体的利益分配问题的一种有效方法。这种基于 Shapley 值法的利益分配方式既不是利润的平均分配,也不是按投资成本的比例分配,而是基于各参与主体在参与生产过程中的边际贡献程度进行分配的一种分配方式,该方法具有一定的合理性。

一、Shapley 值法利益分配模型

农业产业链中参与主体之间是合作博弈的关系,Shapley 值法正是一种在合作博弈下用于解决多人合作对策问题的数学方法。当有 n 个人从事某项经济活动时,其中若干人组合的每一种合作形式都会得到一定的效益,当人们之间的利益或属于非对抗性时,合作中人数的增加不会引起效益的减少,这样,全体 n 个人的合作将带来最大效益,Shapley 值法是分配这个最大效益的一种方案。

(一) Shapley 值法模型概述

设集合 $R=\{1, 2, 3, \cdots, n\}$,R 的任意子集 X(表示在 n 个人集合中的任意组合)存在一个实值函数 $U(X)$ 与其对应,若满足 $U(f) = 0$,$U(X_i \cap X_j) \geq U(X_i) + U(X_j)$,$X_i \cap X_j = f$,($X_i \in \mathbf{R}$,$X_j \in \mathbf{R}$),则称 $[R, U]$ 为多人合作对策,U 为其特征函数,$U(X)$ 表示合作同盟 X 的收益值。

用 P 表示 R 中成员 i 从合作获得的最大效益 $U(R)$ 中所得到的收入,在合作 R 的基础下,用 $P = (P_1, P_2, P_3, \cdots, P_n)$ 表示合作对策的分配策略。显然,要保证成员之间的合作,必须具有以下两个特征:

① $\sum_{i=1}^{n} P_i = U(R)$;② $P_i \geq U(i)$,$i = 1, 2, 3, \cdots, n$

其中 $U(i)$ 是成员之间不结盟时的收益。在 Shapley 值法中,合作 R 下的参与主体所得利益分配值称为 Shapley 值,可以记作 $\varphi(U) = [P_1(U), P_2(U), P_3(U), \cdots, P_i(U)]$,其中 $P_i(U)$ 表示合作成员 i 的所得分配利益。Shapley 值满足以下 3 个公理。

(1) 对称性。设 $\varphi_i(U)$ 是 $P_{\varphi i}(U) = P_i(U)$ 的一个排列,则 R 是其自身的对应,若 φ_i 是 i 的对应,φx 是 X($X \cap R$)的对应,记 $U(\varphi x) = V(S)$,则对于任意的 $i = 1, 2, 3, \cdots, n$ 都有 $P_{\varphi i}(U) = P_i(U)$。也就是说,每个

成员分配利益的大小与其被赋予的序号 i 无关,即各成员之间的关系是平等的。

(2) 有效性。如果对所有的包含 i 的子集 X 都有 P_i($U+V$) = P_i(U) + P_i(V),则 P_i(U) = 0,并 $\sum_{i=1}^{n} P_i(U) = U(R)$。这表示如果参与合作的成员对全体合作收益没有贡献,则从中分配到的收益为零,并且各参与成员分配到的收益之和与全体合作的收益相等。

(3) 可加性。对于任意两个定义在 R 上的特征函数 U 和 V,有 P_i($U+V$) = P_i(U) +P_i(V),其中 i=1,2,3,…,n。这说明当多人同时进行两项合作时,每人所得的收益应该是两项合作所分配收益之和。

Shapley 值对于任意的 n 人合作博弈对策是唯一存在的,在合作 R 中,第 i 个参与成员所分配到的利益 P_i(U) 可以用下面的公式计算:

$$P_i(U) = \sum_{X \in x} \omega(|X|)[U(X) - U(X-i)], i = 1, 2, 3, \cdots, n$$

$$\omega(|X|) = \frac{(n-|X|)!(|X|-1)}{n!}$$

式中,X 是 R 中包含 i 的所有子集,|X| 是子集 X 中所含有元素的个数,表示概率,其总和为 1,可以看作加权因子,U(X)$-U$($X-i$) 表示参与者加入联盟所带来的收益,即参与者 i 的边际贡献。

(二) Shapley 值法在农业产业链利润分配中的应用

为了更好地运用和理解 Shapley 值法,假设有甲、乙、丙 3 家企业(可以是农户、协会、基地、加工企业、物流等的任意 3 家),甲、乙、丙 3 家企业单独经营,分别可以获得利润 10 万元;甲和乙合作可以获利 50 万元;甲和丙合作可以获利 70 万元;乙和丙合作可以获利 40 万元;3 家企业合作可以获得 100 万元利润。如果把 3 家企业合作所得的 100 万元利润平均分配,则每家可以分得 33.3 万元,虽然大于每家单独经营时所得的利润,但这很难调动某些参与者的积极性。例如,甲和丙的利润之和小于二者合作时所得的收益 70 万元,所以甲和丙不可能加入到三者合作当中。Shapley 值法可以解决这个问题,按照 Shapley 值法参与者甲的分配利益 P_i(U) 计算,如表 9-1 所示。

表 9-1 Shapley 值法中甲的分配利益计算

合作形式	甲	甲∪乙	甲∪丙	甲∪乙∪丙
$U(X)$	10	50	70	100
$U(X-i)$	0	10	10	40
$U(X)-U(X-i)$	10	40	60	60
LNI	1	2	2	3
$w(|X|)$	1/3	1/6	1/6	1/3
$w(|X|)[U(X)-U(X-i)]$	10/3	20/3	10	20

根据公式把表中最后一行相加,则可得甲的利益分配:$P_1(U)=\frac{10}{3}+\frac{20}{3}$ +10+20=40(万元);同理,可以算出乙的利益分配:$P_2(U)=\frac{10}{3}+\frac{20}{3}+5+$ 10=25(万元),丙的利益分配为:$P_3(U)=\frac{10}{3}+10+5+\frac{50}{3}=35$(万元)。经验证,甲、乙、丙三方的利益分配之和等于其合作的收益,即 $P_1(U)+P_2(U)+P_3(U)=100$(万元),且 $P_1(U)$、$P_2(U)$、$P_3(U)$ 都大于单独经营的收益 10 万元;$P_1(U)+P_2(U)>50$ 万元,$P_1(U)+P_3(U)>70$ 万元,$P_2(U)+P_3(U)>40$ 万元。所以,按照 Shapley 值法的利益分配,3 家合作企业所得到的收益都超过了一家单独经营或任意两家合作所得到的收益,这样 3 家企业都有参加合作的动力,保证了联盟的稳定性。

二、Shapley 值法的修正

通过以上分析可以看出,Shapley 值法充分考虑到了农业产业链的各参与主体对于合作的不同贡献程度,有利于调动成员参与合作的积极性。但是,Shapley 值法并没有综合考虑参与成员的风险承担能力、技术创新能力和合作程度等因素,这些因素都会对利益的分配产生影响,因此我们需要对 Shapley 值法的利益分配额进行调整,使其更加合理。

(一) 考虑风险因素

农业生产主要是一种自然再生产过程,受自然条件影响明显,而且生产周期较长，产量也具有不确定性，同时，生产决策是建立在对于未来市场预测的基础之上的，人们往往很难做出科学准确的预测。在农业产业链运作的过程中，参与成员总会面临环境风险、决策风险、市场风险等不确定因素，而且各参与成员所面对的风险大小是不同的；而在Shapley值法中，参与成员承担的风险被看作相同的，均为$1/n$，进行利益分配时忽略了风险大小的差异，这必然会导致利益分配与承担风险程度的不匹配。因此，按照风险共担原则，对承担风险大的参与成员应该相应增加其利益分配，而对承担风险小的参与成员应减少其利益分配。在对风险进行评价时，可以采用模糊综合评判法、层次分析法、相对风险分配法等方法，用R_i表示风险系数，进行归一化处理，风险因素可表示为$a_i = R_i / \sum_{i}^{n} R_i$。

（二）考虑技术创新能力

在农业产业链中采用先进的工艺、关键技术，能够提升整条产业链的综合竞争力。面对复杂多变的市场环境，新产品的开发、新技术的引进和农业产业链中某个环节的技术创新都会对整个产业链条产生影响，增加整体的合作收益。因此，农业产业链要具有核心竞争力，技术创新是至关重要的因素。在利益分配时就需要把技术创新能力考虑进来，对有引进新技术或技术创新的参与成员给予奖励，对缺少新技术引进或技术创新的参与成员进行适当的惩罚。这就需要综合考虑参与成员在整个产业链中技术创新能力的地位和在整个合作中处于什么水平，以及参与成员的技术创新对整体合作收益增加的贡献。用W_i表示由于成员i技术创新所增加的价值，对W_i进行归一化处理，可以得到各参与成员对技术创新所作贡献的比例S_i：

$$S_i = W_i / \sum_{i}^{n} W_i，其中 i = 1, 2, 3, \cdots, n$$

（三）考虑合作程度

合作成员可能在参与合作的过程中表现出不同的积极性和努力水平，或者有可能随时退出合作，这势必影响到合作的稳定性，给整个农业产业链造成很大的损失。因此在进行利益分配时，要尽量保证合作的稳定性，对于参与合作积极性和努力水平高的成员给予适当奖励，对于积极性和努力水平低的成员进行适当惩罚。我们可以从成员的投入情况、信息公开度、信任程度等方面进行评价,并对评价结果进行定量分析,对各个成员的合作程度进行评分。用 $f(i=1,2,3,\cdots,n)$ 表示对成员的合作程度的评价结果,通过归一化处理得到 $b_i = f_i / \sum_{i}^{n} f_i$,可以作为合作程度的影响系数。

(四) 修正模型

以上3个因素在合作收益的分配中起不同的作用,我们可以通过科学合理的方法赋予一定的权重,根据农业产业链的参与成员所起的作用不同,通过德尔菲法设定权重,3个因素的权重可以用 $c = (c_1, c_2, c_3)$ 表示,则修正模型可以表示为:

$$P_i(U)' = P_i(U) + U(R) \times (d_i - \frac{1}{n}), \quad d_i = (a_i, s_i, b_i) \begin{Bmatrix} c_1 \\ c_2 \\ c_3 \end{Bmatrix}$$

其中 $P_i(U)$ 为修正后第 i 成员的利益分配值;d_i 为参与成员修正因素综合评判值,$d_i - 1/n$ 表示成员 i 的实际影响因素与理论均摊因子 $1/n$ 的差值,若其大于0,则表示考虑综合因素后,参与成员表现比较好,应调高利益分配额;若其小于0,则表示参与成员表现水平小于产业链上参与成员的平均水平,应调低利益分配额。

$U(R) \times (d_i - \frac{1}{n})$ 表示其利益分配的补偿值。经验证,修正后的成员 i 的实际利益分配仍符合要求,即

$$\sum_{i=1}^{n} P_i(U)' = \sum_{i=1}^{n} [P_i(U) + U(R) \times (d_i - \frac{1}{n})]$$

$$= U(R) + U(R) \times \sum_{i=1}^{n} (d_i - \frac{1}{n})$$

由于 $\sum_{i=1}^{n} (d_i - \frac{1}{n}) - 1$ 运用修正模型对上述案例进行修正,设 $a_i = (0.4, 0.3, 0.3)$,$s_i = (0.3, 0.4, 0.3)$,$b_i = (0.3, 0.5, 0.2)$,3个因素的权重分别为 $C_i = (0.4, 0.4, 0.2)$,综合这3个因素后的综合因子为

$$d_i = \begin{Bmatrix} 0.4 & 0.3 & 0.3 \\ 0.3 & 0.4 & 0.5 \\ 0.3 & 0.3 & 0.2 \end{Bmatrix} \begin{Bmatrix} 0.4 \\ 0.4 \\ 0.2 \end{Bmatrix} = \begin{Bmatrix} 0.34 \\ 0.38 \\ 0.28 \end{Bmatrix}$$

结合"Shapley 值法利益分配模型及修正模型"计算的数值，可以得到调整后甲、乙、丙的利益分配额为：

$$P_1(U)' = 40+100\times(0.34-\frac{1}{3}) = 41（万元）$$

$$P_2(U)' = 25+100\times(0.38-\frac{1}{3}) = 29.7（万元）$$

$$P_3(U)' = 35+100\times(0.28-\frac{1}{3}) = 29.7（万元）$$

经过调整后甲、乙分配的利益增加了，而丙的利益减少了，这是综合考虑风险因素、技术创新能力、参与合作程度 3 个影响因素的结果，利益分配更加公平。

三、结论

农业产业链的利益分配机制是影响产业链稳定的重要因素。各参与成员之间为了共同利益，相互影响，相互合作，组成战略联盟，最终形成一条完整的链条。合作成员参与农业产业链中最根本的目的是依靠合作创造更大的整体利益，同时追求自身利益的最大化。各成员追求自身利益最大化的本性必定会使其关注相互间的利益分配，利益分配如果不合理，则会影响各成员参与合作的积极性，进而影响整个链条的整体利益创造，甚至会导致产业链条的断裂。因此，合理的利益分配是农业产业链稳定运行的保证。

在这种合作博弈的关系中，Shapley 值法运用公理化的方法为合作成员之间的利益分配提供了合理的分配策略。本研究在 Shapley 值法的基础上，综合考虑了农业产业链参与成员所面临的风险因素、技术创新能力以及参与合作程度，对 Shapley 模型进行了修正，使其在利益分配策略中更加兼顾效益和公平，并使风险与效益更加匹配。总之，Shapley 值法为农业产业链参与成员之间的利益分配提供了一个理论上可行且对实践有重要指导意义的利益分配方案，能够减少利益分配中的不合理因素，为合作的稳定和持续发展打下坚实的基础。

第十章　兵团××师农业现代化战略研究

一、兵团农业现代化理论研究

(一) 农业现代化的概念和内涵

所谓"现代农业",实质是以保障农产品供给、增加农民收入、提供劳动力就业、维护生态环境等为主要目标,以现代科学技术、现代工业装备、现代管理方法、现代经营理念为支撑,通过市场机制把产供销、贸工农相结合,由现代知识型农民和现代企业家共同经营的一体化、多功能产业。现代农业的核心是科学化,特征是商品化,方向是集约化,目标是产业化。发展现代农业,从过程看,是实现农业的科学化、集约化、市场化和产业化;从结果看,是实现农业的高产、优质、高效、安全和可持续发展。现代农业突破了传统农业的内涵和领域,形成了由多部门组成的生产活动、经济活动、技术活动和社会活动等紧密相连的新型农业产业体系,包括农业的产前和产后,贯穿了第一产业、第二产业和第三产业的"十字形大农业"。

西部干旱地区绿洲农业现代化是以节水技术为核心的规模化、机械化的现代大农业发展模式,其实现途径为以生物技术充分利用绿洲光热资源提高土地产出率,充分挖掘绿洲丰富的光热资源为生物高产和超高产提供了条件和可能,种子和栽培技术突破可以实现"两高一优"的现代农业目标;以节水技术扩大垦殖面积和运用大型机械提高劳动生产率,实现规模化经营,达到农民增收的目标。这是兵团大型国有农场实现农业现代化的必然选择。

（二）农业现代化的标志

1. 生产手段现代化

农业生产手段现代化包括以现代农业机器、设备代替人畜动力和手工农具，实现农业的机械化、电气化、信息化，以提高劳动生产率。

2. 生产技术现代化

在现代科学理论与方法指导下，对土壤加以保护和改良，使其肥力得以不断提高；用现代科学方法培育和改良农作物及畜禽品种。通过技术创新，将高新技术同常规技术结合并广泛应用于农业生产实践，以提高土地生产率。

3. 经营产业化

包括"三化"：生产的工厂化，即生产环节的标准化、规模化和规范化；经营的公司化，即构建面向市场的以公司为龙头的一体化现代农业产业体系；服务的专业化，即按照现代农业专业体系重构社会服务体系。

4. 劳动者现代化

现代化农业要求农业劳动者具有较高的科学文化知识和专业技能，熟练地掌握现代化的生产技能、管理方法和经营手段，并把三者密切结合起来运用到农业生产实践中。

5. 环境生态化

"三次农业现代化"的基本趋势是注重农业经济和生态环境的协调发展，按照农业生态系统的特点和规律，因地制宜地建设高产、优质、高效、低耗、安全的现代化农业，大力发展有机农业、生态农业、循环农业等环境友好型的农业发展模式。

（三）兵团现代农业的特征

兵团农业是国有现代化大型农场，其生产经营呈现"四高一低"的特征：

1. 土地经营规模化水平较高

现代农业市场化、规模化的要求与家庭型的资源细碎化的农业生产组织之间的矛盾，已成为我国农业现代化的"瓶颈"。农场的优势首先是生产资源——土地的统一集中，兵团职均承包土地规模在 50~100 亩，耕地条田规整、种植及管理规范（按五统一作业标准），有利于机械作业，劳动生产率相对较高。

2. 农业生产机械化水平较高

农业机械化为农业现代化最显著的特征，兵团农业机械化水平全国领先。农业机械化是节约型农业发展的基础，大量精准耕整、播种、田间作业，以及滴灌、微灌、喷灌机械的使用，实现了农业的节劳、节地、节能和节水，从而推动节约型农业发展。

3. 生产组织标准化水平较高

兵团农场在组织生产、调整结构、技术推广等方面具有企业式的高效行政动员机制。通过实施"五统一"的生产管理模式，精准农业六项技术，种植业、畜牧业、果蔬园艺业"十大主体技术"，主要农作物良种覆盖率达到了100%，牲畜良种率达到85%以上，农业科技贡献率达到58%。兵团农场始终保持着兵团农业土地生产率国内先进、国际领先的"奇迹"。

4. 服务体系社会化水平较高

兵团现有较为完备的兵师团连四级农业技术推广体系，师一级大宗农资集中采购、农资一票到户；在产前、产中、产后服务方面，各团场普遍设有有线广播电视、农业技术推广、水利管理、物资供应、良种繁育、土壤化验与测土施肥、公共卫生、动植物防疫、畜牧兽医、为农业提供信息的网站等为农服务机构；农产品加工方面，团场拥有独资或其他经济成分的棉花加工厂、番茄制品厂、牛奶加工厂等大宗农牧产品加工企业；金融服务方面，除农业银行分支机构外，信用社、国民村镇银行已延伸到团场，向承包职工提供小额农户贷款等金融服务。

5. 产业化经营水平较低

一直以来，兵团农业存在着"重生产，轻经营"的问题。农业现代化的一个重要标志就是农业产业化水平高，农产品加工增值率高。根据测算，2010年全兵团农产品加工业产值与农业总产值之比为0.52：1，而全国这一比例达1.45：1。兵团农业产业化经营水平低、农产品加工产业链短是兵团当前农业现代化的"短腿"，是兵团现代农业发展需要突破的领域。

二、兵团××师农业现代化依据

（一）自然环境

××师位于准噶尔盆地西南部的奎屯河流域，南依天山，北接古尔班通古特沙漠，师部驻地奎屯市。××师境域分布在新疆维吾尔自治区的奎屯市、乌苏市、克拉玛依市及沙湾市、和布克赛尔蒙古自治县境内。阿吾斯奇牧场与哈萨克斯坦接壤，边境线长 58km。地理坐标在北纬 44°20′～47°04′，东经 83°51′～85°51′。垦区绝大部分在天山北麓的奎屯河、四棵树河、古尔图河的洪积冲积平原上。纵贯准噶尔盆地，地形沿三河河势南高北低，地面高程 265～600m，垦区南部纵坡 15‰左右，向北渐缓，最缓 1‰。垦区绝大部分位于准噶尔盆地西南，古尔班通古特大沙漠的边缘，属温带大陆性干旱荒漠气候。年平均温度 6.4～7.1℃，≥10℃积温平均为 3617～3599.8℃，无霜期 159～186 天，日照量 2611～2697 小时。垦区年平均降水量为 160.7～182.1mm，植被生长期 4～10 月，降水量 116.3～132.8mm。年蒸发量平均为 1761.9～1709.7mm，蒸发量是降水量的 9.3～11 倍。光热资源丰富。年均日照时数近 3000 小时。太阳年辐射总量 122.8～135.2 千卡/cm²。生物辐射为 62.7～66.4 千卡/cm²。作物生长期内辐射量最大为 106 千卡/cm²，占年辐射总量的 78%。作物对太阳辐射能的利用率为 10%～14%，单项作物利用率只有 1%左右，若将其提高到 2%，即可大幅增产。光热资源尚未得到有效开发。

全师总面积 5906 平方千米，农用地 445.67 万亩。其中，耕地 133.64 万亩，园地 3.47 万亩，林地 36.14 万亩，牧草地 238.78 万亩，其他农用地 33.63 万亩。未利用土地 409.7 万亩，其中荒草地 322.83 万亩。师内有三条河流，年径流量 12.56 亿 m³。拥有六座平原水库，总库容量为 2.41 亿 m³，地下水储量 3.4 亿 m³。引水、蓄水、灌水等水利设施完整配套。另有机井、自流井，汲取地下水灌溉。喷灌、滴灌设施逐渐完善。

（二）社会经济基础

2011 年全师完成生产总值 75.32 亿元。其中，第一产业增加值 30.88 亿元，第二产业增加值 25.57 亿元，第三产业增加值 18.87 亿元；三次产业结构比为 41.0∶33.9∶22.1。至 2011 年末，全师总人口 21.85 万人，农业人口 10 万人；汉族占 96.4%。全师总户数 79451 户，其中团场 62739 户。总体城镇化率 48.9%。"亚欧大陆桥"的北疆铁路横穿境内，奎屯站为进入中国境内第一个编组站，年货物吞吐量 1000 万吨，建有粮油、棉花、茶畜、建材等 10 个物资中转库，11 条铁路专用线。境内公路较密。乌奎高速公路直达乌鲁木齐，与吐乌大高速公路相接。312 国道乌伊公路段与 217 国道独阿公路段横纵交会于奎屯。通团、连公路畅通，奎兰公路、奎柳公路、青北公路、前高公路等形成网络，并与高速公路及国道相接。

三、指导思想、基本原则与发展思路

（一）指导思想

以中国特色社会主义理论体系为指导，以绿洲农业现代化发展规律和××师现实要求为依据，以加快转变农业发展方式为主线，以结构调整，科技、体制机制创新为动力，以实施"八项农业工程"和打造农业产业化龙头企业为重点，以师团增效、职工增收和企业增盈为目标。增强农业综合生产能力、整体竞争能力和可持续发展能力，走具有××师特色的农业发展道路，力争走在兵团农业现代化的前列。

（二）基本原则

坚持遵循农业现代化的一般规律与发挥兵团的特殊优势相结合。绿洲农业现代化是以市场为主导，以生态化、基地化生产为基础，以产业化（公司化）经营为主体的现代产业；兵团国有现代化农场在规模化、组织化、标准化等方面具有优势。因此，兵团农业现代化必须将农业现代化的一般规律与兵团现代农业的优势结合，完善生产技术体系以提高生产力，通过产业链整合资源，通过经营体制、机制创新，突破××师农业产业化经营"瓶颈"，快速提升农业现代化水平。

坚持师团增效与职工增收相结合。把师团增效和职工增收作为推进农业现代化的出发点和归宿。在确保兵团职工收入增长与农业现代化发展同步的前提下，把增加师团经济实力作为"兵团特色的农业现代化"的基本目标，这是兵团稳定和发展的基石。因此，在建立职工与师团之间合理的利益联结机制的同时，要把培育师属、团属经营实体作为培育农业产业化龙头企业的"第一要务"，自己不能或不会经营的领域可"引进龙头企业"。

坚持结构调整与农业经营方式转变相结合。调整农业结构必须以市场需求为导向，有市场、有渠道才有效益。同时要因地制宜，符合现代循环农业的发展规律，实现种植业、畜牧业和果蔬园艺业良性循环；延伸产业链，实现农业生产、加工、流通"一体化经营"；完善现代农业服务产业体系，实现专业化分工基础上的"一二三产业融合"，建成现代农业新型产业体系。

坚持经济效益与社会效益、生态效益相结合。遵循自然、经济和社会发展规律，处理好农业投入、产量与产品质量、安全之间的关系，农业资源开发利用与生态可持续的关系，实现农场生产、生活、生态"三生共赢"，农业的经济效益与社会效益、生态效益相结合，促进农业可持续发展。

（三）发展思路

按照"四化同步、以城带乡（连）"的整体发展思路，借助兵团城镇化、新型工业化建设步伐加快的机遇，推动农业向二、三产业延伸、农产品资源和农工向城镇（工贸平台）集聚。这既是建立现代农业产业体系，提高农业综合效率和效益的客观要求，也是兵团"以城镇化为平台、以新型工业化为支撑、以农业现代化为基础"的跨越式发展的必然选择。

坚持"优棉、稳粮、强牧、增园"的结构调整思路。适度压减棉花种植规模，着力解决棉花品种和全程机械化问题，建立稳产高产、优质高效的国家级商品棉基地；加快规模化、集约化、标准化现代畜牧养殖基地建设，建立优质饲草料基地，完善现代畜牧养殖和疫病防控体系，使农区畜牧业成为农业新的增长点；扩大果蔬园艺业生产规模，在绿色生态和品牌建设上下功夫，满足城镇化发展和居民消费升级的需要；稳定粮食生产规模，实现粮食安全；保证甜菜、番茄的生产，满足加工企业的需要。优化农业生产结构和布局，实现种植业、畜牧业、果蔬园艺业"三足鼎立"协调发展。

坚持用现代科技、信息、机械装备农业，提高农业生产水平和效率。加大以新品种为主的现代农业科技的引进和研发力度，不断提高农业生产水平和科技贡献率，实现优质、高产农业；加大农业以全程机械化和信息化为主体的"精准农业"技术体系推广，促进农业生产标准化、规模化，提高农业劳动生产率。

按照"工厂化生产、公司化运作、市场化经营"的思路构建现代农业产业体系。农业生产是现代农业产业体系的"第一车间",必须按基地化、标准化的"工厂化"理念组织生产,以确保原料的品质和安全;通过龙头企业的公司化运作,品牌经营带动,提升农产品的加工水平和市场价值;完善现代市场化专业化服务体系建设,促进农业专业化和产业化水平不断提高,增强应对自然和市场风险的能力。

四、发展战略与目标

(一) 发展战略

科技兴农战略。大力实施科技兴农战略,不断提高现代农业发展的科技含量:一是加快农业科技创新体系建设,提高自主创新和科技应用能力的同时,积极主动地加强与国内知名农业科研院所、高等院校的联系,建立紧密型的科技合作关系;二是围绕有机农业核心技术(农作物健康栽培技术、畜产品繁育和养殖技术、有机产品的收获技术)、生态农业核心技术(农林立体结构生态技术、农、副、工联合生态技术)、循环农业核心技术(区域大循环技术、能源综合利用技术、农业废弃物综合利用技术),加快新技术、新成果的推广应用;三是加强职工职业教育培训,造就新型的职工队伍,不断提高职工的科技文化素质。

产业化经营战略。实施农业产业化经营,建立优势农产品标准化生产体系、加工体系、市场营销体系的"全产业链":一是扩大优势农产品生产规模、区域化布局、标准化生产的基地建设,用"工业化"的理念建设"第一车间";二是大力组建培植和引入辐射带动能力强的龙头企业,按照"扶优、扶强、扶大"的原则,通过股份制改造、资产重组、企业化改革等措施,加速资本集聚,促进资源和品牌整合,增强龙头企业的市场竞争力;三是促进龙头企业与农户之间建立稳定的利益联结机制和新型的利益分配关系,创新产业化经营的组织形式,建立和培育农牧业生产公司(企业)、专业合作社、专业协会等组织。

品牌发展战略。品牌是产品质量、效益、竞争力和生命力的集中体现。

要大力实施品牌带动战略，全面提升农业的核心竞争力：一是加强农业标准化体系、农产品检测检验体系、农产品质量认证体系建设，奠定名品牌带动战略的基础；二是积极争取参与农产品品质和品牌的认定工作，积极向有关部委申请有关生产资格认证和知名商标；三是加大产品自主创新力度，不断提高产品的科技含量，实行规范化、标准化、科学化管理，不断扩大品牌产品的市场占有率。

可持续发展战略。坚持资源、经济、社会和人口的协调可持续发展。坚持资源保护和合理开发并举，提高资源均衡利用和良性循环；经济发展中要兼顾短期效益和长期效益，直接效益和间接效益；注意农业生产与工业、服务业和城镇发展的协同配套；做好农业劳动力转移和素质提高等工作，促进人际公平和代际公平。加强环境保护和生态建设，大力发展循环农业经济，努力建设资源节约型和环境友好型农业。

（二）发展目标

1. 总体目标

农业生产条件更加完善，生产结构与布局更加合理，公司化和产业化水平明显提升，现代农业产业体系初步形成，产品安全质量体系基本建成，农业综合生产能力和效益大幅提升，团场经济实力明显增强，农牧职工生活水平稳步提高，实现农业现代化的全面推进，使××师农业现代化居于兵团前列。

2. 具体目标

到2020年，实现农业总产值150亿元，年均增长7.8%；农业增加值78亿元，年增长率7.2%。

种植业、养殖业和果蔬园艺业产值比例调整到50∶30∶20。

职均农业增加值155000元/人，年均增长8%，农牧工住户人均纯收入35000元，年均增长10%；

高标准农田面积达120万亩，占耕地总面积比重70%以上；高效节水灌溉面积达150万亩，占耕地总面积比重88%；

渠道防渗率达到100%，渠系水利用率达到0.8，灌溉水利用系数达到0.68；

大田作物耕种收综合机械化率达到95%，其中棉花采收机械化率达到90%；

农业科技进步贡献率70%，农业科技人员占农牧职工比重10%，农业信息化平台服务覆盖率70%；

农产品加工转化率90%，农产品加工产值与农业总产值的比例达到1.5∶1；

农业产业化组织带动农工的比重达90%；"三品"认证基地面积比重达95%；

大宗农资统一采供比重达95%，其他农产品集团化销售比重达80%；

职均管理耕地面积80亩，人口城镇化率达70%；

垦区森林覆盖率达到16%，城镇绿化覆盖率达到35%以上；

城镇生活垃圾处理率达95%、污水处理率达80%。

（三）产业结构与布局

按照农业现代化发展的要求，根据自然资源的优势和市场导向，现代农业产业将按照布局区域化、生产专业化，形成大宗产品基地化、畜牧养殖规模化、果蔬园艺标准化的"三足鼎立"格局。

1. 棉花种植

本着优质棉生产基地建设和产业结构调整的需要，在提高棉花品质和单产水平上下功夫，稳定并适当调减现有宜棉区种植规模。到2020年棉花种植面积控制在80万亩，建立4个10万亩高产优质机采棉示范基地。到2020年棉花种植面积进一步调整到70万亩，实现全部棉田的高标准化，籽棉单产水平达到450kg/亩，保持皮棉总产12万吨以上。

2. 饲草生产

大力发展畜牧业是调整结构、促进农业现代化的重点。××师畜牧养殖和饲草料基地建设可分为农区、城郊区和牧区。为满足畜牧养殖需要，在农区和城郊区建立优质苜蓿生产基地20万亩，种植籽实玉米25万亩，按轮作倒茬需要种植青贮作物25万亩。在牧区做好"两带一块"122万亩草场改良和退耕还草工程建设。支持现有奎屯糖厂饲料、××团泉盛、××团浩祥和天北浩祥等多家饲料企业扩大生产规模。到2020年，奶牛达到10万头，肉牛达到3万头，生猪30万头，肉羊39万只，家禽200万只，年肉产量6万吨。培育和引进3~4家乳品、肉品加工龙头企业，形成"龙头企业+基地+农户"的养殖模式。在不同牲畜养殖较集中的区域，建立标准示范区和良种繁育基地。

3. 果蔬园艺

根据本地区社会经济发展和市场消费需求变化的需要，适度扩大果蔬园艺产业规模，到2020年，果蔬园艺种植规模达到25万亩。其中，高标准枸杞生产基地5万亩；葡萄生产基地7万亩，含鲜食葡萄6万亩，酿酒葡萄1万亩；苹果生产基地3万亩；蔬菜生产基地10万亩，含设施蔬菜2万亩，露地蔬菜8万亩；建立苗木基地300亩。在××团和××团建立生态观光农业500亩左右。建设枸杞烘干线3条和大型保鲜库4座（2万吨），培育果蔬园艺销售龙头企业2~3家，加工企业1~2家。

4. 小麦、甜菜、番茄生产

依托国家农业发展项目，利用涉农资金、农业综合补贴、粮食直补等政策，因地制宜，种植15万亩优质高产的小麦。以糖业龙头企业为依托，种植甜菜6万亩。以番茄加工龙头企业为依托，种植加工番茄10万亩。

5. 林业和生态建设

××师林业发展以保障农业生产、改善生活环境为目标，到2020年新增人工造林21.7万亩。继续做好"三北"五期防护林建设，实施10.3万亩封沙育林，新建2000亩苗木基地。

五、现代农业经营模式创新

（一）创新经营模式

1. 转变职能 理顺关系

根据党的十八大报告"政企分开、政资分开、政社分开"的改革精神，以胡杨河市设立为契机，在"四化"同步的基础上，积极推进××师及各团场职能转变。在师团两级层面分别向着"师市合一""场镇合一"的模式转变，一套班子、两块牌子，将兵团党政军职能、社会管理职能与经济管理、资产经营职能有效分离。

具体而言，原师属、团属企业不再受师团各级直接管理，由师团各级国资委所属国资公司通过行使出资人权利，经由董事会进行管理，进行现代企业制度改造，在未来数年内形成"产权清晰、权责明确、政企分开、管理科学"、面向市场的现代产业化龙头企业,为××师农业现代化建设夯实基础。

2. 优化布局 整合资源

按照××师农业整体布局和重点规划,整合资源,统分结合,充分调动师、团两级积极性与主动性,师一级层面重点打造基地化生产的棉业、番茄制品、糖业、乳业、种子及农机产业六大支柱产业。团一级重点发展优质、特色、高效农业产业,如枸杞、蔬菜、牛羊育肥和畜产品加工、酿酒葡萄、林果业等,形成布局合理、重点突出、特色鲜明、面向市场的产业格局。

3. 打造品牌 形成合力

品牌经营是产业化的重要环节,也是兵团农业产业化发展当中相对薄弱的环节。这种薄弱一方面因为兵团远离消费市场、缺乏品牌经营意识;另一方面因为兵团体制特殊,市场开拓能力较为薄弱,亟待加强。要实现产业化带动现代农业发展、提高附加值,品牌经营是不可或缺的重要乃至核心环节。

××师现有农产品品牌较为分散,各产业乃至产业内部品牌林立,无法形成协同效应。依据××师现有品牌和产业布局情况,整合资源,打造农产品品牌体系,各品牌之间围绕核心品牌相互联系。具体而言,建议××师以"锦"牌整合原棉、番茄酱、糖、粮油、种子等大宗农产品,形成"锦·棉""锦·番茄""锦·糖""锦·粮""锦·油脂"等系列品牌,一业一品,相互之间既有区别又可实现有效协同,形成师属知名品牌群。对于各团蔬菜、水果、乳品、鲜活畜产品等农业加工产品,依照实际情况由各团推动品牌整合,一团一品,形成知名度、美誉度、市场认可度较高的强势农产品品牌。

4. 健全利益分配联结机制

在市场化条件下,改变原有行政主导的管理体制,建立现代企业制度运行机制,以市场化、法治化手段经营管理企业。公司的可持续发展除了原料保障和市场销路外,还必须正视职工、企业和师、团各方的利益诉求。组建农业经营公司,可吸纳团场、职工、外部优势企业合资,多元化整合资源,提高综合实力。在利益分配上,依据投资、风险、责任合理划分利益,以市场化契约手段和金融支持为保障,切实保护职工利益和投资方合法权益,充分调动各方积极性,进而实现团场增效、企业增利、职工增收。

通过技术路径依赖可稳定利益合作机制,即通过产业化龙头企业在农业技术、管理、品牌推广、营销渠道等方面的主导地位,以品牌优势提升农产品市场价值和企业获利能力并化解市场价格波动风险,以企业的技术服务和资金保障化解农业自然灾害、疫病风险。从而保障下属各公司（加工厂）、农场、职工的利益比"各自为政"经营丰厚且风险更低，使得各方利益主体紧密结合，产业组织稳定发展。

在具体实践中，师一级统筹安排，重点组建大宗农产品（如棉花、加工番茄、甜菜等）和优势产业的龙头企业，对整体经济形成有效提升拉动；团一级承担种植基地建设任务，组织职工和合作社等按照订单进行标准化、规模化生产，同时对农产品进行初级加工；各农业产业化企业向胡杨河工业园区聚集，充分利用××师农产品资源优势和交通区位优势开展生产经营；职工及各类专业合作社、家庭农场等，以订单农业形式与种养殖业基地（团场）结合，享受基地提供的技术、农资、农机等社会化服务体系支持，并在订单规定的价格基础上依据市场价格波动合理确定产品销售价格。

重视企业经营管理层建设，积极引进、培养、选拔一支高素质、专业化的经营管理团队，正视其利益诉求和价值取向，将其利益与企业经营紧密结合在一起，激发企业经营者做大做强的主观意愿，以市场化企业经营方式培养企业家和管理者。

培养企业家和职业化经营管理层，需要切实执行"政资分开、政企分开"原则，将国有企业企业家和管理层人员的管理与党政人员的管理晋升完全分开，树立企业管理职业化的理念，以企业绩效作为其薪酬考核发放标准。同时需注意农业经营公司绩效受农业周期波动影响较大，建议以五年为一个绩效考核周期进行业绩评估。

（二）六大产业体系构建

1. 棉业

以现有"锦"牌棉花为主导，以××师棉麻公司为龙头，建设××师棉业产业集团。建设高标准优质棉业基地70万亩，年产皮棉12万吨；棉纺加工能力由现有30万锭增加至80万锭，气流纺织5万吨；积极培育和引进一批纺织、服装及关联产业的龙头企业，构建××市棉花全产业链，延伸产业链，提高附加值。

2. 番茄加工业

建设10万亩加工番茄种植基地，年产60万吨规模。整合现有分散的番茄加工资源，在胡杨河市形成番茄加工能力30万吨，远期扩张至60万吨规模。逐步改变以往单纯生产低附加值番茄酱原料的生产格局，以面向终端消费市场的小包装番茄酱和番茄红素、纤维素等下游衍生品为主要产品，延伸产业链条，发展番茄深加工及衍生产品，提高附加值。

3. 制糖业

建设面积6万亩、年产30万吨规模甜菜种植基地。以现有伊力特糖业为龙头，整合现有三个制糖企业，年加工能力由现在的25万吨提升至40万吨。鼓励制糖企业采用先进技术加快推进食糖高附加值、高技术含量的食糖精深加工产品生产，重点开发精制糖、低聚果糖、异麦芽酮糖、高活性干酵母、蔗糖多酯、右旋糖酐等深加工，加大研发力度，尽快突破用糖料甜菜生产生物质能源的关键技术。

4. 奶业

以澳利亚集团和××团万头牛场为龙头，积极扩大养殖规模和水平，打造高品质乳业生产基地。形成全师5万头奶牛的养殖规模，带动全师10万亩优质苜蓿和10万亩饲料玉米种植。以天润、四方力欧为支撑形成乳业加工，面向市场造以鲜奶、乳制品为主的产业化龙头，改变目前主要作为原料输出和初级产品制造的低端经营模式。

5. 农机产业

依托胡杨河市的筹建，引进大型现代物流企业，吸引农机知名企业，建设区域性大型农机城。构建"农机管理部门+农机服务中心+经营公司或农机专业户"的社会化服务管理体系。

6. 种业

以"锦·棉"种业为核心，以师农科所为支撑，形成现代农作物种业体系。规划整合全师各类商品种子生产基地，加强种子生产基地建设，到2020年，争取种子产业生产总值过5亿元，建成各类种子生产基地15万亩，基本形成供种能力覆盖全师、影响周边及辐射全疆农业生产的种业格局。

六、发展重点及主要任务

（一）高标准农田与种植业产业化基地建设工程

1. 建设思路

按照"优棉、稳粮、强牧、增果"的原则，以高标准农田建设为契机，依靠科技进步，优化配置农业资源，重点做好棉花、制种玉米、加工番茄、甜菜、林果业生产基地建设；以市场为导向，培育龙头企业，依靠龙头带动基地，基地连农户的产业组织形式，将生产、加工、销售有机结合，形成专业化生产、规模化建设、系列化加工、社会化服务，建成科技领先、结构优化、高产高效的现代农业。

2. 建设目标

到2020年，全面建成70万亩棉花标准化生产基地，30万亩粮食生产基地，10万亩加工番茄生产基地，6万亩甜菜生产基地。其中，50万亩农田自动化节水滴灌示范工程，建设高标准农田120万亩。棉花产量达到12万吨，产值25.7亿元；小麦产量9.3万吨，产值1.5亿元，制种玉米15万吨，产值2.8亿元，加工番茄产量60万吨，产值2.5亿元，甜菜产量36万吨，产值2.5亿元，种植业总产值达到59.2亿元，占农业总产值的50%。

3. 建设任务

（1）现代农业示范区工程。以示范区建设为依托，实施中低产田改造和盐碱地综合治理工程，突出发展"标准化、信息化、工厂化、可持续"的现代农业示范基地，建成优质高产高效的棉花、番茄、甜菜生产基地，提高农业综合生产能力。分批建设高产出、高效益的现代农业示范团场，实现整团推进，带动周边地区农业发展，促进现代化农业示范区的建设。到2020年，建成国家现代农业示范区1个；3个规模化经营、专业化生产、区域特色明显、市场相对稳定的兵团级现代农业示范区；国家级现代农业示范团场1个，兵团级现代农业示范团场2个以及师级现代农业示范团场5个。

（2）高标准农田建设工程。实施农田水利、农业综合开发、土地整理、中低产田改造、农田防护林建设、耕地质量提升、高产创建等重点项目，加强耕地保护和改良整治，提高耕地生产能力。加大各项资金的整合投入力度，建设一批土地优质化、节水高效化、渠道防渗化、条田林网化、道路砂石化、产出高效化的高产稳产标准化农田，提高耕地质量和产出率。按照"统筹规划、集中投入、连片实施"的要求，新增高标准农田40万亩。加强耕地质量建设，大力推广测土配方施肥等主体技术，配方施肥面积80万亩以上。到2015年，高标准农田面积达到100万亩，到2020年，高标准农田面积达到120万亩以上。

（3）现代种业工程。以锦农种业公司为龙头，以师农科所为支撑，形成以产业为主导、企业为主体、基地为依托、育种能力强、生产加工技术先进、市场营销网络健全、技术服务到位、育繁推一体化的现代农作物种业体系。到2015年，良种产业的比重大幅提升，棉花、玉米等优势作物种子生产面积10万亩。到2020年，争取种子产业生产总值过5亿元，建成各类种子生产基地15万亩，基本形成供种能力覆盖全师、影响周边及辐射全疆农业生产的种业生产格局。

（4）优质棉基地工程。以实施良种产业化、棉田标准化、植棉全程机械化、灌溉自动化等四大工程及棉产业配套体系建设为重点，建成××师优质棉基地。以锦孚、昌恒纺织业和供销棉麻总公司为平台，延长棉花产业链。到2015年，优质棉基地面积80万亩，总产达到10万吨以上。到2020年，优质棉基地的生产能力稳定在12万吨，棉花质量稳步提高。

（5）绿色高效粮食生产基地建设工程。立足国家粮食安全后备基地的定位，在保证自给、略有盈余的前提下，稳定规模，提高效益。稳定小麦面积，发展优质专用品种，口粮面积稳定在20万亩左右，保证垦区自给有余。稳定增加玉米播种面积，满足饲料粮的需要。要充分发挥生产基础好、机械化程度高、种植规模大的优势，以基础设施建设和产业化建设为重点，促进粮食产业升级，稳步提高粮食综合生产能力和加工转化能力。

（6）加工番茄、甜菜生产基地建设工程。特色种植业的发展以打造××师统一品牌为战略，制订科学、规范、系统的品牌规划和品牌推广方案。组织标准化生产，打造全程质量控制的特色优势农产品基地，为农业产业化发展提供原料保障。定期对基地环境、生产过程、投入品使用、产品质量、市场及生产档案监督检查或抽查，确保产品符合标准化生产的要求。

（二）畜牧业振兴与标准化养殖基地工程

1. 建设思路

以市场为导向，通过龙头企业的带动，加大畜禽生产的规模化与标准化，提高××师畜牧业综合生产能力和市场竞争力；大力发展商品猪、家禽养殖，巩固养羊业，重点加快做强做大奶牛优势产业，实现职工增收、团场增效的目的；同时，增强龙头企业的辐射带动能力，建立和完善不同形式的养殖协会、市场中介组织和专业合作经济组织，提高畜牧业产业化生产水平，加快现代畜牧产业化进程。

2. 建设目标

规划期内畜禽良种覆盖率达到90%以上，畜产品区域布局更加合理，畜禽配合饲料的应用得到普及，饲料科技含量显著提升，草原生态环境明显改善，动物疫病防疫体系更加健全，畜产品加工体系进一步完善，龙头企业的带动作用显著增强，肉蛋奶人均占有量明显提升，畜牧业产值占农业总产值的比重显著提高。

（1）畜牧业产值：2020年达到42.0亿元，年均递增15.0%，占农业总产值30%。

（2）主要畜产品生产目标

肉类生产：2020年末肉类总产量达到6.0万吨，年均递增12.0%；产值21.7亿元。

牛奶总产：2020年达到45.50万吨，年均递增15.0%；产值18.20亿元。

禽蛋总产：2020年达到1.0万吨，年均递增5.0%；产值1.0亿元。

羊毛总产：2020年达到0.22万吨，年均递增10.0%；产值1.1亿元。

（3）年末存栏。2020年末存栏各类牲畜达到82万头只，其中：奶牛10万头、肉牛3万头、猪30万头、羊39万只。家禽200万只，年均递增15.0%。

（4）2020年奶牛饲草生产目标

奶牛饲草需求量：玉米青贮112万吨，苜蓿草20万吨，籽实玉米18万吨。

奶牛种植饲草面积70万亩，其中：种植青贮面积23万亩，苜蓿草面积22万亩，籽实玉米面积25万亩。

到 2020 年，××师 10 万头奶牛需精饲料 30 万吨，需 16.5 万吨玉米用于配制，××师可以就地解决。

3. 建设任务

(1) 生猪生产

以优势区域为主，推行规模化生产和标准化管理技术，建成优质生猪生产、加工基地。

重点项目：

新建种猪场 5 个；

新建或扩建年加工规模为 10 万头的生猪定点屠宰场 3 个；

新建生猪屠宰加工规模 100 万头的企业 1 个。

(2) 奶牛生产

以新疆澳利亚牧业有限公司为龙头、加快品种改良速度，增加高产奶牛数量，积极发展专业化奶牛养殖小区和规模化示范场，建立龙头企业与奶源基地符合市场规律的利益分配机制，建设××师优质奶源生产基地。

重点项目：

打造龙头企业。以澳利亚牧业、银桥乳业与天润乳业的集团整合、以××团与四方力欧的合作为契机打造龙头企业；

建设优质滴灌苜蓿基地。以澳利亚牧业、银桥乳业与天润乳业的集团整合为龙头，带动 2 万亩优质滴灌苜蓿基地建设；以××团与四方力欧的合作为抓手，打造 3 万亩优质滴灌苜蓿基地。

(3) 肉牛生产

以澳利亚公司、××团为重点发展区域，以饲养肉用牛和乳肉兼用牛为主，其他架子牛、奶公犊肥育为辅，逐步扩大肉牛养殖规模。

重点项目：

新建肉牛养殖基地 3 个。

(4) 肉羊生产

以三个团为重点，逐步打造奎克路沿线基地带，××团基地板块。大力推广肉羊人工授精、种草养羊、秸秆氨化和饲草青贮技术，培植养殖大户，扶持流通中介组织，大力发展羊产品加工业。

重点项目：

成立细毛羊良种繁育中心，建立羊纯种繁育基地；

建设肉用细毛种羊场 1 个，肉用种羊场 1 个；

实施人工种草和草场改良工程；

改造、扩建山区牧场小水库、肉羊交易市场；

建设肉羊产品综合加工厂，扶持绿衡肉羊专业合作社，开展肉羊分割、肉羊副产品和羊板皮加工，提高羊产业的综合效益。

（5）家禽生产

推行舍饲规模化生产和标准化管理技术，建设××师优质禽蛋、禽肉生产基地，积极探索林权改革，促进林下放养特禽发展。

重点项目：

建设 50 万只规模的家禽屠宰与加工厂企业 2 个；

新建种禽场 1 个；

新建 3 个林下肉鸡放养养殖基地。

（6）马鹿生产

重点发展 127 的马鹿优势产业群体，实施品种改良工程；引导龙头企业对现有加工企业整合，提高综合利用水平和产业集中度。

建设项目：

在××团的马鹿优势产区，扩建 1 个规模化的马鹿产品加工企业。

（7）饲料生产保障

到 2020 年，各类畜禽约需配合饲料 65 万吨。××师饲料企业可年产销全价配合饲料 20 万吨，各养殖企业自配饲料 35 万吨，其余部分从饲料企业购买。反刍动物粗饲料（饲草）主要依赖种植青贮玉米、苜蓿，××师 120 万亩天然草场和农业副产品，可以满足牛羊需求。

重点扶持奎屯糖厂饲料、泉盛、浩祥和天北浩祥等饲料企业，力争 2015 年配合饲料总产量达到 10 万吨、2020 年达到 20 万吨。

（8）行业服务体系建设

规划期内，畜牧业行业服务体系重点建设项目如下：

饲料安全监管体系建设。建立饲料安全监管监测体系，计划新建和扩建 1 个师级饲料安全检测实验室以及 10 个团场级饲料和畜产品质量安全监测站。

草原生态环境建设。重点在山区建立和完善草原生态保护科技支撑体系和草原防火及鼠虫害等灾害防治体系；建设围栏草场，落实基本草原保护、草畜平衡和禁牧休牧轮牧制度。

动物疫病防疫体系建设。建立师级和团级动物疾病预防与控制中心；建设和完善动物防疫基础设施，充实 10 个团场级动物防疫（兽医）站诊断实验室生物安全设施，完善其疫病防疫、诊断、监测、报告、冷链、防治等基础设施设备。

人才队伍建设。有计划引进畜牧、兽医专业人才 600 人，其中仅奶业发展一项就需技术人员 480 人（每千头奶牛需兽医专业 3 人，畜牧专业 3 人；建设期间新增奶牛 8 万头），其他 120 人。

（三）果蔬园艺业振兴与品牌建设工程

1. 建设思路

以市场需求为导向，积极引进和培育龙头企业，发挥龙头企业带动、引领、示范作用；按照适地适栽、相对集中的原则，发挥自然资源和产业区位优势。重点做好以枸杞、葡萄、苹果为主的三大果品生产基地及蔬菜生产基地建设，实现规模化种植、集约化经营、标准化管理。重视产后加工处理能力建设，合理搭配鲜食与加工品种的比例，延长产业链，提高产品附加值，增强抵御市场风险的能力，积极推进××师果蔬园艺业健康、高效、可持续发展。

2. 建设目标

到 2020 年，全面建成 5 万亩枸杞标准化生产基地，7 万亩葡萄生产基地，3 万亩苹果生产基地，10 万亩蔬菜生产基地。枸杞产量达到 2 万吨，产值 6 亿元；葡萄产量 7.5 万吨，产值 3.75 亿元，苹果产量 7.5 万吨，产值 3.75 亿元。蔬菜产量 40 万吨，产值 8.3 亿元，园艺业总产值达到 21.8 亿元，占农业总产值的 20%，成为××师农业发展的重要产业支柱之一。

3. 建设任务

（1）枸杞生产基地建设

以高泉垦区为主，发挥所在区域枸杞主产区的区位优势及高泉枸杞的品牌优势，实现秋茬枸杞全部烘干生产，提高枸杞品质和效益。

重点项目：

建成 3 万亩高标准枸杞生产基地和年生产能力 0.5 万吨的枸杞烘干生产线 2 条；

建成 2 万亩标准枸杞生产基地和年生产能力 0.25 万吨枸杞烘干生产线

1条。

(2) 葡萄生产基地建设

发挥不同区域资源优势，分别建成鲜食葡萄与酿酒葡萄生产、储藏、保鲜、分级、包装完整的产中、产后处理体系，增强抵御市场风险的能力，提高生产效益。

重点项目如下。

红提葡萄生产基地。建设2万亩绿色红提葡萄生产基地，建设0.5万吨的葡萄储藏保鲜库1座；

弗雷葡萄生产基地。建设以早熟葡萄品种弗雷为主的鲜食葡萄生产基地1万亩；

克瑞森葡萄生产基地。重点建设以晚熟葡萄品种克瑞森为主的鲜食葡萄生产基地1.5万亩，建设0.5万吨的葡萄储藏保鲜库1座。

酿酒葡萄生产基地。建设1万亩的酿酒葡萄基地。

(3) 苹果生产基地建设

重点以红富士为主，建设3万亩苹果生产基地。在该区域建设0.5万吨苹果储藏保鲜库2座。

(4) 蔬菜生产基地建设

以奎屯市、胡杨河市城郊农场、奎阿沿路为团场主线，建设2万亩设施蔬菜生产基地及8万亩露地蔬菜生产基地。

(5) 优质果树苗木基地建设

建立1个优质果树苗木生产基地。年生产优质葡萄苗木200万株，优质苹果苗木10万株。需葡萄育苗温室50座，占地150亩，需苹果育苗基地300亩。

(四) 全程机械化与农机经营机制创新工程

1. 建设思路

认真贯彻执行《农业机械化促进法》，立足大农业，发展大农机，培育新产业，以改变农业生产条件，改善农业生态环境，提高农业综合生产能力，促进农机经济、社会和生态效益全面提高为目标，以实现农业增产、团场增效、职工增收为主线，以打造"胡杨河农机城品牌"、推进主要作物全程机械化和农机生产服务管理体系创新两大工程，实现农机服务管理的社会化、市场化、规范化、产业化为载体，通过创新服务体系，优化装备结构，实施重点工程项目，转变发展方式，培育农机龙头企业，拉长产业链条，全面提升农业机械化水平和综合效益。

2. 建设目标

依托胡杨河市的筹建，抓好农机城项目规划，配套建设基础设施，制定优惠政策，引进大型现代物流企业，吸引农机知名企业联手打造区内一流的现代化、规模化、功能化、集约化的区域性大型农机城；构建实施基于"农机管理部门+农机服务中心+经营公司或农机专业户服务组织"模式的农机社会化服务管理体系，进一步完善农机服务管理相关标准与制度，实现农机服务管理制度化、标准化、社会化和市场化的四个突破；全面实施主要作物生产全程机械化所需的关键技术与装备，优化配置农业动力和机具，提高主要作物机械化作业质量、水平和效能。到2020年，培育农机物流龙头企业1~2个，建立大型农机直销超市2~3个，农机品牌"4S"店或直销店8~10家，农机城年销售与服务规模达亿元以上；健全师团农业机械化组织领导体系和生产管理体系，完善各项作业标准和规章制度，组建5~8个农机服务中心，构建专业化的农机股份经营公司2~3家，农机服务组织20~30家，主要农机具入库（棚）率达到90%，农机服务规模达10亿元以上；全师农业生产综合机械化水平92%以上，其中棉花、番茄、甜菜等主要作物生产全程机械化水平大于95%。

3. 建设任务

（1）打造"胡杨河农机城"项目，培育骨干龙头农机物流企业与品牌

引进大型物流企业，制定优惠的财税政策，整合疆内外农机资源，鼓励吸引约翰迪尔、凯斯、福田雷诺、洛阳一拖、天拖、石河子科神等国内外知名品牌的农机企业在农机城建立品牌"4S"店、直营店、农机超市，加大宣传推广力度，初步形成农机销售流通企业的聚集效应，辐射周边地区，培育胡杨河农机城品牌，并通过服务项目和领域的增加，带动农机科研、生产制造、维修服务、交通运输、农机检验鉴定、会展贸易等相关产业的发展，加速农机产业现代化发展进程，提升农机城规模和综合效益。

（2）构建实施基于"农机管理部门+农机服务中心+经营公司或农机服务组织"管理模式的农机服务管理体系，全面实施农机服务管理体系创新工程。

依据体系建设需要，在原有农机管理服务体系的基础上，构建农业机械

化组织领导机构、农业机械化生产管理机构、农机服务中心、经营公司和农机专业户组成的农机服务组织，明确推进农业机械化的思路、目标和措施；制定农机管理的具体制度和标准，全面组织实施农机监理、作业标准和质量、检查与监督、作业价格的核准等具体工作；探索农机具停放、维护保养、检修、场地租赁、联合经营、对外中介服务、科学研究与技术推广等业务的经营管理，不断完善规范化运行管理的制度和机制；以农机资本为纽带，采取联合、合作等形式，按区域组建由广大农机户组成的具有较大规模和较强竞争力的农机化新型服务组织，分别负责所在团场及周边农场的田间作业任务。对于一次性投入大、技术要求高和生产组织集约化强的大型农机装备，按照投资比例成立专业化的股份制经营企业，探索农机专业化服务生产的新模式，提高农机的作业效益。

(3) 主要农林作物（棉花、番茄、甜菜、枸杞等）生产机械化示范工程。

根据农业生产实际需求，在充分调研的基础上，对于成熟的技术与装备积极引进，重点开展与难以配套的机械化生产工艺和配套动力及机具的选择与优化等技术示范与推广工作；对制约种植业、畜牧业和林果业生产全程机械化关键技术与装备进行攻关研究和试验示范与推广。

（五）农业标准化生产与产品质量安全工程

1. 发展思路

以原农业部《农产品质量安全发展"十二五"规划》和《新疆维吾尔自治区农产品质量安全标准体系发展规划（2005—2010年）》为指导，加强体系队伍建设、提升监管能力，坚持一手抓执法监管、一手抓标准化生产，强化政策导向，加大投入力度，夯实工作基础，保障农产品质量安全和农业产业健康发展。

2. 建设目标

加快农业标准规范的研制和认证，促进农业标准化基地建设，完善与区域现代农业发展相匹配的农业标准体系；基本健全农产品质量安全监管体系，使执法监管能力显著增强、农产品质量安全保障能力不断提升。

至2020年努力实现以下发展目标：建设农业标准体系。制定国家、省级农业地方标准50项，主要农产品安全标准与国际接轨；农业标准化程度显著提高,"三品"认证基地面积比重达到85%;农产品质量安全检测能力整体提升;全程监管能力不断加强,产品质量安全监管覆盖率达到65%;应急处置能力全面增强。

3. 建设任务

(1) 现代农业标准体系建设工程

围绕全师农业重点发展领域,推进标准创新工程;以国家标准、行业标准为基础,加快地方标准研制;积极采用国际标准和国外先进标准,提高标准水平,建立完善既有区域特点又与国际接轨、覆盖"从田头到餐桌"、适应现代农业发展需要的农业标准体系。

重点项目如下。

生产技术标准:制定大宗优质作物栽培技术标准、种子(苗)繁育技术标准,蔬菜、水果生产技术标准,设施栽培技术标准,优质安全畜禽、水产品等生产技术标准;

方法标准:研制农产品储藏保鲜、质量检测,有关农业种植生产环境、畜禽养殖环境、生物灾害预警防控、有毒有害物质残留检测等方法标准;

基础标准:研制现代农业设施、循环农业、生态农业、节能减排和新型农机田间作业规范、农机安全操作等基础标准;

管理标准:研制现代农业园区建设要求与评价规则、标准化示范企业、产品质量分等分级、质量安全追溯管理、产地准出、市场准入及农业信息化等管理标准;

服务标准:研制农资连锁经营、农产品物流、农机服务、农业信息服务、农业观光旅游等服务标准。

(2) 加强农业标准化示范基地建设

提高畜牧业和果蔬园艺业效益,实现"稳粮、优棉、增果畜、保酱、扩糖"的目标。推进棉花、粮油、番茄、甜菜、畜产品、特色果蔬六大优质农产品标准化生产基地建设。

重点项目:

在车排子垦区建设优质机采棉标准化生产基地50万亩;

建设番茄标准化生产基地5万亩;

建设甜菜标准化生产基地5万亩;

建设蔬菜、水果标准化生产基地20万亩;

建设万头规模化标准化奶牛养殖示范园区。

（3）加强农产品认证工作

按照原农业部"五统一"的要求，以无公害认证为重点，推进绿色食品认证，鼓励有机食品认证。无公害农产品产地认定，要以团为单位，采取"政府推动、集中监测、统一申报、整体推进"，加快步伐扩大认定面积。尽快完成无公害农产品地方认证向全国统一标识的认证转换工作。无公害、绿色、有机食品基地认证面积比重分别达到60%、14.5%、0.5%。

（4）完善农产品检验检测体系

按照科学布局、合理分工、资源共享、体现特色的原则，通过规划和政策引导，加强农产品检验检测能力建设，完善和配套师农产品质量安全检验检测中心。

重点项目：

完善师农产品质量安全检验检测中心，配套检测仪器，设置专职人员；

在奎屯天北新区、胡杨河市、××团和××团建设4个团级农产品质量综合质检站；

建立检测设备和检测结果信息共享机制，促进检测资源优化整合；

加强资质管理、检测人员培训和能力验证，提升检测技术水平和服务能力。

（六）灌溉基础设施提升建设工程

1. 建设思路

依据国家和兵团农业及水利建设的要求，结合××师农田基本建设、生态建设和各产业发展需要，以改善农业生产条件和生态环境，兼顾工业化、城镇化对水资源的需求，提高水资源利用效率为目标，统一农田水利工程建设规划。通过实施灌溉基础设施提升工程，缓解××师当前水资源的供需矛盾，完善灌区灌溉工程的配套工程建设，积极推进工程管理体制和运行机制的改革，提高水资源利用效率与效益，提高农业抗御自然灾害的能力。

2. 建设目标

通过灌溉基础设施工程建设，改善农业生产条件，满足农业种植结构调整的需要，有效提高××师水资源利用效率，充分发挥农业高效节水工程效益，进一步提高农业综合生产能力和抗御自然灾害能力，支持现代化农业建设。

到2015年，建设滴灌自动化工程5万亩，渠道防渗率达到80%，渠系水利用系数达到0.72；到2020年，改造配套节水工程60万亩，滴灌自动化工程达20万亩，完成大、中、小型灌区渠系防渗改造，末渠道防渗率达到100%，渠系水利用系数达到0.8，××师灌溉水利用系数达到0.68。××师水资源的供需基本满足××师经济社会不断发展的需要。

3. 建设任务

（1）大中型灌区续建配套与节水改造项目。积极争取水利部、财政部和兵团农田水利建设、灌区节水改造等相关资金项目，进行××师的水源工程修缮建设（整治水库、渠首等）、团场渠系（特别是末级渠系）续建配套以及涵闸等建筑物的建设、田间高效节水灌溉工程建设。以"骨干水源工程为龙头，长藤结瓜，高水高灌，低水低灌"，形成干、支为主、配套完善的灌区农田灌溉保证体系。以对××师范围内未防渗的渠道进行防渗改造为主，到2015年，计划完成场外骨干渠道8项，防渗改造总长度143km，使渠道防渗率达到80%，渠系水利用系数达到0.72，到2020年，完成各团场内干、支渠道防渗改造494km，末渠道防渗率达到100%，渠系水利用系数达到0.8。

（2）农业现代节水工程。按照现代农业"三个基地"的要求，在现有140万亩节水工程的基础上，新增节水工程50万亩，全面实现农业现代节水灌溉。提高农业现代节水工程的科技水平，到2015年建设滴灌自动化工程5万亩；到2020年，改造配套节水工程60万亩，以高新自动化灌溉为示范，建设滴灌自动化工程20万亩。

（七）农业信息化建设工程

1. 建设思路

依据兵团及××师信息化建设的顶层设计，与社会信息网和电子政务建设相结合，统筹安排，科学规划，明确目标和组织落实。加大农业信息化基础设施投入，重点构建农业信息化综合服务平台和数据库，实现信息资源、服务体系的共建共享和互联互通；构建农业信息化的系统总体框架和子系统构成，按照先易后难，先基础后综合的思路，分步实施，逐层逐块推进。积极与国家、兵团信息化建设衔接，鼓励和引导社会力量广泛参与，"多部门、分层次、全方位"推进××师农业信息化建设。

2. 建设目标

以构建农业信息化综合服务平台和农业共享数据库为基础，建设种植业生产、畜牧养殖业生产、农机及机械化、农业水利与灌溉、生态与灾害防治、农资供应、农业专业化服务、农产品交易、农产品加工企业九大管理信息子系统。投入资金5000万元，更新和提升农业信息化装备；吸引和培养各类信息化人才150人左右，提高农业信息化队伍素质；与院校和科研机构合作，积极开发农业信息资源，使农业信息资源利用率达到70%。农业生产环节2015年关键领域信息化推广应用面积达到20%以上，主要业务信息应用覆盖50%用户。2020年关键领域信息化应用面积达到40%以上，主要业务信息应用覆盖所有用户，实现××师农业初步信息化。

3. 建设任务

（1）搭建"1+N"级农业信息管理综合服务平台。农业信息化建设是产前、产中、产后等全环节的信息化建设，据此应按照"标准统一、功能完善、分级联动、业务协同"的原则，搭建××师"1+N"农业信息化综合服务平台，其中，"1"是平台建设的总控模块，主要完成各子系统的调度，共享数据库的搭建及子系统与数据库的衔接，使××师农业信息系统既能分块独立运行，又能实现耦合，发挥整合优势。由总控模块统一面向广大××师农业职工用户，通过公益服务和市场服务两种机制，采用多媒体、多形式、多途径提供农业生产和科技信息服务；总控模块还协调与政府电子政务和外部门户网站的互联互通。"N"是××师各个农业信息子系统，具有相对独立性。各子系统根据相应生产活动的业务流程和功能需求进行设计和实施，完成数据采集，加工处理，内部互传和应用，并与农业信息综合服务平台建立有效的连接。其中，要重点推进大田作物生产管理信息系统、设施园艺管理信息系统、农机管理信息系统、水利与灌溉管理信息系统、生态与灾害管理信息系统、农产品交易平台和典型农产品加工企业信息系统建设。

（2）建立××师农业信息数据库。数据库建设有利于数据的统一维护和管理，也有利于实现数据共享的最大化，减少数据冗余。分析××师农业信息资源需求，选择合理的数据库管理系统，进行数据资源的统一存储、维护和管理；确定数据资源最有效的提供者，减少数据采集的工作量，避免重复和混乱；建立与农业信息综合服务平台的无缝连接，为各方面的信息需求者提供服务。其间主要做好7个农业示范园区、畜牧养殖、水利与灌溉的信息入库建设。

（3）建设农业生产经营服务信息系统。做好终端服务，提供多元便利的服务是农业信息化建设的根本目的。优质的终端服务有利于创造用户对农业信息的需求和减少信息化建设的阻力。农业生产经营服务信息系统面向××师农业机构、各类农业单位和广大职工，是做好终端服务的主体。为发挥示范效应，建设期间要做好专业合作社信息服务系统、农业产业化龙头企业信息服务系统和农业社会化服务信息系统建设。

（4）基础设备和信息员队伍建设。按照信息系统发展规律，设备投入和人员按配往往具有先导性。为促进××师农业信息化建设，一方面各团场应加大设备投入，建立宽带网络，设置触摸屏等电子公示设备和配备信息采集设备；另一方面各团场应配备若干名专职信息工作人员，相关部门应配备兼职信息人员。

（八）防护林体系重构与生态建设工程

1. 建设思路

××师防护林体系建设坚持"因地制宜、突出重点"的原则，按照不同区域特点分区施策，分类指导，以"三级通道，四道屏障"为总纲，以荒漠植被恢复、营造防沙基干林、农田林网化建设、城镇绿化为主要建设内容，结合森林资源二类调查数据库，通过对××师防护林工程规划的现地进行调查，将全××师防护林体系和生态建设分为人工造林、封沙育林和退化林分修复。同时，结合规划期内××师绿化造林能力，选择团场、农田周围受风沙威胁较重，对农田和人居环境危害严重、急需防护的重点区域进行工程合理布局，本着轻重缓急、先易后难的原则分步实施。

2. 建设目标

深化林权制度改革，推进林地承包责任制；加强荒漠公益林的管护、封育和补植工作，提高防风固沙能力；对退耕还林地进行升级改造，改变目前生态功能差、经济效益低的现状，加快后续产业发展；全面更新过熟林和残次林，彻底改变团场防护林功能低下和经济效益差的局面，重构××师防护生态安全保障体系，使生态环境得到明显改善，达到保障农业增产的目的。到2020年垦区森林覆盖率力争提高到16%，城镇绿化覆盖率达到35%以上。

3. 建设任务

(1) 人工造林工程。结合兵团"减棉、稳粮、增畜、增果"的产业结构调整，持续加大防护林建设的同时，大力发展生态经济型防护林建设，并建设具有一定规模的生态经济林生产基地。防护林主要以防风固沙为主，在团场外围风沙前沿，通过人工营造乔、灌结合的大型防沙基干林和荒漠植被的封育，形成立体的防护体系，遏制土地沙化，改善垦区内的生态环境。地处风口位置的乌尔禾垦区、高泉垦区采用高标准农田防护林"窄林带、小林网"建设模式，采用高标准农田防护林"宽林带、大林网"建设模式，农田防护林的占地面积不少于8%。在地下水位高、盐碱较重的区域，防护林树种首选胡杨、沙枣、白榆、柽柳等乡土树种，也可以选择以胡杨为砧木的杨树嫁接苗；在轻度盐碱区域可以配置箭杆杨、新疆杨、俄罗斯杨等抗逆性较强的杨树，在更新期可以获得一定的经济收益；在水肥条件较好的地段可以适当发展以速生杨为主的用材林。

(2) 封沙育林工程。为有效保护绿洲外围荒漠植被，在"三北"五期防护林建设区内进行封沙育林，规划封育 6887hm^2。封育区每 700~1400hm^2 划分为一个保护管理区，封育方式主要为全封，封育年限一般为 6 年，设置围栏、界桩及标示牌，设置管护机构，由护林员进行人工巡护。在有条件的封育区开展引洪灌溉、人工撒播等人工促进更新，促进母树和幼树、幼苗生长以及在准噶尔盆地无灌溉条件下，利用冬季积雪进行人工雪面撒播梭梭、沙拐枣等。恢复发展荒漠灌木林，扩大自然植被，使荒漠植被覆盖度达到 20%~50%。

(3) 退化林分修复工程。针对不同的退化林分选择不同的建设方式及树种。根据林木分布不均的不同情况采用补植、封育、更替、抚育、复壮等科学、合理、有效的方式进行改造；对于年近中龄而仍未郁闭、单层纯林及每公顷蓄积小于 90m^3 的低效林采取滚带采伐、半带、分行采伐及隔代采伐的方式进行采伐更新；对于病虫鼠害或其他自然灾害危害严重，病腐木超过 20% 的低效林采取全带采伐的方式进行采伐更新；老残林带均以替换更新为目的采取全带采伐方式进行采伐更新。

第四篇　干旱区水资源效率与可持续利用研究

第十一章　西北干旱区水资源利用与经济要素匹配研究

水资源作为人类生存和经济发展不可替代的自然资源要素，它对人类的意义是不言而喻的。中国虽然是一个水资源丰沛的国家，但是人均拥有量却不到世界平均水平的1/3，远少于发达国家，而且随着经济的发展，水资源缺乏对经济本身和环境造成的问题日益突出，使得我们必须考虑经济发展中水资源的利用问题。中国绝大多数干旱地带位于西北地区，这里年均降水量只有230mm，年蒸发量却是年降水量的8~10倍，基于此，西北地区更应首先考虑经济发展之中水资源的利用问题，保证经济与水资源利用协调匹配，促使经济可持续发展，保证生态平衡稳定。但是事实上，西北地区由于地处偏远、科教落后，长期承接内地边缘产业，水资源污染消耗严重，很多区域的经济发展问题就是水资源短缺问题，因此研究水资源利用与经济的关系就颇为必要。另外，西北五省区既是中国的生态屏障，也是丝绸之路经济带经济与生态的"核心区"，因此西北地区的水资源利用与经济的协调不仅关系到中国及西北的经济发展和生态安全，还关系到"丝绸之路经济带"这一国家战略的顺利实施。

一、研究现状

水资源与经济发展的关系是非常紧密的，绝大多数产业的发展都需要水资源的支撑，水资源不足会严重制约相关产业的发展。水资源与经济发展要素不匹配会严重制约当地的经济发展。国内学者在水资源与经济要素的匹配方面进行了较多研究，如张吉辉等（2012年）在全国范围内，从水资源分布和配置两个角度研究了与经济发展要素的匹配关系，发现中国经济要素确实与水资源整体匹配关系不佳，且阐释了影响主要区域的匹配状况。孙才志等（2010年）从农产品虚拟水的角度探究了全国范围内其与水资源量、人口、化肥等要素的匹配关系。潘安娥等（2014年）从水足迹视角探讨了湖北省水资源利用与经济的协调发展关系，结果表明水资源利用与GDP增长协调关系呈减弱趋势。另外，张晓涛等（2012年）研究了黄河流域水资源利用与经济发展，以及水资源与耕地等要素的匹配，孟钰等（2013年）以河南省内各地市水资源量与GDP的匹配关系，分析了河南省水资源供需的匹配状况。在研究对象的选择上，西北干旱地区较少有人涉及，此区域水资源匮乏，水资源与经济的匹配相对其他地方更重要，因此本文选择它为研究对象。

研究水资源与经济要素的匹配，部分文献采用了基尼系数、不平衡指数、用水匹配指数等方法。还有一些文献采取了水足迹计算模型、构建VAR模型（矢量自回归模型）、协整模型来研究水资源与经济增长的关联。但是很少有人把泰尔指数引入到水资源与经济要素的匹配研究之中。泰尔指数原本用来相对地评判收入分配公平性，但是根本上来讲，它是一个评判两个指标匹配关系的方法。加权变异系数同样如此。本文拟采用基尼系数法、不平衡指数法、泰尔指数法、加权变异系数法来研究水资源利用与经济要素的匹配。

本章选取宁夏、甘肃、青海、陕西、新疆作为研究对象，在水资源利用上选择水资源使用量指标来衡量。经济要素指标的选择上，由于人口较多的地方必然从生产生活上对水有更大的需要，并且它是劳动力要素的来源，因此它需要被考虑；另外，水资源禀赋也是一个较大的影响因素，水资源禀赋高的地区往往用水效率低；由于在经济发展中，投资的影响颇为重要，而且投资是六大生产要素之一，因此投资也被考虑，采取的指标是新增固定资产，以衡量每年新形成的固定资产；经济发展方面的衡量指标选择的是地区生产总值，与其他同类文献一致。本章的贡献在于：首先，增加了泰尔指数法对指标匹配关系的衡量，并且把它和加权变异系数进行了对比；其次，指标选取上，目前很少有学者考虑投资方面的指标来研究其和水资源利用的匹配关系；最后，本章选择了西北干旱区这一研究涉及较少的区域作为研究对象。

二、研究方法和数据来源介绍

（一）研究方法

1. 基尼系数法

基尼系数是由意大利经济学家基尼根据洛伦兹曲线提出的，一般用于衡量地区之间收入分配情况，基尼系数的数值越大说明该地区收入分配越不均衡，反之说明越均衡。现在学者们已经拓展了基尼系数的使用范围，不再只是用它衡量收入的分配公平状况，它还被应用于研究多种资源的匹配问题。基尼系数的取值越大，表示区域内两种资源相互之间在数量上越不匹配，反之越匹配。基尼系数对匹配关系的衡量标准如表11-1所示。

表 11-1 基尼系数对匹配关系的衡量标准

取值范围	匹配状况
0≤G<0.2	表示两种资源处于"高度匹配"状态
0.2≤G<0.3	表示两种资源处于"相对匹配"状态
0.3≤G<0.4	表示两种资源处于"匹配比较合理"状态
0.4≤G<0.5	表示两种资源处于"相对不匹配"状态
0.5≤G≤1.0	表示两种资源处于"高度不匹配"状态

有多种方法可以计算基尼系数，常用的方法有定积分法、梯形面积法等。这里采用梯形面积法，梯形面积法是根据定义域进行分组，把洛伦兹曲线与水平轴围成的面积约等于若干个梯形的面积之和。其计算公式为

$$G = 1 - \sum_{i=1}^{n}(A_i - A_{i-1})(B_i + B_{i-1}) \tag{1}$$

式中：A_i、B_i 分别为第 i 个省份的相应两种资源的累计百分比；n 的取值为1到5的整数，表示计算某年两种资源的基尼系数时，省份的位次。特别地，把 A、B 定义为0值。

2. 不平衡指数法

不平衡指数主要应用于评价城镇化水平与其他指标水平之间的差异。若

以市域为基本研究单位，它一般通过某一省内所有城市城镇化水平与工业产值比重、耕地面积比重、市域面积比重等的关系来求得。鉴于它是对差异的描述，本章引入它来研究水资源配置与经济发展要素之间的关系。其公式为

$$I = \sqrt{\frac{\sum_{i=1}^{n}(a_i - b_i)^2}{\sqrt{2}n}} \qquad (2)$$

式中：n 为省份数；a_i、b_i 分别为各省的两种资源占区域的比重。

由上述公式可以看出若 I 的值越小，则 a_i 与 b_i 的差距越小，该区域这两个指标较为均衡匹配；反之，若 I 越大，则 a_i 与 b_i 的差距越大，该区域这两个指标较不匹配。在平面直角坐标系中，以 a_i 为横坐标，b_i 为纵坐标，在该坐标系中描出 (a_i, b_i)，再在其中画出直线 $b=a$，当 a_i 与 b_i 较为匹配时，两者的差异较小，该点就离直线 $b=a$ 较近；当 a_i 与 b_i 较不匹配时，两者数值差异大，该点就离该直线相对较远。因此可以用点与直线的距离来表示匹配情况，公式如下：

$$d_i = \frac{a_i - b_i}{\sqrt{2}} \qquad (3)$$

下面用该指数 I 和点到直线距离 d_i 来衡量水资源配置与经济发展匹配程度。

3. 泰尔指数法

泰尔指数最早是由经济学家 Theil 在 1967 年提出，利用信息理论中的熵概念来计算收入的不平等性，是目前被广泛用于衡量收入差距的重要指标。它通常被用来代入区域经济产出占比和区域人口占比来计算收入分配差距。泰尔指数根本上来讲是反映的两指标之间的差异或者说匹配状况，因此它也可以被用来反映水资源配置与经济发展经济要素的关系。泰尔指数一般用 T 表示，其公式为

$$T = \sum_{i=1}^{n}(b_i \ln \frac{b_i}{a_i}) \qquad (4)$$

泰尔指数的取值是非负的，当泰尔指数为 0 时，表示两种资源分配完全等比例；泰尔指数取值越大表示两种资源越不匹配。

4. 加权变异系数法

加权变异系数由美国经济学家威廉逊最早提出，它是以子区域人口比重

为权重来求得整个区域某指标上差距的一种方法。许多学者用该方法衡量区域内发展、收入不平衡问题。本章打算以各省水资源配置比重为权重，计算西北地区在经济发展要素指标上的差距。加权变异系数一般用 V 表示，其公式为

$$V = \frac{1}{c}\sqrt{\sum_{i=1}^{n}\left[(c_i - c)^2 a_i\right]} \qquad (5)$$

式中：a_i 为各省水资源利用占比；c 为区域某指标平均值；c_i 为某省该指标的均值；n 表示省份数。在大于 0 的前提下，加权变异系数越大说明水资源利用与该指标越不匹配。

（二）数据来源说明

本章选取水资源利用，也就是水资源使用量为基础指标，测算它与相关经济要素，具体来讲就是人口、水资源禀赋、新增固定资产和 GDP 的匹配关系。所用的数据主要来自 2005—2016 年的《中国统计年鉴》《中国水资源公报》以及西北 5 省区的各省（区）统计年鉴。在水资源的使用量上，由于水资源公报有些年份没有分省的用水量，所以作者通过人均用水量与人口乘积的方式进行了推算。另外，为了使 GDP 取值具有可比性，本章对 GDP 取值进行了去通货膨胀处理。

三、实证过程与结果分析

（一）水资源利用与经济要素的基尼系数分析

为了反映西北 5 省区水资源利用与经济要素的匹配关系在时间上的变化特征，以及剖析变化的原因，下面以 2004—2015 年我国西北五省（区）的水资源使用量、人口数、水资源禀赋量、新增固定资产、地区生产总值 GDP 为评价指标，通过公式（1）计算出了西北五省区水资源利用与经济要素的基尼系数，如表 11-2 所示。

表 11-2 水资源利用与经济要素的基尼系数

年份	人口数	水资源禀赋	新增固定资产	GDP
2004	0.509	0.415	0.344	0.444
2005	0.503	0.469	0.864	0.451
2006	0.496	0.369	0.391	0.452
2007	0.498	0.423	0.553	0.468
2008	0.493	0.421	0.595	0.477
2009	0.495	0.519	0.868	0.500
2010	0.491	0.418	0.870	0.493
2011	0.479	0.467	0.477	0.488
2012	0.499	0.478	0.511	0.512
2013	0.496	0.401	0.504	0.509
2014	0.489	0.499	0.488	0.504
2015	0.486	0.395	0.506	0.509

注：以上数据来源于各统计年鉴数据和根据水资源公报数据计算得出

第一，从表 11-2 可以看出水资源利用与人口数的基尼系数，在 2004—2015 年较为平稳，而且稳中略有下降，从 0.50 降到了 0.48，但是依然高于"0.4"基尼系数警戒值，处于"相对不匹配"状态。水资源利用与人口的基尼系数之所以较高，一个原因是西北地区多数地方缺水，导致水资源利用与人口数不匹配；另外一个原因是国家对西部的大力开发，以及城镇化的加快，许多地方出现了人口过度膨胀，水资源调配并没有跟上。这 12 年来，水资源利用与人口的基尼系数之所以会呈下降趋势，是因为国家近些年在西北地区的大规模水利建设。

第二，从水资源利用与水资源禀赋的基尼系数来看，在 2004—2015 年该基尼系数呈波动状态，匹配状态时而"匹配比较合理"，时而"相对不匹配"。水资源利用与禀赋的基尼系数之所以会处在这种水平和波动状态，是因为西北很多需水较多的地方水资源并不丰沛，依赖于从其他地方调水，因此造成了这种整体的基尼系数值略高；另外，由于降雨量波动，水资源利用会相应地受到影响。

第三，从水资源利用与新增固定资产的基尼系数来看，在 2004—2015 年这12年间,该基尼系数数值整体上有升高趋势,并且出现了几个较异常的数值。除了前几个年份有两个是低于警戒线的,其余的值均高于警戒线。首先来解释一下3个"异常值",因为国家在21世纪开启了西部大开发国家战略,在2005年左右有大量基础设施建成,所以那一年新增固定资产较大,基尼系数值较大;而2009与2010年的数值之所以较高,是因为在2008年底实施了经济刺激计划,导致其后两年出现了水资源利用与新增固定资产的极端不匹配。之所以整体数值会微微上升,主要是因为国家近些年对西部投资的逐步加大,而水资源利用的调整没有跟上。

第四,从水资源利用与GDP的基尼系数来看,在2004—2015年,该基尼系数值处于稳中有升状态,从0.44逼近0.5,这期间该值处于"相对不匹配"状态。之所以会出现水资源利用对GDP基尼系数值的上升,是因为以市场为导向的水资源配置制度导致经济发达地区使用了大量水资源,并且不同经济发展程度地区的用水效率差异进一步造成了该结果。

(二) 水资源利用与经济要素的不平衡指数分析

下面引入不平衡指数,对西北五省区的水资源利用水平与经济要素的平衡程度进行量化分析。其中5个省(区)的不平衡指数列出了从2004—2015年的12年数据,而在水资源利用占比与各经济要素占比构成的点到直线$b=a$的距离上,为了能详细说明情况,只列出2007年、2011年、2015年3年的情况(其实每组点到直线的距离随时间变化并不大,以上3年是代表)。依照公式(2)和(3),我们可算出对应的不平衡指数,和对应的点到直线$b=a$的距离。其中,I_{pop}、I_{end}、I_{nfa}、I_{gdp}分别为水资源利用对人口、水资源禀赋、新增固定资产、GDP的不平衡指数,D_{pop}、D_{end}、D_{nfa}、D_{gdp}分别为水资源利用占比与人口、水资源禀赋、新增固定资产、GDP的占比构成的点到直线$b=a$的距离(见表11-3)。

表11-3 水资源利用与经济要素的不平衡指数

年份	I_{pop}	I_{end}	I_{nfa}	I_{gdp}
2004	0.199	0.133	0.134	0.176
2005	0.196	0.156	0.361	0.179
2006	0.316	0.115	0.159	0.181

续表

年份	I pop	I end	I nfa	I gdp
2007	0.196	0.141	0.205	0.188
2008	0.194	0.145	0.223	0.192
2009	0.196	0.184	0.370	0.202
2010	0.194	0.132	0.371	0.199
2011	0.189	0.154	0.190	0.197
2012	0.200	0.170	0.201	0.209
2013	0.198	0.134	0.203	0.207
2014	0.196	0.179	0.197	0.205
2015	0.195	0.129	0.204	0.208

1. 水资源利用与人口的不平衡指数

我国和世界很多古老文明一样，很多城市依水而建，因为人类的生产生活都需要水资源，水资源丰沛的地方人口一般会比较密集，人口与水资源利用具有一定的相关、匹配关系。从表11-3可以看出，这些年份该系数在0.2左右浮动，只有2006年相对较高，从整体来讲协调程度欠佳，但较为平稳。从表11-4水资源利用占比与人口占比构成的二维坐标系的点到直线b=a的距离的符号来看，2007年、2011年、2015年这3年宁夏、新疆的取值为负值，说明这两个地区人口比重小于水资源利用的比重，而陕西、甘肃、青海的距离都是大于零的，说明这几个地区的人口比重是大于水资源利用比重的。再由这3年各省取值到平均直线的距离可以判断，新疆和陕西两个地区为水资源利用与人口分布较不平衡地区，甘肃为中等平衡区域，而宁夏和青海为较平衡地区。

表11-4 代表性年份水资源利用与经济要素组成的点到直线的距离

省(区)	2007				2011				2015			
	Dpop	Dend	Dnfa	Dgdp	Dpop	Dend	Dnfa	Dgdp	Dpop	Dend	Dnfa	Dgdp
宁夏	-0.016	-0.058	-0.005	-0.014	-0.016	-0.060	0.018	-0.009	-0.009	-0.053	0.005	-0.004
新疆	-0.292	-0.163	-0.188	-0.266	-0.281	-0.189	-0.289	-0.276	-0.296	-0.138	-0.307	-0.296
陕西	0.206	0.055	0.321	0.228	0.198	0.099	0.199	0.244	0.196	0.044	0.222	0.252
甘肃	0.087	-0.027	-0.101	0.037	0.083	-0.034	0.057	0.025	0.089	-0.037	0.061	0.027

续表

省（区）	2007				2011			2015		
	Dpop	DendDnfa		Dgdp	Dpop	DendDnfa	Dgdp	Dpop	DendDnfa	Dgdp
青海	0.014	0.192	-0.026	0.014	0.015	0.183	0.017	0.016	0.020	0.184	0.019	0.022

2. 水资源利用与水资源禀赋的不平衡指数

对于水资源的利用，一般出于公平性和水资源价格的原因，水资源禀赋高的地区往往会利用更多的水资源，它们之间一般具有一定的一致性。从表11-3可以看出，这12年期间该不平衡指数大致在 0.12~0.18 振荡，平衡协调程度一般，波动较大。从表11-4水资源利用占比与水资源禀赋占比构成的二维坐标系的点到直线 b=a 的距离的符号来看，2007年、2011年和2015年这3年宁夏、新疆、甘肃它们的取值为负值，说明这3个地区水资源禀赋占比小于水资源利用占比，而陕西和青海的取值是正值，说明这两个地区的水资源禀赋占比大于水资源利用占比。由这五个省区的这些点到该直线的距离可以判断新疆和青海两个地区水资源利用情况与水资源禀赋较不平衡，而甘肃是较平衡区域，宁夏和陕西处于它们之中。

3. 水资源利用与新增固定资产的不平衡指数

一个地区水资源的利用与投资的关系一般比较密切，投资的增长往往意味着更多的水资源利用，因此水资源利用与新增固定资产具有一定关联。从表11-3可以看出，2004—2015年的这12年间，水资源利用对新增固定资产的不平衡指数，整体上来讲有微上扬的趋势，并且有几个年份数值相对特别高，它们是2005年、2009年和2010年。说明水资源利用与新增固定资产，也就是投资的不平衡程度在加剧，2005年、2009年和2010年3个年份由于有国家相关政策影响，新增固定资产相对较多，所以才出现了3个相对高的值。从表11-4水资源利用占比与新增固定资产占比构成的二维坐标系的点到直线 b=a 的距离的符号来看，2007年、2011年和2015年3年新疆的取值一直为负值，说明这些地区新增固定资产占比小于水资源利用占比，而陕西一直为正值，说明该地区新增固定资产占比大于水资源利用占比。其他3个省（区）到该直线的距离在2007年均为负值，在2011年和2015年均为正值，但是这3年数值的绝对值均较小。由这些点到该直线的距离可知，新疆和陕西的水资源利用与新增固定资产相对不平衡，而宁夏、青海相对较平衡，甘肃处于这两组中间状态。

4. 水资源利用与 GDP 的不平衡指数

在当今这个水资源配置以市场调节为主的制度背景下，水资源利用自然而然与经济发展水平——GDP，有较大的相关性。从表 11-3 可以看出，在这 12 年间水资源利用对 GDP 的不平衡指数呈上升趋势，从 0.17 上升到了 0.20 左右。说明水资源利用与经济发展水平——GDP 的不平衡程度在恶化。从表 11-4 水资源利用占比与 GDP 占比构成的点到直线 b=a 的距离的符号来看，宁夏、新疆的一直为负值，说明这两个地区的 GDP 占比小于水资源利用的占比。陕西、甘肃、青海三省都为正值，说明 GDP 的占比大于水资源利用的占比。由点到该直线的绝对距离来看，新疆和陕西的距离一直较大，但是符号相反，这是两地水资源利用效率造成的，说明这两个地区水资源利用与经济发展水平较不平衡，而宁夏的距离一直都相对较小，其平衡状况相对良好，甘肃和青海的平衡状态则处于这两者之间。

（三）水资源利用与经济要素的泰尔指数和加权变异系数分析

由于泰尔指数和加权变异系数都是衡量区域内两种资源匹配程度的方法，并且本章最后由它们得到的结果较为一致，于是把它们合并列出，如表 11-5 所示。由表 11-5 可知，西北 5 省区水资源利用分别与人口、水资源禀赋、新增固定资产、和 GDP 的泰尔指数和加权变异系数基本上反映了相同的匹配情况。首先，对于水资源利用对人口的泰尔指数，它的取值较为平稳，一直处于 0.418~0.475，没有大的起伏。对于水资源利用对人口的加权变异系数，它的取值同样很平稳，处于 1.059~1.165，也较稳定。说明水资源利用对人口的匹配程度在这 12 年间比较平稳，从取值上来看匹配程度相对不匹配。其次，水资源利用对水资源禀赋的泰尔指数，它的取值相对较为平稳，处在 0.388~0.611。对于水资源利用对水资源禀赋的加权变异系数，它的取值走势也较为稳定，处于 1.310~1.634。说明在 2004—2015 年期间，西北 5 省区水资源利用对水资源禀赋匹配程度保持相对较稳定，但是从取值上来讲，匹配程度是相对不匹配。再次，对于水资源利用对新增固定资产的泰尔指数，有几年出现了较大的波动，如 2005 年、2009 年和 2010 年，其他年份取值走势较为平稳，总的取值处于 0.209~5.820；而水资源利用对新增固定资产的加权变异系数上，它的走势与前面对应的泰尔指数的走势类似，也是 2005 年、2009 年和 2010 年 3 年有较大波动，其余年份相对较平稳。说明在这 12 年间，西北5省区水资源利用对新增固定资产的匹配程度受到了相关政策因素的影响，如2008年金融危机之后的经济刺激计划，但是整体趋势较稳定，从取值上来讲，处于相对不匹配状态。最后，对于水资源利用对经济发展水平——GDP的泰尔指数，它的取值一直较为稳定，处于0.348~0.475，略有上扬趋势。对于水资源利用对GDP的加权变异系数，它的取值处于1.089~1.271，走势也是较稳定，稍有上升。说明在2004—2015年这12年间，西北5省区水资源利用对GDP的匹配程度，在取值上来讲是处于相对不匹配的，而且从整体趋势上来看有微微上升趋势。

表11-5 水资源利用对经济要素的泰尔指数和加权变异系数

年份	泰尔指数				加权变异系数			
	人口数	水资源禀赋	新增固定资产	GDP	人口数	水资源禀赋	新增固定资产	GDP
2004	0.475	0.444	0.209	0.348	1.165	1.472	0.566	1.089
2005	0.464	0.555	3.985	0.36	1.148	1.634	1.117	1.123
2006	0.451	0.388	0.268	0.363	1.113	1.310	0.493	1.109
2007	0.454	0.442	1.053	0.389	1.124	1.476	0.697	1.149
2008	0.444	0.456	1.232	0.404	1.105	1.528	0.59	1.170
2009	0.451	0.611	5.820	0.448	1.110	1.605	1.076	1.225
2010	0.441	0.454	4.888	0.443	1.105	1.401	1.061	1.223
2011	0.418	0.522	0.425	0.424	1.059	1.486	0.422	1.188
2012	0.465	0.516	0.544	0.475	1.123	1.566	0.315	1.271
2013	0.457	0.399	0.459	0.467	1.112	1.518	0.411	1.259
2014	0.444	0.552	0.432	0.457	1.086	1.597	0.426	1.288
2015	0.439	0.409	0.475	0.468	1.079	1.563	0.518	1.246

四、结语

通过上面3组水资源利用对经济要素的匹配状况实证分析，我们可以得到如下结论：

第一，水资源利用对经济要素的基尼系数分析表明：西北五省区的水资源利用对人口、GDP的基尼系数，在2004—2015年间均一直处于0.4~0.5，属于相对不匹配状态，而且对人口的基尼系数有下降的趋势，对 GDP 的基尼系数有上升的趋势。在这 12 年间，水资源利用对水资源禀赋的匹配状况大多时候是相对不匹配，只有少数年份处于匹配比较合理，整体走势处于振荡状态。另外，水资源利用对新增固定资产的基尼系数在这期间波动比较大，偶尔处于匹配比较合理状态，偶尔处于高度不匹配状态，其余年份是相对不匹配状态，并有上升趋势。

第二，水资源利用对经济要素的不平衡指数分析表明：在 2004—2015 年，西北 5 省区的水资源利用对人口的不平衡指数取值较为稳定，但整体平衡协调度欠佳。水资源利用对水资源禀赋的不平衡指数在这期间是处于振荡状态，平衡协调度相对人口来讲较好。水资源利用对新增固定资产的不平衡指数在这期间波动较大，且整体有上升趋势，平衡协调度不佳。另外，水资源利用对 GDP 的不平衡指数在这期间呈上升趋势，且平衡协调度欠佳。由对应的点到直线距离来讲，新疆和陕西在水资源利用对人口、水资源禀赋、新增固定资产和 GDP 的协调程度上一直较差，是问题比较严重的区域，青海和宁夏则一直较好，是该区域水资源利用对经济要素匹配表现得相对较好的区域，而甘肃在水资源利用对经济要素的协调程度上做得一般。

第三，水资源利用对经济要素的泰尔指数和加权变异系数分析均表明：西北 5 省区在水资源利用对人口和水资源禀赋的匹配协调程度上，在 2004—2015 年间走势比较平稳，但处于相对不匹配状态。水资源利用对新增固定资产的匹配程度，在两种分析里都可得出以下结论：走势波动较大，且多数时候处于相对不匹配状态。另外，水资源利用对 GDP 的匹配程度，两种分析均指出水资源利用对 GDP 处于相对不匹配状态，并且从走势上看，不匹配程度在扩大。综上所述，西北 5 省区在水资源利用对经济要素的匹配程度上都是处于相对不匹配的，协调状况令人担忧，而且水资源利用对经济发展——GDP 的匹配程度有恶化趋势。

从 3 组方法的分析里可以看出，西北地区水资源利用对人口和禀赋的匹配程度在这 12 年间相对不匹配，但是取值较稳定；而对 GDP 和新增固定资产，它们的匹配程度也是相对不匹配的，而且有恶化趋势。从西北区域内部来讲，新疆和陕西在水资源利用与经济要素的匹配方面，总体来讲较差，甘肃一般，宁夏和青海则相对较好。为了实现西北地区经济、社会、环境的可持续发展，政府必须保证水资源利用与经济要素经济发展相协调，同时要确保地区的生态用水需要，确保水资源利用代际公平。

作者结合上述总结给出以下建议：进一步加强西北地区的水利设施建设，以提高该地区水资源利用效率，提高水资源利用与经济发展的匹配度，可以考虑修建大型农田防渗管网，和使用膜下滴灌等灌溉技术；加强对西北地区在非资源消耗密集型产业上的投资，使得西北地区在经济发展中可以减少对环境的压力，提高水资源利用效率；由于农业使用了大量的水资源，且使用效率低下，经济效益也不高，因此可以考虑在缺水地区发展一些需水少效益高的二、三产业；考虑把一些需水较大的产业向水资源禀赋较高的地区转移，避免大规模水资源的调配；在水资源利用政策上对西北区域，特别是新疆和陕西进行倾斜，如对节水行为和节水技术等进行奖励。

第十二章　新疆农业用水效率及影响因素分析[①]

随着经济发展和人口的增长，水资源日益紧张，而农业是水资源消耗最大的产业，学者们从不同的角度、用不同的方法对农业水资源利用效率进行了研究。农业用水效率可以通过万元农业增加值耗水量、灌溉水利用系数等指标进行衡量，但这些指标仅针对水资源，没有考虑其他农业生产投入，比较单一。本章将农业用水作为农业生产的投入要素，从而计算农业用水效率，该效率是指在一定的生产条件下，实际农业用水与理论上最优农业用水的比值，通过比值大小反映农业用水效率水平。目前关于农业用水效率的计算方法主要有两类：参数法和非参数法，两种方法各有优缺点。范群芳、董增川、杜芙蓉对农业用水效率的测定方法进行了介绍和分析；王学渊、赵连阁利用全国的面板数据，采用随机前沿函数方法对中国农业用水效率进行了测算，并对其影响因素进行了定量分析；孙爱军、方先明应用随机前沿生产函数方法，测算了省域的用水技术效率；许朗、黄莺通过问卷调查方式从微观层面对农户的灌溉用水效率进行了测算；李文、于法稳通过数据包络分析法对西部地区农业用水绩效影响因素进行了分析；王学渊对中国宏观层面的灌溉用水效率利用数据包络分析方法进行了测算与分解。新疆2011年的总用水量为535.1亿m^3，全国排名倒数第二，人均用水量2463.7m^3/人，农业用水量达到484.6亿m^3，农业用水比例达到90.6%，均为全国最高。新疆地处干旱地区，水资源是制约该地区农业发展的重要因素之一，因此本章选择新疆这一具有典型性的地区进行研究，以期为其他地区提供一定的借鉴。

[①] 注：本文发表于《新疆大学学报》（哲学、人文社会科学版）2014年1月第42卷第1期。

一、模型的建立

(一) 函数形式与变量选择

通常认为 Meeusen、Aigner 和 Battese 的三篇论文标志着 SFA 技术的诞生，SFA 认为生产单元由于管理、组织等非价格因素导致生产过程中出现效率损失，因而未能达到最佳前沿面产出。Battese 等逐渐将其发展为使用面板数据。本章采用 2005—2010 年新疆 14 个地州的投入与产出面板数据。在随机前沿生产函数中，一般用的是 Battese 和 Coelli 改进后的模型：

$$Y_{it} = \beta X_{it} + (V_{it} - U_{it}) \tag{1}$$
$$i=1, 2, \cdots\cdots, N; \ t=1, 2, \cdots\cdots, T$$

式 (1) 中主要变量如下：(1) 农业产出以农林牧渔业的总产值表示；(2) 农业投入主要包括土地、劳动、化肥、机械动力、水资源等。

(二) 模型建立

综合以上考虑，模型构建如下：

$$Y_{it} = \beta_0 + \beta_1 X_{1it} + \beta_2 X_{2it} + \beta_3 X_{3it} + \beta_4 X_{4it} + \beta_5 X_{5it} + V_{it} - U_{it} \tag{2}$$
$$V_{it} \sim N(0, \delta v2); \ U_{it} \sim N(0, \delta u2)$$
$$TE_{it} = \exp(-U_{it}) \tag{3}$$

$Y_{it} = \ln G_{it}$，代表农林牧渔业总产值（万元）；$X_{it} = \ln M_{it}$，代表农作物播种面积（千公顷），反映土地投入；$X_{2it} = \ln K_{1it}$，代表农机总动力（千瓦）反映机械投入；$X_{3it} = \ln K_{2it}$，代表化肥施用批（吨），反映化肥投入，利用折纯量；$X_{4it} = \ln L_{it}$，代表农林牧渔业从业人员数，反映劳动投入（人）；$X_{5it} = \ln W_{it}$ 代表第一产业用水量（亿立方米），反映水投入。

V_{it} 与 U_{it} 代表随机变量，其中 V_{it} 可以反映测度误差及其他不可控因素；U_{it} 独立于 V_{it}，反映的是技术效率的损失。

在该方法中，参数估计不能使用最小二乘法，Battese 和 Corra（1977）提出了解决方法，令 $\delta 2 = \delta v2 + \delta u2$；$\gamma = \delta u2/\delta 2$；其中参数 γ 表示技术无效率在总的管理误差中所占的比例，其取值在 0~1 之间，如果 $\gamma = 0$，表示实际产出与理论产出的差距来源于随机误差，采用普通最小二乘法即可进行估计；若 $\gamma =$

1，随机误差项为0，实际产出与理论产出的差距完全来自技术无效率；γ越大说明技术无效率比重越大，也越适合采用随机前沿分析法进行参数估计。令式（2）中的$U_{it}=0$，可以得到技术上有效的产出Y_{it}，此时可以得到用水的有效产出：

$$\hat{Y}_{it} = \beta_0 + \beta_m X_{1it} + \beta_{k1} X_{2it} + \beta_{k2} X_{3it} + \beta_{k3} X_{4it} + \beta_\omega \hat{X}_{5it} + V_{it} \quad (4)$$

令式（2）、（4）相等，可得到用水效率估算公式：

$$WE_{it} = \exp(-\frac{U_{it}}{\beta_w}) \quad (5)$$

（三）数据来源

本章选取2005—2010年新疆14个地州的统计数据（由于年鉴的统计口径问题，2005年以前没有相应数据，2011年数据缺失），模型中变量的数据均来自2006—2011年的《新疆统计年鉴》。为了剔除价格因素，农林牧渔业总产值采用2000年的不变价格。

二、模型估计结果

从统计结果来看（见表12-1）$\gamma=0.9751$，在1%显著水平下通过了t检验，一方面表明采用随机前沿生产函数分析是合理的；另一方面说明新疆农业生产存在显著的技术效率损失，实际产出与理论产出的差距有97.5%来自技术效率损失。

表12-1 模型估计结果

解释变量	待估参数	参数估计值	标准差	t值
常数	β_0	4.1386***	0.4140	9.9965
农作物播种面积	β_1	0.4064***	0.0648	6.2750
农机总动力	β_2	0.3794***	0.0444	8.5524
化肥施用量	X_3	0.2924***	0.0384	7.6086
农林牧渔业从业人员数	β_4	-0.0620***	0.0316	-1.9595
第一产业用水量	β_5	0.15766***	0.0598	2.6348

续表

解释变量	待估参数	参数估计值	标准差	t值
	σ^2	0.2345***	0.7138	3.2850
	γ	0.9751***	0.0785	12.4240

注：**、***分别表示在5%和1%水平下显著

从参数估计结果来看，选取的五个变量均在相应的显著性水平通过了检验，其中农林牧渔从业人数与总产值是负相关，其他变量都是正相关，即依靠农林牧渔业从业人员数的增加，不会使农业总产值增加，这可能因为新疆农业机械化水平比较高。在表12-1的基础上，根据式（3）和式（5），可以得到新疆14个地州2005—2010年的农业用水效率，具体情况如表12-2所示。

表12-2 新疆14个地州历年农业用水效率估计结果

地州市	年份					
	2005	2006	2007	2008	2009	2010
乌鲁木齐市	0.37	0.38	0.38	0.39	0.39	0.4
克拉玛依市	0.79	0.79	0.79	0.8	0.8	0.8
吐鲁番地区	0.83	0.84	0.84	0.84	0.84	0.84
哈密地区	0.27	0.27	0.28	0.28	0.29	0.29
昌吉回族自治州	0.47	0.47	0.48	0.48	0.49	0.49
伊犁哈萨克自治州	0.21	0.21	0.22	0.22	0.23	0.23
塔城地区	0.03	0.03	0.03	0.03	0.03	0.03
阿勒泰地区	0.66	0.66	0.66	0.67	0.67	0.67
博尔塔拉蒙古自治州	0.08	0.08	0.08	0.08	0.09	0.09
巴音郭楞蒙古自治州	0.66	0.66	0.67	0.67	0.67	0.68
阿克苏地区	0.25	0.26	0.26	0.27	0.27	0.28
克孜勒苏柯尔克孜自治州	0.05	0.05	0.05	0.06	0.06	0.06
喀什地区	0.78	0.78	0.78	0.78	0.79	0.79
和田地区	0.79	0.79	0.79	0.8	0.8	0.8
平均	0.33	0.33	0.33	0.34	0.34	0.35

由表 12-2 可知,农业用水效率值均小于 1,农业用水效率从 2005 年的 0.33 提高到 2010 年的 0.35,说明农业用水效率不断提高,但总体水平仍较低,2010 年的平均值为 0.35,即在现有的技术水平下,新疆农业用水浪费了 65%的水资源。最低的地州仅为 0.03,远低于平均水平,说明在新疆各地州的农业用水效率差异较大,为此本章将进一步分析影响新疆农业用水效率的因素。

三、农业用水效率影响因素分析

农业用水单独无法起作用,只有与其他投入要素共同作用才能发挥作用,但是影响农业用水效率的因素是多方面的,包括自然因素、经济因素、结构因素等。本章从中选取了 16 个因素进行具体分析,年均降雨量和受灾面积代表自然因素,水库数、水库总库容量和水利设施投入代表水利设施情况,供水总量、地表水所占的份额和人均用水量表示水资源禀赋,粮食作物、棉花、油料和蔬菜的播种面积反映了农作物的种植结构,第一产业和第二产业的 GDP 比重代表了经济因素,此外还有有效灌溉面积和单位耕地面积用水量两个指标。

由于农业用水效率的数值都在 0~1 之间,使用最小二乘法进行回归会产生结果有偏和不一致,因此本文选用 Tobit 模型采用最大似然估计法进行回归。模型如下:

$$WE_{it} = \lambda_0 + \sum \lambda_{it} Z_{it} + \epsilon_{it}, \ 0 < \lambda_0 + \sum \lambda_{it} Z_{it} + \epsilon_{it} < 1 \tag{6}$$

$$WE_{it} = 0, \ \lambda_0 + \sum \lambda_{it} Z_{it} + \epsilon_{it} \leq 0 \tag{7}$$

$$WE_{it} = 1, \ \lambda_0 + \sum \lambda_{it} Z_{it} + \epsilon_{it} \geq 1 \tag{8}$$

该模型为分段模型,Z_{it} 为影响因素,ω_{it} 为随机误差项,用 Stata11 运行估计 Tobit 模型,估计结果如表 12-3 所示。

表 12-3 Tobit 模型估计结果

变量	系数	标准误	t 值
常数项	-3.09081	0.789416	-3.92
年均降雨/毫米	-0.0707***	0.0291	-2.4300

续表

变量	系数	标准误	t 值
受灾面积总数/公顷	-0.017	0.0028	-0.6200
水库数/座	0.1575***	0.0257	6.1300
水库总库容量/万立方米	0.0006	0.0195	0.0300
水利设施投入/万元	0.0332*	0.0253	1.3100
供水总量/万立方米	0.0501	0.0783	0.6400
地表水所占的份额/%	0.3206***	0.1036	3.1000
人均用水量/立方米/人	0.2420***	0.0892	2.7100
粮食作物播种面积/公顷	-0.1015***	0.0340	-2.9800
棉花播种面积/公顷	0.0032	0.0037	0.8600
油料播种面积/公顷	-0.0041	0.0061	-0.6700
蔬菜播种面积/公顷	0.0875***	0.0341	2.5700
第一产业 GDP 比重/%	-0.1799***	0.0600	-3.0000
第二产业 GDP 比重/%	-0.3687***	0.0944	-3.9100
有效灌溉面积/公顷	0.2274**	0.1140	1.9900
每公顷耕地面积用水量/万立方米	0.2854***	0.0754	3.7800

注：*、**、*** 分别表示在 10%、5% 和 1% 水平下显著

Tobit 模型估计结果如表 12-3 所示，结果显示所有的解释变量的参数都显著的不等于 0，除了少数指标外，其余指标都在 1% 或 5% 的水平下显著。其中年均降雨量与受灾面积总数的符号均为负，说明增加降雨量和受灾面积扩大会降低农业用水效率，降雨量增加会减少灌溉用水量，但农户在灌溉时无法掌握这个比例，因此还会按照之前的灌溉量进行灌溉，从而浪费了一部分水，降低了用水效率；受灾面积越大，农业产出越低，农业用水效率也较低，这与预期结果一致。代表水利设施的三个指标符号均为正，说明增加水利设施投入可以提高农业用水效率。代表水资源禀赋的三个指标系数也均为正值，说明水资源禀赋对农业用水效率有促进作用。在农作物种植结构中，粮食作物和油料作物的系数为负值，说明两种作物比较耗水，增加两种作物的面积会降低农业用水效率；棉花和蔬菜的系数为正值，这是因为新疆棉花的滴灌面积比较大，从而提高了农业用水效率，蔬菜的用水少、产出较高，

因而增加其种植面积会提高农业用水效率。代表经济因素的第一产业和第二产业的 GDP 比重两个指标系数均为负值，这与预期不太一致，第一产业 GDP 比重大，说明农业比重较高，在目前的技术水平下，农业产出的增加主要是以投入的增加来获得的，因而农业用水量增加效率会下降；第二产业 GDP 比重增加，即工业用水会挤占农业用水，降低农业产出。单位耕地面积用水量增加会提高农业用水效率，因为新疆地处干旱区，大部分耕地目前处于水资源缺乏状态，增加用水量会大幅提高农业产出。

四、结论

第一，模型结果符合实际情况。根据表 12-4 可知，吐鲁番地区是新疆农业用水效率最高的地区，塔城地区是新疆农业用水效率最低的地区，具体分析可知，吐鲁番地区的经济作物种植面积大，农业产出高，农业用水效率也相对较高。农业用水效率是各影响因素相互作用的结果，而且有些因素无法量化，总体来看，模型结果符合实际情况。

第二，农业用水效率空间差异大。新疆的农业用水效率较低，而且远低于农业生产技术效率，由于新疆面积较大，各地州较为分散，因此地州之间的差异很大，农业用水效率最高的地州和最低的地州相差 0.81。通过聚类分析可知，如果将 14 个地州分为 5 类，克拉玛依市、和田地区、喀什地区、吐鲁番地区为一类，阿勒泰地区和巴音郭楞蒙古自治州为一类，博尔塔拉蒙古自治州、克孜勒苏柯尔克孜自治州、塔城地区为一类，哈密地区、阿克苏地区与伊犁哈萨克自治州为一类，乌鲁木齐和昌吉回族自治州是一类；聚类结果并不符合南疆、北疆和东疆的区划，说明空间差异较大。

表 12-4　新疆 2010 年 14 个地州农业用水效率排序

地州市	2010 年
吐鲁番地区	0.84
克拉玛依市	0.80
和田地区	0.80
喀什地区	0.79
巴音郭楞蒙古自治州	0.68

续表

地州市	2010 年
阿勒泰地区	0.67
昌吉回族自治州	0.49
乌鲁木齐市	0.40
哈密地区	0.29
阿克苏地区	0.28
伊犁哈萨克自治州	0.23
博尔塔拉蒙古自治州	0.09
克孜勒苏柯尔克孜自治州	0.06
塔城地区	0.03

第三，自然条件不是影响农业用水效率最主要的因素，水资源自身的资源禀赋是重要的影响因素之一，尤其是地表水所占的份额。

第四，调整农业种植结构是提高农业用水效率的有效途径之一，政府应在满足粮食安全的前提下，尽量减少耗水量大但产出低的农作物种植；应在财政允许条件下增加水利设施方面的投入，改善渠系的防渗情况，提高输水利用率，从而提高农业用水效率。

第五，除此之外，政府还要大力推广节水技术，本章没有对该指标进行定量分析，但从历年来滴灌节水技术的推广情况看，节水技术可以节省一定的水资源，进而提高农业用水效率。

第六，设定合理的水价，让农户意识到水资源的价值并建立节水意识，加强农业水资源管理，从制度方面提高农业用水效率。

第十三章 基于破产博弈理论的流域水资源优化配置研究

一、引言

不断增长的人口数量，逐渐升级的需水标准和极不稳定的淡水资源供应已成为世界各地区间紧张局势的根源，在干旱区和半干旱区尤为严重，可以预见未来世界范围的基础资源争夺焦点将由石油资源转向水资源。水资源矛盾缘于供需不平衡，当流域尺度的水资源供应量明显低于用水需求量时，各用水主体的用水需求无法全部满足，争议冲突在所难免。当用水单位在资源攫取上存在根本性冲突时，参与决策的用水单位越多，博弈的时间越长，集体决策的成本越高。信息不对称导致的决策不灵活性加大了水资源配置过程中各用水单位间的谈判成本、签约成本、信息获取成本以及博弈成本，引致资源配置过程中交易成本的激增，此时亟须水资源管理部门制定规范标准的水资源配置模式，在保障用水户参与水资源配置公平性的同时体现水资源利用效率。

公共资源有效且公平配置问题涉及资源、环境、经济开发、政治安全等诸多领域，受到多学科领域学者的关注，近年应用破产博弈理论解决水资源冲突成为国外学者的研究热点。无论在跨行政区流域还是非跨行政区流域，资源争夺是对抗性的，用水户间始终存在着冲突与协商，应用破产博弈可以有效解决水资源配置的公平性和有效性问题。国外学者在不同地区不同水资源情形下应用破产博弈理论进行研究，Zarezadeh 等应用四种破产配置模型探究伊朗的 Qezelozan-Sefidrood 流域的水资源配置，Mianabadi 等根据联合国水道公约开发了一个新的破产分配规则用以解决水资源冲突，并将其应用于幼发拉底河流域，Sechi 和 Zucca 建立了全新的合作破产博弈模型以解决在不同缺水条件下意大利南撒丁岛 Tirso-Flumendosa-Campidano 的配水系统,

Mianabadi 等应用加权破产规则研究了底格里斯河流域超出已有资源用水需求的解决方案；Degefu 认为尼罗河流域的水资源破产不可避免，提出 6 种破产博弈模型和加权破产博弈模型，基于流域的社会、经济、环境条件探索了流域沿岸国家的水资源分配方案，Oftadeh 建立基于破产博弈理论的新模型 ABPE，并与传统 PROP 模型对比，分析了减少灌溉农业用水对伊朗乌鲁米耶湖的生态影响。国内应用破产模型配置资源的研究正处于起步阶段，孙冬营采用 6 种经典破产方法解决跨行政区水资源配置冲突，并提出一种新的评估破产理论应用结果稳定性的指标 CPBSI，将其应用于幼发拉底河流域和漳河 108 千米河段。综合已有文献，国外对破产博弈理论研究较为广泛深入，创新多类破产博弈模型并应用于各地区跨界河流和流域区内水资源配置实践，取得一系列成果，而国内应用破产博弈理论分配水资源的研究尚未开展，符合中国自然地理条件和具体国情的针对性研究几乎没有，这为今后水资源配置的研究方向提供了新的思路。

综合国内外近几年的文献资料，在目前全球经济协同发展和极端气候变化频现的背景下，破产博弈理论根据用水户的不同需求情况和可利用水资源的具体情形配置水资源以减少冲突，具有较高的实用价值。在梳理文献中发现，现有应用破产理论解决水资源分配问题的研究大多针对跨界河流，包括跨国河流和跨行政区划河流，尚未有以非跨行政区划分的流域为尺度的研究。本章正是针对此研究空白，基于 5 种破产博弈配置模型创新性地提出加权破产博弈配置模型，设计符合非跨行政区流域用水单位的自适应度模型，并以此为基础完成用水单位权重配比以保证水资源配置的公平性，运用卡尔多—希克斯标准对 10 种破产博弈模型进行分析，以保证水资源配置的效率性，应用于玛纳斯河流域作为案例研究证明该模型对流域水资源配置的适用性。

二、破产博弈模型构建与分析

破产博弈理论在局中人为理性人的假设前提下，通过分析不同财产分割规则下对决策者的行为影响，更高效、公平地解决资产（资源）在相对紧缺情形下的配置问题。干旱区的水资源配置是典型的破产博弈问题。可分配的水资源量是资产，流域中各用水户是债权人，需水量是债权人的索取权，实际水资源分配量是通过破产规则分配给债权人的资产量。干旱区的自然环境条件决定了水资源在大部分情形下处于供不应求状态，不能保证所有用水户完全达到需水量预期，此时流域的水资源配置问题可以应用破产博弈模型优化配置。

（一）破产博弈分配模型构建

传统的破产博弈问题指资产 E 被分配给各个债权人，且债权人拥有的索取权之和大于资产 E。用集合 $N=\{1,2,\cdots,n\}$ 表示债权人，债权人 i 针对资产 E 的索取权为 d，$0 \leq E \leq \sum_{i \in N} d_i$，破产分配方案用向量 $x=(x_1, x_2, \cdots, x_n)$ 表示，满足
$$\begin{cases} \sum_{i \in N} x_i = E \\ 0 \leq x_i \leq d_i \end{cases}$$

其中 x_i 指分配给第 i 个债权人的资产。与破产问题相对应的合作博弈问题可用以下特征函数描述：

$$V_{E,d}(S) = \max\left\{\left(E - \sum_{i \in N,S} d_i\right), 0\right\}_i$$

其中：$S \subset N$，$V_{E,d}(S)$ 指联盟 N 中除了 S 外的所有债权人都被完全补偿后，联盟 S 能够接受的最低补偿资产。在此研究中，破产问题的解和与之对应的合作联盟博弈的解是相同的。综合国外学者的研究成果，在此建立5种破产博弈模型。

a. 比例分配模型（PROP）：
$$x(i) = \frac{d_i}{\sum_{i \in N} d_i} E \tag{1}$$

b. 等损失约束模型（CEL）：
$$x(i) = \max\{d_i - a, 0\} \tag{2}$$

其中 a 满足 $\sum_{i \in N} \max\{d_i - a, 0\} = E$

c. 等分配约束模型（CEA）：
$$x(i) = \min\{d_i, \beta\} \tag{3}$$

其中 β 满足 $\sum_{i \in N} \min\{d_i, \beta\} = E$

d. 校正比例分配模型（APROP）：
$$x(i) = m_i + \frac{d_i}{\sum_{i \in N} d_i}\left(E - \sum_{i \in N} m_i\right) \tag{4}$$

满足：

$$m_i = \max\{E - \sum_{j \in N \setminus (i)} d_j,\ 0\}$$

$$d_j = \min\{E - \sum_{i \in N} m_i,\ d_j - m_i\}$$

e. 塔木德分配模型（TAL）：

$$x(i) = m_i + \frac{d_i}{\sum_{i \in N} d_i}\left(E - \sum_{i \in N} m_i\right)$$

$$\begin{cases} x_i = CEA(E, \dfrac{d_i}{2}), & \text{当 } E < \dfrac{1}{2}\sum_{i \in N} d_i \\ x_i = d_i - CEA(E', \dfrac{d_i}{2}), & \text{当 } E \geq \dfrac{1}{2}\sum_{i \in N} d_i \end{cases} \quad (5)$$

其中 $E' = \sum_{i \in N} d_i - E$

（二）加权破产博弈分配模型初探

传统的破产博弈分配规则能够根据不同的用水户情形对已有水资源进行配置，减少在资源分配过程中常出现的冲突与纠纷。但模型只考虑用水单位的用水需求，在用水关系较为紧张的流域，水资源的供需矛盾和利用冲突无法精确测量、预估并妥善安排，流域内各用水单位的水资源供需缺口和水资源分布的时空分异性没有纳入考虑范围；此外，不同用水单位对水资源供需缺口具有不同的适应弹性系数，流域内不同行业与用水单位的水资源利用信息存在着被公开的风险。鉴于流域内不同用水主体的异质性，建立一个综合考虑流域内用水单位的不同情况，符合公平、合理原则的水资源分配方案尤为迫切。

本研究将流域内各用水单位的水资源自适应度和水资源需求量作为资源不对称性的两大方面，结合已有破产博弈分配模型，提出加权破产博弈分配模型。模型中总缺水量按照各用水单位的水资源适应度所确定的权重成正比分配，各用水单位的水资源分配量等于其需求量减去分配的缺口量。

第一步，建立加权破产博弈模型。在加权破产博弈分配模型 $\varphi(N, E, d, a, w)$ 中，N 是所有用水单位，E 是可分配水资源量，d_i 是用水户 i 的水资源需求量，a_i 是用水户 i 水资源分配量，w_i 是用水户 i 的非负权重，其中 $w = (w_1, w_1, \cdots, w_n)$，且 $w_1 + w_1 + \cdots + w_n = 1$。

a. 加权比例分配模型（WPROP）：

$$x(i) = \min\{\lambda w; \ d; \ d_i\}$$

满足 $\sum_{i \in N} \min\{\lambda w; \ d; \ d_i\} = E \quad (6)$

b. 加权等损失约束模型（WCEL）：

$$x(i) = \max\left\{d_i - \frac{\lambda}{\omega_i}, \ 0\right\}$$

满足 $\sum_{i \in N} \max\left\{d_i - \frac{\lambda}{\omega_i}, \ 0\right\} = E \quad (7)$

c. 加权等分配约束模型（WCEA）：

$$x(i) = \min\{\lambda w; \ d; \ \}$$

满足 $\sum_{i \in N} \min\{\lambda w; \ d; \ \} = E \quad (8)$

d. 加权校正比例分配模型（WAPROP）：

$$x(i) = m_1' + \min\{xw; \ d; \ d; \ \}$$

满足 $m_1' = \max\left(E - \sum_{j \in N \setminus (i)} d_j, \ 0\right)$

$$E' = E - \sum_{i \in N_i} m_i$$

$$d_{\cdot} = \min(d_1 - m_1', \ E)$$

$$E' = \sum_{i \in N_i} \min\{xw; \ d; \ d; \ \} \quad (9)$$

e. 加权塔木德分配模型（WTAL）：

$$\begin{cases} x_i = \min\left(\omega_i \lambda, \ \dfrac{d_i}{2}\right), & \text{当 } E < \dfrac{1}{2}\sum_{i \in N} d_i \\ x_i = \max\left(d_i - \dfrac{\lambda}{\omega_i}, \ \dfrac{d_i}{2}\right), & \text{当 } E \geq \dfrac{1}{2}\sum_{i \in N} d_i \end{cases}$$

满足当 $E < \dfrac{1}{2}\sum_{i \in N} d_i$ 时，$\sum_{i \in N} \min\left(\omega_i \lambda, \ \dfrac{d_i}{2}\right) = E$

当 $E \geq \dfrac{1}{2}\sum_{i \in N} d_i$ 时，$\sum_{i \in N} \max\left(d_i - \dfrac{\lambda}{\omega_i}, \ \dfrac{d_i}{2}\right) = E \quad (10)$

第二步，依据各用水单位的自适应度确定各用水单位权重，确定水资源配置方案。用水单位自适应度越高，其需水量和实际分配量之间的差值越大。

本章创新性地提出自适应度（水资源对用水单位收益敏感度的反比）作为非跨行政区加权破产博弈模型的权重计算指标，基于以下思考：在跨界流域中，权重配比可以根据各用水主体对流域水资源的贡献率（流入量）作为指标分配，但在非跨行政区的流域内，全部水资源都源自流域自身，用水单位对流域的可利用水资源无贡献量，此时贡献率无法作为权重配比的标准。由于不同的用水单位对水资源的需求强度不同，且在配水量变化时各用水户的反应不同，自适应强度高的用水单位对水资源环境变化不敏感，收益波动区间范围小，自适应强度低的用水单位的收益在配水量发生变化时会有较大波动，抗压能力较弱，在外界环境变化较大时，会对其经济收益产生较大影响。例如，在"枯水年"，自适应度低的用水单位会因水资源紧缺而经济收益骤降，产生一系列潜在的不稳定因素，无法体现资源配置的公平性。由于流域内农业用水单位需水量大且具有一定季节性，工业用水需求量相对较小且直接影响工业产出，单位水资源的变化对农业用水单位影响较小，对工业单位影响较大，因此农业用水单位的自适应度较高，工业用水单位自适应度较低。自适应度指标属于越大越好型，基于流域水资源配置的公平性原则，应当赋予自适应度低的用水单位以高权重，自适应度高的用水单位以低权重，以保证分配的公平性和联盟合作的稳定性。自适应度计算方法见式（11）~式（13）。

$$V_i = \frac{\Delta G_i}{\Delta W_i} \tag{11}$$

$$\Delta G_i = \frac{PG_i}{TG_i} \tag{12}$$

$$\Delta W_i = \frac{PW_i}{TW_i} \tag{13}$$

以上符号均指用水单位 i，其中 V_i 表示自适应度，ΔG_i 指边际收益占比，ΔW_i 指边际水资源占比，PG_i 指单位水资源产生的收益，TG_i 指总收益，PW_i 指单位水资源量，TW_i 指分配水资源总量。

三、案例区域概况和数据来源

玛纳斯河流域位于欧亚大陆腹地天山北坡，呈典型大陆性干旱气候。流域内河流属于冰川融雪及降雨混合补给型的山溪性河流，由东向西包含塔西河、玛纳斯河、金沟河、宁家河、巴音沟河五条主要河流，全长753km，集水面积9.06万km²，年平均径流量20.51亿m³，流域行政区划包括兵团第八师石河子市、玛纳斯县、沙湾市、新湖农场和克拉玛依市小拐乡。流域内修建了大量水库、引水枢纽等水利设施，将出山口以下径流几乎全部引入灌区利用。近年来由于耕地面积快速扩大、人口及工业规模迅速扩张，工、农业用水大量挤占生态环境用水，并且近几十年大量开采地下水，流域内的中心城市以及绿洲边缘地下水位呈逐年下降趋势，下游自然植被大量枯萎死亡，衍生出植被草场退化、河流湖泊萎缩、干旱土地沙漠化、土壤次生盐渍化等生态环境问题。流域内水资源已严重过载，水生态系统有崩溃的危机，威胁着流域的可持续发展和当地人类生存。

此外，由于水权国有"公地悲剧"和多方多头资源管理体制的历史沿革，玛纳斯河流域由不同的水资源管理部门共同管理，存在着灌区面积大，用水单位多，管理制度不规范，用水、管水关系复杂，统筹规划难协调等问题，各用水主体聚焦流域水资源配置、水资源管理制度，具有不同的用水目标、途径和要求，当单方面地采取符合其自身利益的行为策略时，难免会产生冲突与摩擦，导致用水矛盾不断激化升级。

选择玛纳斯河流域作为破产博弈理论模型的研究对象，缘于玛纳斯河流域在干旱区和非跨区域流域具有代表性、典型性。玛纳斯河流域地处干旱区绿洲盆地，地表径流由冰川融雪和降雨构成，干旱少雨且蒸发量大，由于高山阻隔形成封闭的山盆水汽循环系统，属于相对独立的气候单元，且流域自发源至消亡均在新疆地区。同时，流域内用水单位多且在行政隶属上各不相同，在有限的水资源条件下各用水单位无法分配到足够的水资源，流域内的水资源分配成为各方关注的焦点，应用破产博弈模型可提供有效且相对公平的分配方案，在一定程度上满足各方用水需求，减少冲突矛盾。本章数据来源于玛纳斯河流域管理处、兵团第八师水利局、玛纳斯县水利局等处调研资料，并参见《石河子环境公报（2015）》《八师水利综合年报表（2015）》《新疆统计年鉴（2016）》以及《新疆生产建设兵团统计年鉴（2016）》等资料。

四、结果与分析

（一）破产博弈模型水资源配置对比及分析

流域内兵团第八师垦区与玛纳斯县、沙湾市在行政隶属、水资源分配模式和管理模式上具有较大差异，综合考虑河道分布及水资源利用类别等因素，为便于比较和分析玛纳斯河水资源配置模型，将流域内用水单位划分如表13-1。表13-1中A_2、B_2的用水单位包含玛纳斯县和沙湾市两个不同的行政单位，尽管这两个单位之间存在用水矛盾冲突，但在本研究中强调兵团与自治区在用水结构、水资源管理与配置、水资源利用效率的不同，因此本章将玛纳斯县和沙湾市视作一个整体进行研究。依据干旱区流域特性，在包含绿洲的山盆系统（Mountain-Basin System，MBS）中，水量分析应包含山地系统、绿洲系统和荒漠系统。本研究对象区域集中在平原县人工绿洲内，只计算绿洲系统供需水量。流域的供水量包含河道引水、地下采水和回归水。农业灌溉需水量以流域现状调查亩均灌溉用水量为基础，参考《中国农作物需水量等值线图》，按照流域内作物种植结构和田间水利用效率综合确定农业净灌溉定额。生态与环境用水量以水热平衡、水盐平衡、水沙土平衡和"三生"平衡为目标，参考学者研究，综合得出玛纳斯河全域生态环境用水量。由于生态环境用水和生活用水属于维续流域绿洲社会经济—自然生态系统运转的基础性资源，且从各发达国家的水权制度的发展演进来看，其一般赋予生存、生活、生态用水以绝对优先权，因此在水资源分配给各用水单位前，政府水管理部门提前扣除生态环境用水和生活用水。生态环境用水量 C 为 6.13 亿 m^3，生活用水量 D 为 0.44 亿 m^2。研究重点剖析玛纳斯河流域用水主体 A_1、A_2、B_1、B_2 应用破产博弈模型配置的水资源量及对比分析。

表 13-1　玛纳斯河流域用水主体分类表

类别	编号	区域范围
兵团农业用水单位	A_1	八师石河子市（含下属团场），新湖农场农业用水单位
自治区农业用水单位	A_2	沙湾市、玛纳斯县、小拐乡农业用水单位
兵团工业用水单位	B_1	八师石河子市（含下属团场）、新湖农场工业用水单位
自治区工业用水单位	B_2	沙湾市、玛纳斯县、小拐乡工业用水单位
生态环境用水	C	全流域生态环境用水
生活用水	D	全流域生活用水

表 13-2 表示应用破产博弈配置模型（1）~（5），在来水频率 $P=50\%$ 情形下流域各用水主体的水资源配置量。P_i 指在不同破产博弈模型下用水主体的水资源分配量占水资源需求量的百分比。流域供水量等同于破产博弈中不同的待分配资产总量，供水缺口量为 3.827m^3，缺口占比 23.6%。

表 13-2 非加权破产博弈模型下玛纳斯河流域用水主体水资源分配量表（$P=50\%$）

单位：亿 m^2

类别	需水量	WPROR		WCEL		WCEA	
		$X(i)$	$P_i(\%)$	$X(i)$	$P_i(\%)$	$X(i)$	$P_i(\%)$
A_1	11.436	11.189	97.80	10.911	95.40	9.519	82.30
A_2	7.312	5.642	77.20	6.645	90.90	7.312	100
B_1	0.768	0.768	100	0.386	50.30	0.768	100
B_2	0.552	0.552	100	0.209	37.90	0.552	100
总计	20.068	18.151				18.151	

CEL 模型倾向于最小化用水户之间的冲突差距，均衡各用水户间的需水量和分配量之间的差额，并将之降至最小。在供水量较大时，在优先满足 A_1、A_2 的同时尚能顾及需水量较小的 B_1、B_2，一旦供水量紧缺，基于排除规则 B_1、B_2 被完全忽略，水资源全部分配给需求量更大的 A_1、A_2 以减小其损失差额，CEL 模型对于需求量小于平均水资源缺口量的用水户来说，其需求量被视作剩余量，在分配过程中被剔除，因此该模型适合需水量较大的用水单位。

CEA 模型分为若干个阶段，每一阶段都优先满足需水量最小的用水户，并分配给其他用水户相同的水资源量，待一轮分配结束后，将需水量最小的用水户剔除，在剩余的用水户中继续按上述规则分配剩余的水资源，直至不能平均分给剩余的用水户，分配完毕。此模型倾向于缩减较小需水量用水户的用水缺口，即从用水单位角度看，分配的水资源拥有最大边际效用。B_1、B_2 因其需水量较小，水资源的单位边际效用相对较高因而优先得到满足，流域的工业用水得到全部满足，自治区农业用水也得到较好满足，需水量最大的兵团农业单位获得相比其他分配模型最少的资源量，因此当用水户具有较小需水量时，采用 CEA 模型将拥有较高的满意度。

PROP 模型是基于 CEA 和 CEL 的折中分配规则，模型按用水户的需求量占比配置水资源，拥有高需水量的用水户可以通过该模型分配到更多的水资源，各用水单位的损失是相等且非负的，并且倾向于最小化该损失差额。

APROP 模型对 PROP 模型进行改进，首先将水资源需求缺口量平均分配给各用水户，再将剩余水资源按 PROP 模型分配给各用水户，该模型对需求量较大的用水户较为适用，但当其他用水单位的需水量有所增加时，模型转而倾向于满足具有较小需求的用水单位。

TAL模型来自犹太人的"圣经"——《塔木德》，分配原则是使每个用水户都尽可能获得需水量的一半或每个用水户都尽量达到同样损失，当可分配水资源总量少于所有用水户需求的一半时，应用CEA模型按用水户需求的一半分配，当可分配水资源总量超过所有用水户需求的一半时，分配给用水户的水量要减去按照CEA分配的水量。按照保护弱者利益的同时保持相对公平公正的博弈规则，当资源小于所有用水单位需水量的1/2时，模型保证需水量最小的用水单位获得相对"温饱"的资源，与其他模型相比能够更好地保护小户的基本利益，减少矛盾冲突发生概率，当资源大于所有用水单位需水量的1/2时，模型中所有用水户处于相同的竞争地位，拥有更大需水量的用水户便具有更大的竞争力去谋取更多利益，以保证博弈中相对理性的竞争规则。

流域内各用水单位对五种破产博弈配置模型的偏好是不同的，如兵团农业用水单位倾向于CEL模型，自治区工业用水部门倾向于CEA模型，五种模型在不同的情形下都具有可用性。

（二）加权破产博弈模型水资源配置分析

将玛纳斯河流域数据代入式（11）~式（13），得到V_{A1}、V_{A2}、V_{B1}、V_{B2}分别为1.202、1.338、0.872、0.687；A_1、A_2、B_1、B_2单位的权重值赋予分别为0.213、0.168、0.293、0.326。

加权破产博弈模型在资源配置中的原则与非加权的破产博弈模型相似，但所得结果不同，揭示了权重赋予在最终配置中所起的作用。对比表13-2和表13-3，WPROP以需求为基础，采取"中性"价值取向，对PROP的配置做出调整，需水量低且自适应度高的用水单位优先获得全部满足，只有A_1用水单位分配量减少，加权模型不再严格按照需求量"多劳多得"；WCEL的配置规则是给用水单位提供基于需求量的基本权利或必需品，以需水量大的用水单位为重点优先满足。对比CEL需水量相对较小的B_1、B_2同样没有分配，A_1、A_2由于权重加入有微调；WCEA将用水单位需求量当作配置上限，相比于CEA在分配过程中满足B_1、B_2后，A_1分配量有所增加，A_2有所减少；WAPROP与APROP分配过程类似，首先根据其他用水单位需求缺口分配基础配水量，然后根据WPROP规则分配剩余水资源，加权模型下A_1、B_1、B_2分配量因权重值的加入有所增加，A_2有所减少；WTAL规则下，B_1、B_2分配值没有变化，A_1、A_2有微调。

综上分析，由于流域内用水单位的用水条件、用水方式、取水途径、水资源利用效率等存在差异，各用水单位拥有不同的水资源缺乏量被公开的风险和水资源缺乏适应性空间，应用加权破产博弈分配机制能够有效地稳定地分配水资源。合作联盟中用水单位的边际价值随其需水量的变化而成正比变化，从而加权破产博弈模型能够随着用水单位的用水需求变化和水资源的战略价值的变化而调节用水单位的权重比，这种灵活的配置机制在一定程度上有助于减少流域内用水单位在水资源分配时导致的不公平现象。加权破产博弈模型以用水单位应对缺水条件的自适应度为基础分配权重值，自适应性低的用水单位能够通过权重配比得到更大比例的水资源，确保水配置过程中的公平性，有助于增强流域合作联盟的稳定性。

（三）流域全社会视角下破产博弈模型评价

基于个体理性，用水个体的资源配置方案选择"各自为政"，然而从全社会视角出发，流域的资源配置方案必须只有一种且兼顾公平与效率。公平性采用自适应度权重配比进行调整予以保证，效率性本文采用卡尔多—希克斯效率作为衡量标准。卡尔多—希克斯标准认为若一项经济政策在实施后从长期来看能够提高全社会的生产效率，使社会总福利得到提升，该政策就是有效率的，也就是为了提升全社会的总收益，在短时间内可以减少部分人的福利。玛纳斯河流域在不同破产博弈模型配置下由水资源分配获得的社会总福利，如图13-1所示。

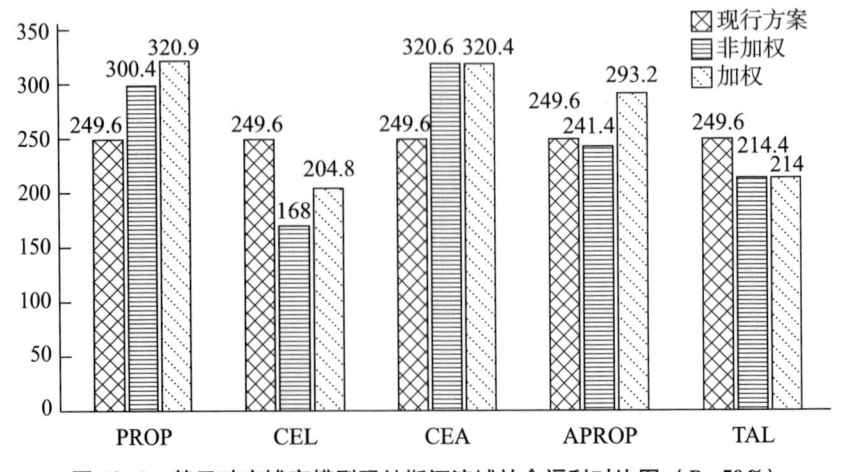

图13-1 基于破产博弈模型玛纳斯河流域社会福利对比图（$P=50\%$）

由图 13-1 知，在 P=50%时，WPROP、CEA、WCEA 模型相对于其他配置模型具有更高的社会总福利，WPROP 拥有最高社会总福利；PROP 和 CEA 模型比现行分配方案的社会总福利更高；WPROP 的社会总福利比 APROP 提高了 21.5%，是所有分配方案中通过加权配比提升效益最大的方案，WPROP 通过优化 APROP 的分配规则有效提高了社会福利。综上所述，WPROP 分配方案比流域现行分配方案社会总福利高 71.3 亿元，提升了 28.6%，玛纳斯河流域在 WPROP 破产博弈模型配置下能够达到较高社会福利。

五、结论与对策

流域水资源既是"冲突之源"，也是"合作之源"。破产博弈理论提供一种有效解决水资源分配的决策支持工具，尤其是在用水冲突较为激烈复杂的干旱区和半干旱区。基于破产博弈理论模型建立的配置方案更贴合实际，使流域内用水户更易于接受。本文结论有：

第一，经典破产博弈配置模型和加权破产博弈配置模型均是解决流域水资源配置的有效方法，其中加权破产博弈配置模型在更大程度上兼顾了流域内各用水户间的水资源需求属性，对比传统模型具有更高的公平性和效率性。

第二，创新性地提出自适应度作为在非跨行政流域尺度下的权重配比，能够有效满足资源配置的公平性要求，以自适应度为权重配比基础的加权破产博弈模型在一定程度上能够减少合作联盟的破裂。

第三，卡尔多—希克斯标准能够有效判别各破产博弈模型配置结果的效率性。在玛纳斯河流域中 WPROP 模型可达到最高社会总福利。

第四，在干旱区典型流域玛纳斯河流域，具有不同需水量和属性的用水单位对破产博弈模型偏好不同，并且随着水资源总量的变化各破产博弈模型的配置倾向有所变化。

在实际操作中存在许多桎梏障碍，破产博弈合作联盟难以实现。本章提出以下几点对策建议：第一，建立健全流域水资源统一管理的垂直管理模式，完善流域管理局源流、干流流域的派出机构，履行好规划水资源管理、协调部门冲突、监督检查等职能，处理好流域管理和区域行政管理的关系。第二，健全水资源产权制度，按照资源资产化、资产产权化思路，建立产权明晰、权责明确、政资分开、流转顺畅的水资源产权制度，成立并完善基层水权民主组织，确保合作联盟的稳定运行。第三，深化水价改革，在最严格水资源管理下建立节水型水价制度，实行分类水价，制定合理的季节差价，充分发挥价格杠杆对水资源的调节作用。第四，建立健全水权市场，实施水资源阶梯价、时段价和错峰错时价，完善水市场交易制度，持续推进水利设施运营公司化或商业化。

第十四章　玛纳斯河流域资源产权水制度研究

一、引言

人们在进行传统农业生产方面的研究，并对生产函数进行确定时，经常把技术、资本、土地、从业人员作为影响产出的主要变量。换个角度讲，意味着只有技术、资本、土地、从业人员为稀缺性的资源，其他资源都是取之不竭的。在现实的农业生产之中，由于传统农业严重地依附于土地，所以土地这一要素被认为是最稀缺的，是农业生产安排的最大约束。但是，在新疆等西部地区，情况往往与传统认识不一样。传统观点认为，由于土地对于农业生产是难以替代的，所以土地制度决定了农业制度，进而对整个社会的制度决定产生了一定的影响；而在西部干旱地区，水资源替代了传统意识之中土地的重要程度。水资源成了制约西部干旱和半干旱地区农业发展的主要因素。在这些地区，水资源对于农业发展的约束力大大强于土地对于农业的约束力，进而造成了农业生产函数的进一步改变，对于相关地区农业制度的安排也必将产生影响。

党的十九大报告中对五年来我国生态文明建设的成果予以充分肯定，并指出建设生态文明是中华民族永续发展的千年大计，要坚持人与自然和谐共生，必须树立和践行"绿水青山就是金山银山"的理念，坚持节约资源和保护环境的基本国策，像对待生命一样对待生态环境，实行最严格的生态环境保护制度。

水资源是维系经济发展、社会稳定、人类生存的必需公共资源，水资源的合理开发利用是保障生态文明建设、实现绿色可持续发展的最根本、最基础的手段。经济高速发展需要水资源的有效配置，社会团结稳定需要水资源的公平分配，人民安居乐业需要水资源的稳定供给，生态绿水青山需要水资源的托底保障。随着全球气候变暖，人口快速增长，逐渐升级的需水标准和水资源的粗放管理等问题的出现，水资源已成为影响地区社会团结稳定、制约区域经济发展的主要因素，这一现象在干旱区尤为严重。水资源管理过程涉及多方利益相关者，各用水主体用水需求、目标、策略不同，会单方面采取符合自身利益最大化的行为，用水户和政府间、用水户之间的信息不对称导致谈判成本、签约成本、信息获取成本和博弈成本激增，当原有的经济政策和管理体制无法协调各方利益时，矛盾冲突就会进一步激化。

水资源产权制度改革和市场化配置是水资源管理改革的方向，经过十几年的实践和探索，建立健全水权制度，积极培育水权市场，鼓励开展水权交易，运用市场机制合理配置水资源，已成为中国水资源管理的基本政策。2004年国务院办公厅发布《关于推进水价改革促进节约用水保护水资源的通知》，明确指出要建立以节水和合理配置水资源、提高用水效率、促进水资源可持续发展为核心的水价机制；2005年水利部发布《水权制度建设框架》，要求各级水利部门要充分认识到水权制度建设的重要性，从水资源所有权制度、水资源使用权制度、水权流转制度等方面规定了水权制度体系；2005年水利部还发布《关于水权转让的若干意见》，进一步推进水权制度建设，规范水权转让行为，分别从水权转让的限制范围、转让费、年限、监督管理等方面给出指导意见；2012年国务院发布《关于实行最严格水资源管理制度的意见》，其中明确指出要加快制定主要江河流域水量分配方案，建立覆盖流域和省市县三级行政区域的取水总量控制指标体系，建立健全水权制度，积极培育水市场，鼓励开展水权交易，运用市场机制合理配置水资源；2016年水利部印发《水权交易管理暂行办法》，对水权交易的类型、交易主体和范围进行划分，鼓励开展多种形式的水权交易。经过几十年的发展，目前我国初始水权分配的整体框架已经初步建立，各地开展了一系列水权交易的实践和探索，为水权制度建设提供了宝贵的经验，但在水权确权登记、水权交易规则、水市场和中介组织、社会监督机制、政府监管机制等方面的制度尚未建立，水权交易仍由政府主导，用水户节水意识淡薄，水权交易热情不高，产权保护法律不完备，水市场和政府的管理监管边界不清晰，水权制度建设仍需要长期的研究和探索。

二、玛纳斯河流域水资源利用水问题

新疆玛纳斯河流域（北纬 43.270~45.210，东经 85.10~86.320）面积广阔，土地资源丰富，是北疆重要的农业基地。但是流域内气候干旱，水资源蒸发、径流损耗严重，年平均降水量在 110~200mm，但是年均蒸发量却在 1600~2000mm。农业生产上对于水资源的需求呈刚性，在玛纳斯河流域内，水资源成了阻碍农业发展的最大约束。以八师石河子垦区为例，垦区内耕地面积占土地面积的 40.77%，而现阶段年均农业灌溉用水占总抽取量的 92% 以上。土地资源能够进一步在农业生产方面扩充开发以支持农业发展，却受到水资源的巨大约束。传统上，为了解决农业水资源不足，人们往往采用挖掘沟渠从河道引水、修建水坝拦截径流、打井抽取地下水等方式增加农业用水量。但是，这些水利工程面临巨大的成本约束以及一系列生态、社会问题和政府强制约束，因而难以成功实施。另外，西部干旱半干旱地区的气候地理特征，导致水资源蒸发量巨大、地下渗透严重，传统水利工程在水资源运送上耗损严重。如何进一步缓解水资源压力，促进流域内农业进一步发展？要解决此方面的问题就必须对传统农业水资源配置制度进行创新。

玛纳斯河流域是具有代表性的内陆河流域，经过多年发展，已被开垦为我国第四大灌溉农业区，随着工业化和城镇化的发展，一系列生态问题逐步显现，包括水土流失、土壤次生盐碱化、河流断流、尾闾湖干涸等。流域水资源在管理方面存在很大的问题。玛纳斯河流域地跨兵团和地方政府四个行政区域，兼顾居民生活用水、生态用水、农业用水以及工业用水的供给。各个用水主体都以自己的利益为中心，难以达到对流域水资源的综合、协同管理。在流域内，不仅存在隶属于新疆维吾尔自治区水利厅的玛纳斯河流域管理处，而且存在隶属兵团第八师的兵团石河子玛管处，因此难以形成真正的权威管水机构，经常造成"多头管水"的混乱局面。虽然流域内拥有关于如何分配水资源的用水协议和协调上下级水资源配给的《玛纳斯河章程》，但实际情况却是水利工程的控制方对于水资源享有绝对的控制权。流域内仍不具备具有完全法律效力的水资源管理体制，难以对各个利益部门的不当行为进行规范管理和约束。在流域内，政府等有关部门对于水资源产权的管制过于僵化。流域内农业用水往往实行定量配给制度，大约每亩土地定量灌溉用水为 400m³，流域内年均农业用于灌溉的总用水量平均为 13.64 亿 m³。流域内农业灌溉用水和其他用水结构，如表 14-1 所示。

表 14-1 玛纳斯河流域水资源利用结构　　　　　　单位：%

年份	1985	1990	1995	2000	2005	2010
农业用水	0.9753	0.9653	0.9604	0.9565	0.9457	0.9427
工业用水	0.0096	0.0153	0.0183	0.0228	0.0324	0.0320
生活用水	0.0117	0.0110	0.0111	0.0082	0.0118	0.0136
生态用水	0.0035	0.0084	0.0101	0.0125	0.0101	0.0118

政府虽然在大力提倡节约用水和不断推行节水灌溉农业，但是由于水资源产权管制难以放松，农民节约出来的水资源往往白白流失，难以让自身得到切实的好处，而且要花费巨资进行节水技术的投入。所以，在这种情况下节水农业难以得到大面积推行，节水效果并不明显。实际上，在流域内，绝大部分农户仍然实行的是传统的大水漫灌、沟灌式的灌溉方式，而对于技术含量较高、节水效果明显的滴灌技术的使用较少。

三、玛纳斯河流域内水权交易与管理的困境

从节水技术角度讲，玛纳斯河流域是国内较早发起水权交易的地区之一，节水灌溉技术已达到国内最高、国际领先水平，但水资源的管理制度建设却相对滞后。玛纳斯河流域至今仍沿用 20 世纪 50 年代制定的分水规则，近些年兵团、自治区开垦荒地，域内农业耕地不断扩大，种植结构不断调整，高耗水的棉花成为流域的主要农作物，原有的分水方案已不再适应流域内的产业结构，不仅资源利用效率低，而且地区间、行业间用水矛盾突出。现阶段，流域内水权交易主要是将农业节约用水通过水权交易中心向工业部门进行资源的重新配置。通过水权交易中心可以使农业用水以原来 5 倍的价格出售，在一定程度上既可以增加农民节水动力又可以缓解工业等高附加值产业的用水压力。但是，由于水资源的复杂性，水权交易并不会呈现出理论上的完美叙述般的情境。制约水权交易的主要问题是水权交易所产生的外部性对于第三方的影响。流域内水权交易价格确定以及管理部门冗余造成的内生性交易成本增加等因素。

第一，第三方是位于交易之外的利益主体，难以参与交易之中，其利益难以在经济主体双方所签订的契约之中得到体现。水资源对于维持生态可持续，促进经济、社会的发展都具有重要的作用，无论哪一方缺少水资源其发展都会受到制约，而且我们通过研究国外水权交易案例发现，盲目的水权交易对于生态以及区域经济具有很大的负面影响。在玛纳斯河流域内，生态环境处于典型的第三方的位置上。由于新疆正处于高速发展阶段，政府部门把大量精力以及工作重点放在如何带动新疆经济发展上，各个产业对于水资源的消耗与日俱增。处在交易环境下的利益双方对于各自的利益维护能力都在不断增强。但是，对于生态第三方来说，难以找到有效的利益维护主体。另外，玛纳斯河流域内的水权交易主要是将农业用水向工业用水进行转化，由工业用水的特点可知，如果大规模的水权流向工业，就会造成水资源回流量减少，对流域下游生态以及水产养殖造成影响；并且由于水量减少造成有毒物质难以稀释，从而造成聚集现象。例如，1941年洛杉矶通过水权交易获得从注入湖水的支流取水的权力，导致湖水量下降，生态平衡被打破，栖息地水鸟大量死亡，动植物种类大量减少，沿岸生态环境不断恶化。再如，美国加州 San Joaquin 河谷，农业灌溉的水回流不足导致有毒硒的聚集，并导致后来 Kesterson 国家野生动物庇护所由于污染严重而关闭。由于农业生产的高风险以及低回报，如果水权交易的确有利可图，很有可能造成地区内农业缩减，农业人口流失进而引发就业结构变动等问题。例如，美国的阿肯色河谷，在其农业水权出售给城市后，就造成了当地农业的衰落。

第二，由于时代特点和制度约束，流域内水权交易的价格难以得到合理确定，市场机制难以充分发挥作用。在市场上，价格由供求关系确定。因此，水权交易也应该在一定程度上由市场上的供求关系确定价格，从而达到对水资源的再次高效配置。现阶段，流域水价多由政府部门制定，而且水价普遍较低，难以形成有效的激励作用。石河子玛管处的场口水价的相关数据显示：1990—1994年，兵团农业用水水价为 $1.26\sim2.26$ 分$/m^3$，沙湾市和石河子乡水价分别为 0.05 分$/m^3$ 和 $0.36\sim0.6$ 分$/m^3$；1995年，水价略有变动，自治区用水水价为 0.35 分$/m^3$，兵团用水价格为 4 分$/m^3$，沙湾市、石河子乡和新湖农场用水价格分别为 0.05 分$/m^3$、0.7 分$/m^3$ 和 2.5 分$/m^3$；1996—1997年，自治区用水水价为 0.73 分$/m^3$，兵团为 5 分$/m^3$，石河子乡和新湖农场分别为 0.7 分$/m^3$ 和 2.5 分$/m^3$；1998年至今，水价仍然按照1998年的标准进行收费，此时自治区用水水价为 1.35 分$/m^3$，兵团、沙湾市、石河子乡以及星湖农场用水价格分别为 7 分/m³、0.1 分/m³、2.16 分/m³ 和 3.5 分/m³。石河子水电字〔1998〕011 号文件和师发〔1996〕04 号文件显示，石河子玛管处供水成本为 0.095 元/m³。根据当时的实际情况，对水价进行了一定调整，从 0.05 元/m³ 调变为 0.07 元/m³。尽管可以通过原来价格的 5 倍进行水权交易，但是，交易价格以及收益仍然远小于农业节水的投入成本。因此，在确保一级水权市场分配公平的条件下，放开对于二级水权市场上的价格管制，额外水权的需求方就会通过自身成本约束以及水资源边际生产力来进行相应的价格谈判；同时，多余的水资源的供给方也会根据自己的实际情况以及相应制度规定确定水权交易的价格底线。

第三，流域水资源管理方面。玛纳斯河流域地跨兵团和地方政府四个行政区域，各个用水主体都以自己的利益为中心，难以达到对于流域水资源的综合、协同管理。各个利益主体之间协调成本较大，往往造成较大内生性交易成本，对于水权交易的实施具有较大阻力。

四、玛纳斯河流域内"水权管制放松"的理论分析

（一）产权管制与管制放松

管制是人类经济行为中普遍的现象，也是一种极具争议的经济行为。在早期，人们对于经济管制的讨论多集中于特殊产业的价格控制以及产业的进入管制。管制也一度被认为是为了纠正市场失灵、增进公众福利而采取的"好"的措施。但是，随着人们对于管制认识的逐渐深入，对管制的争议也越来越强烈。从制度经济学的角度来说，经济管制可以当成政府参与许多市场上私人契约的行动。

经济管制不仅促使产权结构得到调整，而且导致了复杂且难以预期的经济后果，并对利益分配和公众福利造成影响。现代管制经济学创始人 Stigler 在《经济管制理论》中指出，经济管制最初来自经济团体对政府部门进行游说以达到对相关产业进出管制并以此谋取垄断地位和租金的目的。管制直接导致了经济活动的低效率和非生产行为的大量增加。Stigler 将这一理论生动地称为"捕获理论"，即政府部门被企业所"捕获"。前人的不断研究以及大量的实践经验表明，经济管制并没有达到保护市场和消费者的目的，反而是造成

市场混乱、减缓经济增长的罪魁祸首。显然，政府对于经济的管制已经从维护市场的正义化身变成了为经济团体谋取利益的代言人。国内的相关研究也表明，政府的严格管制造成了资源的扭曲配置进而导致了资源利用的低效率和严重的浪费。

政府对于经济行为的管制，归根结底是对于产权的管制。产权管制是一个产权集合中的全部或部分真子集被剥夺或删除的过程；产权管制放松则是指一个产权集合中的全部或部分真子集被剥夺或删除到部分或全部重新赋予并界定的一个动态过程，同时是一个租金耗散不断减少的过渡过程，更是自由协约构成的价格机制对政府配置资源安排的一种替代，因此是最小化交易成本的理性选择。相关文献研究也表明国家对于资源产权管制的放松促使国家的比较优势得以发挥。另外，我国农业制度改革的研究也表明，中国农业制度的变迁实际上是国家制造、剥夺和局部归还农民产权的过程，是一个农业资源产权由强烈管制到管制程度不断放松的过程，在此期间农业资源配置效率逐步提高。事实上，政府对于产业或者相关资源的产权管制的放松，是对于市场作用范围的一种让步，也是对市场资源调节能力的增强。水资源是国家的公共资源。水资源的所有权和其他相关权利长期由国家控制，国家对于水资源在市场上的自由交易有严格的限制。水资源只能够由国家统一调配，这在一定程度上限制了市场作用范围，使其难以利用市场机制进行高效的水资源配置。另外，水资源既是社会、经济、财政和环境资源，也是一种基本需求和道德性物品，难以仅依靠市场机制进行资源配置。本章研究的产权管制中虽然主要部分是产权，但是并不纠结于对于所有权的讨论。所有权指人与物在法律上的占有或者归属关系；而产权的实质是基于物的人与人之间的关系。本章所讨论的产权主要指使用权、转让权以及获得相应报酬的权力。从租值耗散理论来看，只有当第三方介入并对产权进行全部或者部分管制了以后，才会产生租值耗散、造成资源配置的低效率，因而所有权的维持和变化和租值耗散没有必然关系。

（二）流域水权交易与管制放松

玛纳斯河发源于天山北麓，河流流向由南向北，全长 400km 左右，年平均径流量为 12.8 亿 m^3。流域的生态、经济功能十分典型，对于北疆经济的发展和生态环境的延续具有重要的作用。由于玛纳斯河流域地跨兵团和四个地方行政区，因此对于水资源的产权管制比较混乱，"多头管水"现象普遍。玛纳斯河流域水权的自由交易，主要针对将农户节约的农业用水进行交易，以达到将水资源向工业部门进行转移从而提升水资源的边际生产率的目的。为解决干旱地区水资源利用问题提供了可贵的借鉴，同时对规范地方和兵团水资源产权管理起到了一定的作用。

现阶段水权交易，实际上是对于水资源的剩余控制权和剩余索取权的管制放松，从而让分散决策个体能够拥有水资源的剩余控制权，保证将水资源投入他们能发现的最有价值的用途上，节约了以往由于水资源权利错位而产生的交易成本，对于实现水资源的最优配置具有重要作用。对于水资源剩余索取权管制的放松，不仅缩小了兵团和地方干预经济、资源配置的范围，还可以增加由于农户追逐私利而引发的资源保护性投资，具体表现为增加节水设施投入、提高节水意识等。这种做法从本质上解决了农户节水意识缺乏和节水设施投资不足的问题。

水资源是一种公共资源，国家对其拥有绝对的权力。在水权交易制度建立以前，虽然国家、兵团和地方政府大力推行节水技术和节水理念，但是由于节水材料需要农户自行投资，而且节约的水资源并没有让农户得到切实的好处，而是流入了公共领域之中，节水效果并不理想。另外，由"公地悲剧"的原理可知，处于公共领域内的资源会很快被攫取殆尽。但是，水权有偿交易的实行，可以减少人们对于公共资源的攫取，在一定程度上防止租金的过度耗散，提升资源利用的效率甚至提高组织运行绩效。当水权可以进行有偿交易的时候，由于利益的刺激，农户不会让节约出来的水白白流入公共领域，而会将之用来谋取利益。这样就避免了水资源由于强制管制而造成的配置扭曲，也在很大程度上节约了由于管制而造成的内生性交易成本。对渔业、水产养殖业等严重依赖水资源的产业进行强烈的水资源管制会严重降低产业对于资源配置的效率，也会对产业的经营绩效造成巨大的损失。通过管制—产权—绩效（RPP）的分析框架不难发现，严格的产权管制与产业经营绩效之间呈反向变动的关系。因此，放松管制不仅可以减少不必要的交易成本和监督成本，还可以促进资源向高边际生产率的产业转移，是一种理性的选择。

2011年新疆维吾尔自治区党委、人民政府发布《关于加快水利改革发展的意见》，指出要创新水资源管理体制，在有条件的区域积极开展水权交易、转让试点工作。2014年，昌吉州公布水权水价改革方案，规定实行差异化水价，征收水资源费和水资源补偿费，在玛纳斯县塔西河、包家店水管所建立了新疆首个水权交易中心。在水权交易中心，农户可将定额内节约下来的水通过水权交易中心和水库调蓄，以农业基准价格10倍的价格转让，由塔西河工业供水工程输送给园区企业。水权制度和水权交易制度制定以来，玛纳斯河流域的水资源利用效率有所提高，用水户节水热情有所提升，但也存在不少问题，目前水权交易还处于政府主导阶段，水市场还未真正建立，水权制度建设体系还需进一步细化，水权仅限在塔西河流域内的工业、农业之间交易，受水利设施制约较多，在玛纳斯河流域并未全面展开。

五、准市场资源配置理论和合作博弈模型构建

针对玛纳斯河流域水权制度建设的研究短板，我们从合作博弈联盟的视角研究流域初始水权分配和水权交易的运行模式与制度建设，以期提高水资源对经济社会的支撑力度。提出"政府+市场"准市场资源配置制度安排，针对水权交易阶段政府、市场双失灵现象，建立社区（组织）合作博弈联盟，形成"政府+社区联盟+用水户"三方博弈新局面。构建Crisp合作博弈模型和模糊合作博弈模型分析社区（组织）合作联盟的利益联结机制和水资源再分配策略。水资源分配实际上是利益分配，解决地区流域利益冲突的关键是推进水资源管理体制改革。流域水资源管理体制改革主要有两种思路：一种是建立政府统一管控模式，以制度建设和法律建设来约束各方的行为选择范围，调节地方利益冲突，实现流域水资源的统一管理；另一种是建立水市场，建立水资源利益调节机制、水权分配和水权交易经济管理体制，由价格机制和竞争机制主导资源的配置方向，政府通过对市场的监督和管理而不是以行政命令的形式来保证全流域的资源合理利用。完全摒弃指令配置模式，以市场化配置水资源的模式不可取，原因有以下几点：一是水利设施等公共物品一般由政府部门提供，政府主导水资源的供给，水资源价格不可能完全按照市场中的供求机制和价格机制决定，水市场只能在具有私人属性的水资源范围内起作用；二是以流域为单位的水资源需要统一管理，流域水资源除了水电、供水等具有私人属性的用途外，还兼顾流域生态、防洪、冲沙等公共目标，水市场的资源配置安排要服从流域统一管理的多目标性；三是水市场的资源交换受时空等条件的限制，水资源利用也需要遵循生态系统的物质循环规律，水权交易不得改变水资源的功能区划；四是水资源的所有权归国家所

有，用水户只拥有水资源的使用权。

采用"政府管控+市场调节"的准市场模式配置流域水资源（图14-1）。政府在初始水权的分配中应当充分发挥主导作用，综合地区经济社会生态等用水目标，合理控制用水总量，明晰界定初始水权，合理制定交易规则，依法维持交易秩序；"市场"强调在初始水权得到明晰界定后，市场应当成为水权交易的主导力量，应用价格机制和竞争机制合理配置水资源，政府的行政干预应当逐步淡化，由水权配置的主导者成为交易规则的制定者、交易纠纷的仲裁者。两种模式的有机结合通过引进产权制度、私有部门等市场力量，使原来由政府主导的公共资源管理成为"政府+市场"混合管理模式。这种混合管理模式与传统意义上的市场化配置有所区别，一方面准市场类似于竞争市场，资源配置规则越来越倾向于应用价格机制、供求机制作为资源配置的标准；另一方面，与自由竞争市场不同的是，在初始水权分配阶段政府替代市场成为资源配置中的主导力量。需要注意的是，在初始水权分配和水权交易阶段政府都有所参与，但管理侧重有所不同。在初始水权分配阶段政府是主导者、直接参与者，是作为上级主管部门代表国务院依照《中华人民共和国水法》（以下简称《水法》）中所有权和使用权相分离的原则将水权赋予用水单位，而在水权交易阶段政府是监管主体，根据监管权限对市场交易主体、交易水量额度、交易价格等方面进行监督，规范市场准入，保障信息透明，提高交易效率，减少交易纠纷，两个阶段政府参与管理的内容不同，需要明确管理边界，防止跨界越权。"政府管控+市场调节"的准市场模式配置流域水资源管理运作机制如图14-1所示。

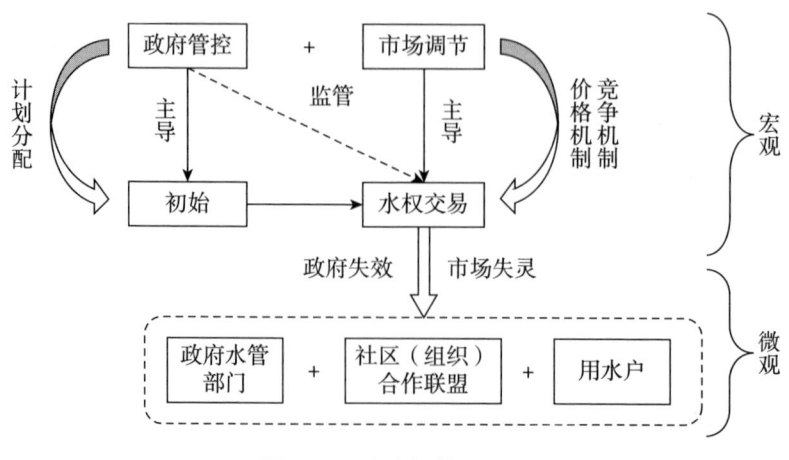

图14-1 水资源管理机制

六、流域水资源优化配置对策建议

对于水资源来说，国家享有其绝对的权力。我国《水法》规定"水资源归国家所有"。在玛纳斯河流域，所有权指主体与财产在法律上的归属关系，而产权主要表示一种使用、转让和分享剩余收入的权力，是一种"人与人"之间的作用关系。国家可以从两个方面促进玛纳斯河流域内水资源优化高效利用，即技术手段的改良和制度方面的创新。无可否认，技术手段可以切实解决一部分流域内水资源水利工程方面的问题，但是当达到技术瓶颈时，制度手段就成了问题解决的主要突破口。因此，本章所探讨的农业水资源产权并不包括水资源的所有权。包家店水管所水权交易中心的顺利运行，为玛纳斯河流域乃至新疆及西北干旱地区内水权交易的大范围实施树立了良好榜样，为西部干旱地区解决用水难题提供了新的思路。这是新疆率先推行的农业水权自由交易中心试点工程，表明农业水资源配置正在通过运用部分市场功能进行高效调控。据相关专家测算，实行水权交易中心试点，仅包家店每年就可以达到 3600 万 m^3 的农业节水量。由此可见，市场管理对于农业水资源优化配置具有重要的作用。但是，市场并不是万能的，我国的"水市场"仍旧是一个准市场，需要多方力量的不断平衡作用，才能达到水资源的最优配置。

（一）水资源产权管制松紧结合

由产权管制放松理论可知，产权管制放松就是将原来产权集合之中的被强制剥夺的部分重新给予分散决策个体。通过分散决策替代整体统一决策，从而达到减少决策失误，节约成本的目的。这里所指的产权管制放松主要放松的是剩余控制权和剩余索取权。把剩余控制权和剩余索取权还给农户，并允许农户之间、农户与其他机构之间进行水权的有偿转让。由于我国市场发育的不完善以及"水市场"的准市场特点，水权市场不可能完全开放，必须在核心部分受到一定管制。要让水权交易高效运行，必须处理好一级水权市场和二级水权市场中涉及的产权问题。一级水权市场应该由政府权威机构主导，建立核心水管部门，以公平原则为核心进行水权分配，明确各个部门对应的水权，清晰界定兵团与地方政府的水权边界，明确相关的责任，做到权责分明、权责对等，在最大限度上刺激水资源高效、合理配置。在二级水权市场上，政府应该以效率为主要着眼点，对于产权的管制应该适度放松，将剩余控制权和剩余索取权归还给用水主体，各个分水机构应该以农业生产规模等指标进行评估，以确定水资源的使用量。当水资源分配到农户手里的时候，我们称为三级水权，此时，水权市场可以完全开放，农户可以通过将节约出来的水通过交易中心以规定价格进行自由转让使水资源流向边际生产力更高的部门，不但可以促进水资源高效利用，还可以让农户达到盈利的目的。

（二）外部性问题最小化

由于经济行为的相互依赖性，各个经济主体彼此之间存在相互影响。要消除水权交易的外部性，在交易成本不为零的经济社会之中几乎是不可能的。但是我们可以经过制度设计来减小外部性的影响。首先，水权交易之中，主要外部性就是水质、水量方面的外部性。水权交易之中，由于大量农业水权向完全耗水产业转移，流域内水资源回流量减少，原本属于第三方的生态用水部分就会被掠夺。其次，在水质方面，由于工业用水污染程度高，如果未经处理过的污水随意排放到公共领域，就会对第三方产生额外损失，而污染者又不会主动承担相应的责任。因此，在此方面有效的解决方法就是明确权责，并通过相应的法律制度进行约束。例如，生态用水的水权在初始分配的时候就应该得到充分保障，明确生态用水范畴，并通过政府等部门对其用水权利进行保障；工业排污应该受到大力监督，排污水质应该通过合格检验再允许排放，或将污水统一集中后经过专业部门进行净化，然后才允许排放，而其中的费用可以让政府和企业按一定的监督措施进行制度保障并借助强有力的法律体系促进制度实施。

（三）水价制度创新

价格能很好地反映资源配置的状况，如果外部权威通过强制力进行干扰，那么无疑是对市场机制的扰乱，对资源配置效率的伤害。价格应是交易双方在自身约束条件下让自身利益最大化而愿意付出的成本，因此流域内水权交易应该以供求关系为基础形成合理的价格。但是，由于现阶段制度和技术方面的约束，完全放开对于二级水权市场的水资源价格的管制几乎是不可能的。现阶段流域水价普遍偏低，难以形成节水激励和维持水利设施的再生产能力，而水价偏高会不断加重农户负担，甚至对于农业生产有着毁灭性的打击。所以应采用科学、合理的定价制度来确定一个合理的水价。政府可以引进水权交易价格听证制度、水权拍卖制度或者实行阶段性水价。在流域内，水资源供给方和水资源的需求方在一定的时间召开水资源价格听证会，在双方不断谈判的基础上形成双方都可以接受的合理水价。在交易双方共同参与的条件下，一方面可以按需索求；另一方面降低了信息搜寻成本，有助于买卖双方福利增进，而且可以形成更加合理的价格。另外，在三级水权市场上也可以统一实行水权拍卖制度，让水资源的价格由市场决定。

（四）管水机构中心化

对于水权交易的优化，无论是外部性、价格还是管理，其核心终究归结于产权以及产权管制与放松之间的动态变化过程。玛纳斯河流域水资源管理主要面临的就是管理部门分散，管理效率低下等问题。建立中心化的流域水资源管理机构可以对水资源进行统一管理，而且在作决策方面不会受到其他管水机构的限制，更加有利于水资源的整体协调调配。因此，现阶段改革必须要有壮士断腕的决心，对多余的管水机构进行合并、撤除，最终形成流域内核心水资源管理部门。一旦核心形成，对于后续水资源滥用、超用以及非法取水等行为就可以进行良好的监督和惩处。

对于玛纳斯河流域水权管制与放松来说，动态博弈就是各个利益集团或者说用水户、地方政府以及兵团之间的利益重新分配过程。当三者之间的讨价还价能力发生变化的时候，就是部分水权制度进行相应调整的时候。此次，包家店水权交易中心的成功试运行，证明了通过水权交易的方式可以为解决流域内水资源利用主体之间的矛盾，缓解干旱区用水压力，优化水权配置提供解决办法。

（五）政府与民间组织相结合的监督机制

要达到高效、合理、可持续用水，在水资源配给以及对其使用前后进行监督必不可少。对于水资源配给和使用前后的监督主要包括是否有水资源分配不均、是否有寻租违纪现象，以及水资源不合理使用和水资源污染等。对于水资源配给公平以及分水机构寻租等现象，政府可以通过设立内部检查机构以及促进民间用水协会等组织的形成加大监督力度，从外部和内部同时打击。对于水资源不合理使用以及水资源污染等方面，一方面政府处罚力度的威胁和民间组织的监督可以做到事前预防；另一方面，政府可以通过税收等处罚性措施进行事后保障，与民间监督和舆论相结合，在一定程度上减少"良心效应"的影响。

第五篇 科技赋能沙漠经济 产业开发潜力无限

第十五章 沙漠产业开发模式研究

中国广义沙漠（沙漠、戈壁和风蚀地）面积为143.3万 km^2，占国土面积的15%。新疆是中国沙漠面积最大的省（区），沙漠面积达42.1万 km^2，占新疆总土地面积的1/4，占全国沙漠化土地的1/3。

沙漠生态环境尽管在人类干扰下产生了不同程度的退化，但我们仍可以利用生态学的理论和方法，以沙漠系统整体优化为目标，坚持以"生物措施为主、工程措施为辅，坚持生态、经济、社会效益统筹兼顾，坚持以本地物种或已经驯化了的物种为主、以外来物种为辅"等原则，通过在关键环节投入"负熵流"，正向加速生态系统的演替过程，形成一种有利于人类的、良性循环的、达到或超越原始未受人类活动严重干扰的生态系统水平，且该系统更易于人类控制，保证"人—自然—经济"的全面协调和可持续发展。

中国系统化沙漠治理与开发，首推内蒙古自治区鄂尔多斯市的库布齐沙漠。库布齐沙漠是中国第七大沙漠，总面积达1.86万 km^2。一度被称为不可治理的"死亡之海"。经过30多年的治理，库布齐沙漠生态环境得到明显改善，生态资源逐步恢复，沙区经济不断发展，形成独特的沙漠治理模式，受到国际社会的认可。2014年，库布齐沙漠生态治理区被联合国环境规划署确立为全球沙漠生态经济示范区。2017年，《联合国防治荒漠化公约》第十三次缔约方大会在鄂尔多斯市召开，其提炼总结的荒漠化治理鄂尔多斯模式，为世界其他荒漠化地区提供了中国智慧和中国方案。经过30多年的探索和实践，库布齐沙漠形成了以生态治理与恢复为前提，以经济开发为目的，以三次产业联动为模式，以经济与生态可持续为目标的多种"沙漠治理与开发模式"。

一、沙漠生态综合开发模式

塔克拉玛干沙漠是我国最大的沙漠，也是世界第二大的流动沙漠，面积约为 34 万 km^2。新疆在塔克拉玛干沙漠边缘阻击战中，通过实施"塔克拉玛干沙漠锁边"工程、固定半固定沙漠提升工程、光伏治沙工程以及推进沙产业高质量发展，实现生态效益、社会效益与经济效益多赢。

（一）生态修复工程

阻击战区域采取封沙育林、造林种草、工程固沙等手段，在风沙活动频繁的沙漠边缘地区建设防护林草带，阻止沙漠扩张；在绿洲包裹的风沙策源地实施攻坚工程，降低风沙危害影响；在绿洲内部条田林网缺失地带和防沙治沙空白区域将实施歼灭战，推进整体生态环境改善，实现"防风、阻沙、控尘"的治理目标。例如，在阿克苏地区阿瓦提县英艾日克镇艾西曼区域开展义务植树活动，截至目前，该县已完成 24 万亩沙化土地生态修复（图 15-1）。

图 15-1 阿克苏地区生态修复

在塔克拉玛干沙漠腹地塔中采油气管理区石油工人建成了"美丽家园—沙漠园林"，该沙漠园林现有各类绿地 1 万余亩，随着植被增多，野兔、沙鼠等 10 多种野生动物在此安家。

（二）特色种植

在新疆，人们在长期的防沙治沙实践中，已经发展了以枸杞、沙棘、沙枣、肉苁蓉、苜蓿、甘草等为主的沙区特色节水型林草产业，走出了一条符合自然规律、符合国情地情的新疆特色防沙治沙道路。目前，新疆肉苁蓉、枸杞、沙棘、玫瑰等沙区特色经济植物种植面积约 150 万亩。

位于阿克苏地区温宿县柯柯牙荒漠绿化工程给温宿县乃至阿克苏地区带来的不仅是绿色，还有新疆鸿果农业科技发展有限责任公司"阿克苏苹果"带来的巨大经济效益。2022 年阿克苏地区特色林果种植总面积达到 450 万亩，总产值 182.03 亿元。

在和田地区于田县，沙漠玫瑰种植面积达 5 万多亩，昔日的漫漫黄沙被香气怡人的玫瑰取代。在风沙危害严重的巴音郭楞蒙古自治州且末县，梭梭接种肉苁蓉模式让越来越多的居民受益，肉苁蓉种植面积已达 8 万多亩，成为新疆南部最大的梭梭接种肉苁蓉种植基地。在和田地区和田县塔瓦库勒乡人工种植梭梭林规模达 4 万亩，年产新鲜肉苁蓉 4000 吨，塔瓦库勒乡也成为"中国苁蓉小镇"。

近年来，在北京市对口支援新疆工作前方指挥部的大力援助下，和田地区和田县的罕艾日克镇稻香村优化种植结构和模式，通过土地流转种植 1800 亩具有耐旱、耐寒、抗病虫害等特性的水稻，水稻种植已成为该村支柱产业。

新疆将推动沙产业高质量发展，通过完善财政、土地使用、政府购买服务等相关政策，鼓励社会力量参与防沙治沙，打造一批规模化、集约化特色林草种植基地。在遏制沙化土地扩展，确保生态改善的同时，推广生态—经济复合型沙产业发展模式。

二、库布齐沙漠给出的"中国方案"

内蒙古鄂尔多斯市的北部，坐落着我国第七大沙漠库布齐沙漠。30 年前，这里几乎寸草不生，是我国北方沙尘暴的主要来源，每年向黄河输出泥沙超过 1 亿吨。经过 30 年的治理，如今库布齐沙漠的 1/3 变成绿洲，成为世界上唯一被整体治理的沙漠。库布齐沙漠腹地——那日沙，它在蒙语里面的意思是太阳升起最先照到的沙丘。过去这里的沙丘以高度著称，进入这个地方就会看到记录了沙丘高度的标尺，我们可以看到从最上端的1988年到现在，整个沙丘高度降低了大概5米。在30年的治沙过程中，整个库布齐沙漠的沙丘高度降低了一半左右。有6000多km^2的荒漠变成绿洲，占整个荒漠面积的1/3，更为神奇的是这片"死亡之海"已经变成了"经济绿洲"。

内蒙古自治区鄂尔多斯市杭锦旗的牧民敖特更花仅仅是库布齐沙漠治理中的一个缩影。他的故事从打井提水开始讲起："打井的时候，没有路全部是黄沙。打井首先必须得有水，有水才能打下管。这个水我们往进来送的时候，纯粹是我们两口子人工背进来以后打的井。"敖特更花自己都没有想到，从打下这口井开始，她的种树生涯持续了十几年。如今她绿化的沙漠面积达到了2万多亩，年收入超过20万元。现在，她带着自己的团队，把治沙的经验输送给了新疆和西藏。如今，库布齐沙漠森林覆盖率、植被覆盖率已分别由2002年的0.8%、16.2%，大幅提升到2016年的15.7%、53%，成为名副其实的绿洲。作为世界上唯一被整体治理的沙漠，库布齐沙漠被联合国环境规划署确定为"全球沙漠生态经济示范区"。库布齐沙漠治沙技术已在新疆、西藏等地成功复制，并为全球荒漠化治理提供了"中国方案"。

黄沙里长出绿色并逐渐变多只是沙漠治理的第一步，随着生态不断修复，植被覆盖之下的黄沙慢慢变成了肥沃的土壤。一些以前无法种植的农作物，也在沙漠里生根发芽，这让沙漠里的居民们看到了新的希望。在库布齐沙漠深处的生态园区里，亿利沙漠生态健康公司总经理孙永强新种的几陇花生已经长出了茂密的叶子，不出意外，今年秋天他将收获第一批在库布齐沙漠里生长起来的花生果实。园区里有50多种农作物正在茁壮成长，每年产生的经济效益超过1000万。孙永强说："沙漠里发展起了农业，多亏了土壤条件的改善，沙子它非常散，没有土壤的团粒结构，它里面的有机质也非常少。经过改良的土，土壤的黏性很大，里面的有机质和腐殖质就很多，现在几乎什么都能种，通过我们试种，就没有不能种的。"孙永强介绍，土壤条件的改善并没有想象中的那么难，可以利用甘草增加氮肥的作用，培育土壤肥力。"大规模种植甘草，每棵甘草可以影响一平方米的土壤，收获时土地的肥力就会得到改善。同时，甘草本身也可以卖不少钱。像我们这样集约化种植的甘草，3年以后亩产可以达到1000多kg，产值在8000块钱以上。每年每亩地的净利润有1000多元。"甘草的经济价值不止如此。在距离甘草产地80km的中成药加工厂，一批甘草片正在进行包装。负责人介绍，这样的工厂一年生产甘草片可以达到8亿片，收入接近6千万元。现在不管是农户还是企业，都已经形成了治沙产生效益，效益反哺生态的治沙产业链条。

另外，中沙基业发起的"沙之源荒漠治理生态大农业"项目，通过在西部戈壁沙漠地区种植以酸枣树、梭梭树、文冠果、黑果花楸等兼顾防风固沙和经济效益的耐旱树种，进行分阶段有计划种植，计划在5年内完成从1棵树到100万亩树的种植目标。此举一方面可以抵御沙漠侵袭，延缓荒漠化扩张速度；另一方面可以带动沙区产业发展，帮助居民脱贫致富，实现经济效益和社会效益的统一。

三、蒙牛"种、养、加"有机奶开发模式

从2009年到2023年，蒙牛集团用14年的时间，携旗下圣牧公司深入乌兰布和沙漠腹地，在这片被当地人称为"不可能生长作物、不可能完成土地改良规划、不可能实现人工种植"的不毛之地上，用智慧摸索出"种、养、加"一体的有机沙草循环模式，建立起全国最大的有机原奶生产加工基地。

（一）瀚海耕绿创奇迹

乌兰布和沙漠地处内蒙古自治区西部巴彦淖尔市和阿拉善盟境内，总面积约1万km^2，这个生命禁区如今已成为"奶源天堂"。2009年，蒙牛旗下圣牧公司组织了一批专家实地勘探，决定要发掘得天独厚的奶源圣地。"纬度上，这里处于北半球最佳奶源带，每年日照时间能达到3000多小时，紫外线清澈，大沙漠反而隔离了工业污染和病毒传播，成为纯天然的'隔离带'。"

蒙牛的400余人治沙队伍，义无反顾地踏上了人沙交战的最前线。"携铲带锹走黄沙，瀚海阴山处处家"，回忆起和"红色公牛"的初次交手，大家都历历在目："没有电，没有水，历尽千辛万苦种出来的玉米苗被一场风沙全部摧毁，当年补种了四茬无一幸免……"极为恶劣的气候条件和严重匮乏的基础设施，员工的衣食住行都无从保障，治沙工作就更无从谈起。"当时只能自己搭帐篷睡在沙漠上，睡一宿一睁眼，满嘴是沙子，那些细的粉尘就直接吸进肺里头了，'就沙吃面''爬树找信号'都是家常便饭。"

可再大的风沙终究刮不走治沙人。修路、架电，一切都从零开始，让沙漠里的人烟实现"从零到一"。架电277.9km，修路193.3km，修建蓄水库11座……当看到这些数字时，我们仿佛触摸到前辈们用青春接续，为治沙工作

不断增添可能性的身躯。为了耕绿工作的顺利开展，治沙团队咨询了多位农牧业、沙产业的科技专家，因地制宜地规划系统化的耕绿体系，"宜草则草，宜林则林"，采用旱生乔木、沙生灌木、多年生牧草与一年生牧草相结合的方法，迎头撞上无数险阻。筚路蓝缕，扎根沙漠，一切为了"瀚海耕绿"的"一棵草"；左手种草，右手科学，蒙牛治沙人让大漠"变了颜色"。

干旱贫瘠的沙土，让种草工作者无从下手，他们就把大沙丘推平，掺上有机肥；没有水，他们就设法把凌汛期排放至沙漠中的黄河水引入基地，均衡地下水的使用；风沙大，他们就创造牛粪辅地固沙的方法，让牛粪与沙土混合形成胶质，将"一盘散沙"变成沃土。在人员、资金窘迫的沙漠里，他们用推土机改装，自研出比原装设备还好用的深松机；不明白大型指针式喷灌机的部署，风沙呼啸中，技术人员就靠对讲机联络，顶着迷路的风险，一点点勘探完茫茫大漠，部署下92个指针式喷灌机。"现在这些几百亩的牧草圈，都受益于当时的喷灌机，其中艰难，不亲自参与的人想象不到"。

在公路旁边，一大片不甚规整的防护林格外惹眼，其背后却是耕绿的一路艰辛。当时的技术经理刘安君解释道："那时候白天的风沙大，只能晚上种树，每人一个手电筒，打着种下这些防护林，因为晚上看不清楚，所以种得不整齐。"就这样，蒙牛圣牧人先后种下沙生树木9700多万棵，改造沙漠面积200多 km^2，让桀骜不驯的"红色公牛"温顺下来。如今沿路而行，只见一望无际的苜蓿、玉米、燕麦草勃勃生长，鸟语花香，涂抹出一幅绿色图画。

（二）"奶牛乌托邦"

让牧草增值的"建链"工程是"沙漠挖金"工程。"瀚海耕绿"营造的有机环境，早已历历在目。曾经黄沙滚滚，如今沃野田畴。干燥纯净的沙漠性气候、丰沛天然的地下水，都为"奶牛乌托邦"提供了绝佳舞台。以耕绿汲取奶源宝藏，蒙牛集团打造有机全产业链，诠释治沙哺业的真谛。"走进牧场时，只看到奶牛们稀稀落落地在沙地上撒欢，几只犊牛还喜欢往身边拱，还有很多奶牛躲在牛棚里避暑，棚内的风扇和喷水系统自动运转，一旦环境温度超过奶牛适应温度，就会自动开启降温模式。这里的23座牧场养了11万头牛，每一头牛都享受着有机食物和精心照料。牧场之外的22万亩无化肥、无农药、无转基因的有机草场，让玉米、燕麦和苜蓿"三件宝"直供奶牛餐桌。

随工作人员走入宽敞凉爽的牛棚，只见许多奶牛慵懒地躺卧在沙床上休憩。据介绍，这是沙漠自产的干沙铺床，既柔软舒服，又干燥不易滋生细菌，还有着预防奶牛乳房炎的奇效，"我们还有专业的营养师、保健医生构成的后勤天团，保障每头牛超级到位的牛福利，让它们产出开心的好奶"。

所有挤好的奶都通过管道注入奶罐车，2个小时之内就会被送往加工厂，在那里，蒙牛引进顶级设备，遵循最严格的品控要求，保证最严格的杀菌环境。在加工厂中，入库、过滤、消毒、检验、灌装……数字流程管控的生产线有条不紊地运行着，最终生产出一袋袋高品质的有机奶成品。

（三）环境价值可期待

蒙牛携圣牧"瀚海耕绿"构建的绿色屏障，推进了当地的可持续生态繁荣，创造出了巨大的环境价值。从黄沙漫天，到绿草如茵，这里的沙漠辐射量较20世纪80年代减少了40%～45%，沙尘量减少了80%～90%，平均风速降低了21.41%，每年流入黄河的沙量减少了30万吨。据科学测算，蒙牛的乌兰布和治沙实践，未来30年预计可固碳110万吨，不仅为当地的荒漠化综合防治做出了突出贡献，还为阻止风沙进入京津冀筑牢了绿色屏障。

四、"光伏+种草+畜牧"模式

如果中国1%的沙漠地区覆盖了太阳能光伏板，就可以解决全国14亿人的用电问题。在光伏电站入驻沙漠戈壁前，治沙总是一件费力不讨好的事情，投入很大却没有产出，企业参与意愿低，只能成为"当地百姓出工、国家出钱"的国家公益事业。在能源领域，有个著名的"不可能三角"理论：人类在追求清洁能源，但无法同时兼顾供给稳定、环境友好、价格低廉。

沙漠光伏电站建设是一个系统工程，必须防止流沙和沙暴的侵袭。所以在光伏阵列下方种植适宜的植物以固沙是必要的。光伏板就像一排排遮阳棚，避免阳光的直射，降低了地表温度和水分蒸发。为定期清洗光伏板尘土设置的喷水系统，可利用冲洗光伏板表面的水，为下方的植物提供水分。大规模开发建设沙漠光伏，不仅能利用好沙漠戈壁这些价值较低的土地，获得清洁的新能源，还能让光伏发电成为现代化治沙防沙的手段。在库布齐沙漠中，仅广核集团一家，就已经在这里投运了5座光伏电站，装机容量达到了62万千瓦。在光伏电站的帮助下，2.7万亩沙漠变整成了绿洲。光伏电站不仅能够提供清洁能源、带来经济效益，还能够完成治沙任务，可谓一举三得。由此看来，这个能源"不可能三角"，也许会被中国的"沙漠光伏"打破。

2022年，国家发改委宣布计划在西北的沙漠戈壁上，建设总装机容量4.5亿千瓦的风电和光伏发电基地。4.5亿千瓦是个什么概念？相当于20个三峡大坝发电量的总和，堪称"我们国家历史上最大规模的发电站"。可以预见，当这些"发电站"建成以后，我国的清洁能源会壮大到什么程度。2022年12月28日，三峡集团称全国首个开工建设的千万千瓦级的新能源大基地，在内蒙古的库布齐沙漠开建，该项目规划的总投资超过了800亿元，居全球第一。

在青海占地609km^{2}的塔拉滩光伏电站，差不多和新加坡整个国土面积一样大。曾经沙化面积占了98.5%的茫茫戈壁，年平均日照2700小时以上，自从成了全球最大装机容量的光伏发电园区，其除了把电送到江苏、河南，还让这里的平均风速降低了50%，植被盖度恢复到80%，荒漠沙丘变成了草原绿洲。腾格里沙漠330千伏治沙光伏电站已经投产，6.5万亩沙丘变成了草原，太阳能板下面种着枸杞，跑着牛羊（图15-2）。

图15-2　"光伏+治沙"模式图示

光伏板下面植物太多、太茂盛反而产生了弊端，即茂盛的植物会影响光伏电站的发电效率。于是，"光伏+畜牧"的沙漠牧场模式出现了，在电站养羊，既清除了杂草又喂饱了羊群，一举两得（图15-3）。

图 15-3　"光伏+畜牧"模式图示

既然能种草,那么种植沙生经济作物应该也没有问题,于是相关人员举一反三地在光伏阵列下方搞起了特色种植业(中药材等),经济作物带来了一笔不错的经济收益。在库布齐沙漠的达拉特旗光伏基地,一期项目有效治沙的面积就有 2.3 万亩。其中,有红枣等经济林 1.2 万亩,黄芩、黄芪等中草药 5000 亩(图 15-4)。

图 15-4　"光伏+种植"模式图示

如今,"光伏+种植""光伏+畜牧""光伏+旅游"等经济模式在西北戈壁滩遍地开花。中国为世界解决环保和能源问题提供了中国方案和中国经验。

五、沙漠旅游产业开发模式

（一）发展概况

沙漠旅游是指以沙漠地域和以沙漠为载体的事物、活动等为吸引物，以满足旅游者求知、猎奇、探险、环保等需求为目的的一种旅游活动。沙漠旅游作为以沙漠自然地貌为依托的探险式旅游，以沙漠的浩瀚无际以及其内隐藏的危险和神秘吸引着众多游人，已成为当代一个比较热门的旅游模式。

21世纪，沙漠旅游业已成世界各沙漠地区积极发展的重要产业。例如，自2003年起，迪拜旅游业的收入已经超越了石油收入，占到了GDP的10%以上。2011年，迪拜共吸引游客930万人，比上年增长10%。不只是时尚展会和奢华的建筑吸引游客，迪拜积极建设"沙漠盛宴""沙漠露营"、豪华的阿尔玛哈沙漠度假村等沙漠旅游景点，推动旅游业走向丰富多元化。此外，埃及积极发展黑白沙漠旅行及探险游；南非的失落之城已成为沙漠明星之地。

我国西部大开发战略强调特色旅游业发展，首次提出"把旅游业培育成国民经济的战略性支柱产业和人民群众更加满意的现代服务业"。着力推进特色优势产业发展，使西部地区资源优势转化为经济优势成为新一轮西部大开发中"六个更加注重"的工作之一。把西部旅游业打造成特色产业，将对调整西部产业经济结构，增加收入起到非常重要的作用。

随着我国人均GDP迈向5000美元，城乡居民收入将进一步增长，旅游消费进入快速增长的黄金期。中国社会科学院发布的2011年《休闲绿皮书》指出，2010年我国居民休闲消费最核心部分（消遣旅游类、文化娱乐类和体育健身类）约为2.19万亿元，相当于社会消费品零售总额的14.20%，相当于GDP的5.51%。其中，消遣旅游消费占到核心部分的72%。此外，未来一段时期是我国城镇化加快发展的时期，将为旅游消费提供新的增长空间，西北大漠风光，西藏高原自然风光，沙漠瀚海与胡杨美景……都已成为新疆、西藏旅游的热门"打卡地"。

（二）沙漠旅游的发展潜力

我国著名的沙漠旅游点有：新疆库木塔格沙漠公园、新疆阿拉尔"沙漠之门"、内蒙古响沙湾旅游区和宁夏沙湖旅游区等国家级风景名胜区。作为中国最大的沙漠，新疆塔克拉玛干沙漠开发了沙漠公路风景线，并拥有塔里木河沿岸壮观的原始胡杨林及独特的人文历史资源和现代工业景观。特别是2007年揭牌开园的阿拉善沙漠国家地质公园于2009年被正式公布为世界地质公园，是我国唯一的沙漠世界地质公园。

目前，主要分布在我国北方9个省区的12大沙区已建成各类旅游景区50多个，其中国家4A级以上景区10余个。以5A级景区宁夏沙湖生态旅游区为例，2009年共带动直接收入8951.5万元；2010年景区计划接待游客85万人次，总收入1.58亿元，至2011年8月底，景区共接待游客近60万人次，较上年同期增长1万人次，旅游收入同比增长30%。另据阿拉善沙漠世界地质公园腾格里园区通湖景区旅游数据统计，2014年"五一""十一"黄金周期间，仅通湖景区日均接待游客数就达8000人次，全年共接待游客已突破30万人次，旅游收入达2500万元，同比分别增长69%、64%，创历史新高。这说明我国的沙漠型旅游业发挥了较强的经济带动作用，昭示了强大的朝气和发展潜力。

六、沙漠"水产养殖"模式

中国水产科学研究院在乌鲁木齐市就"盐碱水资源渔业综合利用"组织有关专家开展学术研讨。研讨会指出，盐碱水资源渔业开发是农业"非耕地"有效利用的重要途径和方式，对改善环境和解决农业生产具有重要意义。盐碱地（水）改良是一个系统性的工作，国家应集成单项技术，吸收国内外优势科研单位在基础研究方面的成果，提出整体实施建议。盐碱水域渔业资源开发利用不仅有利于拓展渔业空间，促进农业增产增收，还对盐碱荒地复耕有积极的促进作用，符合我国农业可持续发展战略的需求。

我国有14.8亿亩盐碱地资源，其中低洼盐碱水域约6.9亿亩，广泛分布于新疆、河北、甘肃等地，大多人畜无法饮用、农业无法利用，绝大部分长期处于闲置状态。对于盐碱水资源的研究和开发一直是各国科研人员关注的热点。中国水科院长期以来致力于我国盐碱水资源的渔业开发利用研究，经过多年努力，探索形成了系列化盐碱水质改良技术，建立了适合不同地区的盐碱水养殖配套技术，在河北沧州等地形成了规模化盐碱地水产养殖，推广面积约 20 万亩，使盐碱水养殖成为贫困地区一个新的经济增长点。同时，中国水科院在耐盐碱鱼类的引进、育种和全人工繁殖，池塘生态调控装备以及池塘标准化建设方面做了大量工作。上海海洋大学、河北省水产技术推广站、新疆水产科学研究所等单位，在耐盐罗非鱼新品种吉丽罗非鱼选育与推广、盐碱池塘精养高产、高盐碱区域规模化生态种养模式，盐碱水域资源调查、耐盐碱土著鱼类人工繁殖等领域近年均取得了可喜的进展。

盐碱地渔业是指在盐碱地上通过挖塘抬田、集成盐碱水质改良调控等各项技术，开展渔业养殖生产。2019 年，农业农村部与生态环境部、自然资源部等十部委联合印发的《关于加快推进水产养殖业绿色发展的若干意见》明确提出，加强盐碱水域资源开发利用，积极发展盐碱水养殖。为此，农业农村部渔业渔政管理局成立由 3 位院士牵头的盐碱地养殖产业发展规划编写组，启动了《全国盐碱地水产养殖产业发展规划》编制工作。规划以"生态优先、科学布局、因地制宜、有限目标、依靠科技、示范带动"为基本原则，提出促进盐碱地渔业产业健康发展的区域规划。为了做好规划引领和起到支撑作用，渔政管理局牵头组织 30 余家科研院所、高校、推广机构以及龙头企业建立了"盐碱地水产养殖科技创新联盟"，着力解决盐碱地水产养殖科技发展中重大战略、基础研究、共性技术、关键性技术、应用推广等问题，为盐碱地渔业发展谋好前路，提供方案。

（一）因地制宜——探索盐碱地水产养殖新模式

地处黄土高原与腾格里沙漠过渡地带的景泰县，由于长期大水漫灌、地下水位不断回升导致土壤盐渍化严重。目前，全县 103.74 万亩耕地中有盐碱耕地 16.3 万亩，其中重度盐碱地、弃耕地约 6.3 万亩。近年来，国家利用盐碱回归水和弃耕盐碱地大力发展水产养殖，通过开挖鱼塘抬高耕地、灌水洗盐的方式降水位、降盐分、恢复耕地、再造新田。在实践中探索总结出了"挖塘降水、抬田造地、渔农并重、修复生态"的工作思路。仲冬时节，甘肃省景泰县五佛乡大片盐碱地上的一排排鱼塘里，增氧机翻滚出的水花给鱼儿增添了活力，塘边的大棚里一垄垄小番茄、草莓长势喜人。景泰县的盐碱地水产养殖的成功实践，是近年来农业农村部推广的盐碱地水资源渔农综合利用结出的硕果。如今，景泰县已开发盐碱渔业19处、发展企业38家，全县水产养殖面积已达1万亩，抬田恢复耕地0.12万亩，改良治理盐碱地2万余亩。

宁夏石嘴山市大武口区也是引黄灌溉的盐碱发生重灾区，当地政府在不断摸索中找出了"因地制宜"的方案。过去荒芜多年的盐碱地，已经被改造成了1800多亩鱼塘。盐碱水产养殖地主要是打造高位池，用水泵将地下盐碱水抽到高位池里面进行养鱼，下面的低位土地种植水稻，形成了盐碱水利用的封闭循环。针对宁夏地区温度较低、有效积温比较短的情况，泰嘉渔业采用棚塘接力的模式，先将种苗放在温棚里养殖，等温度适宜的时候再将其放到塘里生长，取得了显著效果。

盐碱地水产养殖作为农业农村部主推技术，已经在陕西、河北、宁夏、甘肃、江苏、天津等15个省（区、市）推广运用，因地制宜形成了华北地区的台田—浅池和稻田—沟渠—池塘模式、西北地区的旱田—暗管—池塘模式、东北地区的牧草—池塘模式以及华东地区的"上粮下渔"和原位复耕模式等多种典型模式，为治理盐碱地和解决土壤次生盐碱化提出了新途径。实践证明，"挖塘降盐、以渔治碱"能够解决盐碱地治理过程中洗盐排碱水的出路，同时盐碱地渔业治理模式具有新增投入少、治理周期短、提高产业效益的优势。

（二）科技支撑——打破盐碱地水产养殖"技术瓶颈"

为了打破盐碱地渔业发展科技瓶颈，相关科研单位开展科研攻关，先后掌握了水生生物适应盐碱环境的多条生理途径，确定了调节的关键因子，培育了20余种适应盐碱地养殖的水产品种。其中，凡纳滨对虾、梭鲈、异育银鲫和罗非鱼在盐碱水中实现了规模化养殖。

有良种必须有"良法"，盐碱水的改良是"好水养好鱼"的水产养殖铁律。盐碱水的改良可以用化学法、物理法、生物法等多种方法。同时，盐碱水有11种类型，就像人化验血型一样，改良盐碱水的水质首先要化验好类型再对症下药。利用盐碱水质改良剂、盐碱池塘绿色生态养殖技术等都可以有效调控水产品养殖过程中的水质。特别是以菌治藻的微生物方法，通过微生物杀死有害蓝藻，起到改良、稳定水质的生物改良方法，开辟了在不同盐碱类型水中开展水产养殖的先例。

盐碱地里养殖的水产品会好吃吗？这是消费者的疑虑。"盐碱水养殖的水产品带一点海鲜味。以虾为例，盐碱水养的虾风味独特，肉质鲜甜又不失淡水虾的弹性。"长期从事盐碱渔业研究工作的中国水产科学研究院东海水产研究所研究员么宗利给出了肯定的回答。

盐碱地渔业的意义在于经济效益、生态效益和社会效益的融合，它不仅保障了国家粮食安全，还巩固了脱贫攻坚成果，助力乡村振兴。目前，农业农村部渔业渔政管理局正在组织研发和熟化盐碱水质综合改良调控、耐盐碱新对象筛选及驯养等共性技术，示范应用盐碱地棚塘接力养殖、盐碱水域生态放养、盐碱池塘多生态位养殖、盐碱地渔农综合利用等模式。希望将盐碱地渔业做成新业态，形成一个成熟的产业。

（三）塔里木的"海鲜"养殖

位于塔克拉玛干沙漠边的新疆喀什麦盖提县的澳洲淡水龙虾繁育基地养殖的澳洲淡水龙虾陆续上市，成为水产市场"新宠"。这些色泽鲜艳、肥硕饱满的澳洲淡水龙虾从何而来？

这要从日照职业技术学院的"东虾西移"项目说起。日照职业技术学院的援疆项目"东虾西移"，2020年底启动，2021年试养成功，到2022年万尾虾苗入池，再到如今规模化养殖与养殖技术技能培训相结合，已然走出了"东虾西移"援疆特色路径。山东日照职业技术学院水产养殖专业的师生，他们在学校实验室鱼缸里养过澳洲淡水龙虾，在党中央"对口援疆"政策激励下，他们也想看看澳洲淡水龙虾在新疆的外塘里能不能饲养成功，利用所学知识、专业特长，亲身参与，切实为西部振兴做些实事。

麦盖提县大面积荒滩水质优良却长期闲置，为造福当地，在日照援疆指挥部的统一指导下，以日照职业技术学院水产养殖专业团队为技术支撑的澳洲淡水龙虾试验养殖项目，于2020年底正式启动。该项目利用吐曼塔勒乡30亩湿地开展养殖试验及基地建设。日照职业技术学院付宁技术团队历经艰辛探索，克服浮游生物入侵、土壤返碱等技术难题，仅用一年便实现了澳洲淡水龙虾养殖本土化，打破了南疆虾类养殖依赖外界供给的瓶颈。2021年10月，试养半年的首批龙虾上市，当地群众对他们养殖的龙虾赞不绝口，"口感鲜美，完全可与海鲜相媲美"，这批龙虾一上市就被抢购一空。

麦盖提县在日照职业技术学院师生指导下，陆续建设了养殖试验基地、标准化澳洲龙虾养殖基地超过 150 亩，团队提供现场培训指导近 10 次，常驻基地学生 6 人，为当地养殖户、致富带头人和青年进行现场技术培训和指导，累计培训 400 余人次。至此，在三面环沙的环境下养殖澳洲淡水龙虾，开始步入规模化发展。

七、"沙材料"开发模式

茫茫沙漠，苍凉荒芜，人类渴望改造它、利用它，沙漠中的沙子怎么利用？沙漠之沙的价值在哪里？秦升益是 1984 年中专铸造专业的毕业生，他敏而好学，一直研究沙子，取得了不少成就，并在北京创建了一个"仁创科技集团有限公司"，专门研究沙漠的沙资源开发。

（一）用沙漠沙造出"覆膜砂"，替代了进口"锆英砂"

要铸造精密零件，复杂构件，如汽车的缸体、水泵、液压构件等，对铸件的质量要求是较高的。若要求铸件的外表面有尺寸精度和光滑度，就要求铸型的内表面使用特殊的铸造用砂。这些特殊铸造用砂的要求是：颗粒细（保证铸件面的光洁要求），耐高温且有一定强度（能承受浇注时高温铁水的冲击，且保证铁水冷却成型后的精度要求），特别要求膨胀性小（保证铸件的尺寸精度要求）。所以在以前铸造精密铸件时都采用外国进口的"锆英砂"，可是锆英砂的价格很高。

能不能用硅砂（沙漠沙）来代替锆英砂呢？沙漠沙是硅砂，颗粒细，耐高温，但膨胀系数大。秦升益想了个办法，在沙子外面裹上一层耐高温的树脂膜，这种树脂膜在高温下是收缩的，在高温下，硅砂的膨胀正好抵消了树脂膜的收缩，保证了铸件的精度要求，于是他们发明出了"覆膜砂"。秦升益及其团队用内蒙古沙漠上的风积沙为原料制成覆膜砂，用于精密铸造各方面的性能很好，完全可以取代锆英砂，而且覆膜砂的成本仅为锆英砂成本的一半。

这种覆膜砂技术，经中国机械工业联合会鉴定达到国际先进水平。"仁创科技集团"生产的覆膜砂系列产品已经在一汽、东风、沈阳航天、三菱等数十家汽车制造企业得到了广泛应用，大大提高了铸件的生产技术和质量标准。

（二）用沙漠沙制成"孚盛砂"，亲油拒水，为石油开采助力

开采石油的深井钻成后，石油会从多个岩层缝隙流入深井，可是存在一个问题，即因多种原因出油缝隙有可能会闭合，影响出油。为解决这个问题，目前普遍采用"压裂法"，也就是先准备好小直径的"陶粒"，随着高压水进入岩石裂缝中，陶粒停留在裂缝中并起到了"支撑"作用，这样，岩层的出油缝隙被撑开，出油通道就不会堵塞和闭合。

"压裂法"对陶粒支撑剂的要求高且成本昂贵，压裂一口油井的施工费用需要花费几十万元，甚至上百万元。陶粒是石英砂、铝矾土等材料经破碎、配料、粉磨、制球、煅烧制备出来的，它的表面有一层硬壳。陶粒的用途非常广泛，适用于各类建筑材料、无土种植的基床材料；陶粒也是非常好的滤料，饮用水过滤、工业废水处理方面都大量使用。

石油开采时还有另外一个问题，从油井中抽出的液体是"混合体"，含有很多水和气体，油、气、水分离要耗费很多能源。对此，秦升益及其团队发明了一种亲油拒水性质的"孚盛砂"，它的原材料也是沙漠的风积沙，在每颗沙粒的外面裹上一层高强度的有机树脂，这种树脂是亲油（减小了油的表面张力）拒水（增大了水的表面张力）的，让石油和水的混合物通过孚盛砂，结果是油通过了，水不能通过，透油不透水的效果十分明显。"孚盛砂"可用作油气田的压裂支撑剂，它具有亲油拒水、抗破碎能力强、圆球度高、流动性好、化学惰性好、耐低温等特点。陶粒做支撑剂的主要作用是承受压力，但既可以透油，也可以透水；孚盛砂不仅撑住了岩石裂缝，只让油渗出，阻止水的渗出，提高了裂缝的导流能力，也有效地防止了支撑剂的返吐现象，延长了压裂方法采油的有效期。

2008年，孚盛砂首先在大庆油田应用，石油产量大幅提高。其后的推广效果非常好。目前，孚盛砂已经在17家油田1000多口油井中使用，平均增产原油15%以上，有的甚至能增产两倍；平均降低含水率在2.3%以上。

孚盛砂可制作滤油装置。从油井中抽取出来的是油水气混合物，还要做油水分离处理。用孚盛砂过滤油水气混合液，设备很简单，只要做几个过滤桶就行，可是过滤效果可达到95%以上。

（三）用沙漠沙制成"防渗透气砂"，利于沙漠保水种植

以沙治沙最好的方法是让沙漠变绿洲，但实现起来却极其困难。沙漠种

植的最大难点是缺水，水保持不住，植树难，种植农作物更难。秦升益及其仁创集团用沙漠沙为原料，在沙子外面裹上一层拒水的树脂材料，发明了一种防渗透气砂。现在，在沙漠中种树变得简单了，先挖植树坑，在坑底和四周，围上十几厘米厚度的防渗透气砂，把树种上，最后在植树坑的露天位置用防渗透气砂盖住。这样，在既透气又保持水分的条件下所植树木在坑中慢慢吸收水分，树苗的成活率达到100%，用水量大为节省。

我们可以设想在沙漠边缘建一个"隐形水库"，该水库的四周铺设用防渗透气砂做成的"砂墙"，丰雨期以及丰水期的水就可以储存起来，因为水库四周透气，所以储存水是保鲜的。这样在沙漠种植时，就可把"隐形水库"的水用来浇灌了。

（四）用沙漠沙制成"生泰砂基透水砖"，利于海绵城市建设

"生泰砂基透水砖"是仁创集团的一个新产品，把它铺在路面上，可把降落下来的大量雨水全部吸收，路面不湿不滑。生泰砂基透水砖以沙漠的风积沙为原料，把沙子与水性的硅酸盐水泥（一种常用的亲水的无机黏接剂）和水性的环氧树脂（一种高强度的亲水的有机黏接剂）搅拌、振压，就成了高强度的多孔隙透水砖。这种透水砖具有多项优势：一是所选原材料来自沙漠，将荒沙变为可用资源，化害为利；二是良好的透水性能，为建设海绵城市发挥作用，使城市地下和周边的水流循环畅通，降低城市热岛效应，优化生态环境；三是产品自洁、耐污、防滑、行走有弹性；四是抗冲击、抗压力、耐冻融、耐磨损等物理性能符合铺路砖标准。现在，国家正在推广这种节能省地型建筑材料。

生泰砂基透水砖问世后不足3年，就已在300多个工程中得到应用，数量达到100万m^2。特别是"水立方"、奥林匹克公园景观大道、上海世博会中国馆的万人广场等标志性工程的10多个场馆设施，都使用了生泰砂基透水建材产品。

（五）沙漠沙制成"生态砂基过滤膜"，在污水处理回收方面效果显著

仁创集团用沙子做成"膜片"来滤水，替代现在常用的滤水真空纤维膜。二者原理相同，都是孔径$0.1\mu m$，只让水分子通过，脏物质通不过。把这两

种滤水材料相比较：①真空纤维膜是用高分子材料拉成"丝"再织成"布"，这种做法成本高、工艺难度大、投资大、运行费用高、寿命短；生态砂基过滤膜片则是由沙子做成的，成本低，消耗资源少，寿命也超过真空纤维膜。②生泰砂基过滤膜的制造成本降低30%，能源消耗降低30%，污水处理量提高1倍，使用寿命提高5倍。

目前，中国有300多个城市缺水，北京更是严重缺水，怎样以沙治水呢？秦升益认为有三条途径：一是雨水收集利用，二是污水处理回收，三是海水淡化。对于雨水收集利用，他们做出了生泰砂基透水砖，也配套实施了雨水收集系统；对于污水处理回收，他们做出了生态砂基过滤膜；对于海水淡化处理，他们正在努力试验中。

（六）用沙漠沙制成防火隔热透气保温涂料，建造节能房屋

这种新型涂料还是用沙子做原料，在沙子的表面裹上一层耐高温的有机膜，再做成砖块和涂料，达到防火隔热透气保温的效果。这种材料在建筑方面的应用非常广泛。通常，房子的墙体用砖块砌成，传热快，冬天要取暖，夏天又要降温。

解决这个问题的关键是住宅的保温性能要好，有效保护室内温度，可以做到不用取暖。仁创集团的创意是：①住宅的框架仍然是钢筋混凝土框架结构；②围护结构（如墙体材料、吊顶材料、地面材料、所有的门）都采用沙子制成的保温建材做成；③墙体外侧贴一层防火保温板，这也是用硅砂改性做成的；④屋顶采用防火保温建材。这样的住宅基本上是沙子做的，是沙子生态住宅，整体透气、保温、防火、冬天不用取暖。

这种用沙子构建的住宅整体效果，经过全年的监测，在室内没有任何制热源和制冷源的情况下冬暖夏凉，全年温度都能保持在12~16℃。非常理想。如今，在内蒙古奈曼地区，很多居民已经住上了这种用沙子做的房子，就算外面是零下二三十度，室内依旧温暖如春。

总之，沙漠的"沙材料"确实实现了"点沙成金"，它将成为继"数字要素"之后，人类生产的"第七要素"；而由此形成的"沙产业集群"是改造环境、造福人类的又一新兴产业。

第十六章　沙漠旅游文化产业发展战略
——以《阿拉尔市十一团昆岗沙漠旅游文化产业项目》为例

一、项目背景

（一）自然资源背景

新疆生产建设兵团一师阿拉尔市地处天山南麓，塔克拉玛干大沙漠北缘，阿克苏河与和田河、叶尔羌河三河交汇之处的塔里木河上游，东邻沙雅县，西依阿瓦提县，北靠阿克苏市，南邻塔克拉玛干沙漠，占第一师总面积的65.5%。阿拉尔市是新疆生产建设兵团直辖的县级市，实行师市合一的管理体制。十一团距阿拉尔市32km，团域东与十四团接壤，南抵塔克拉玛干沙漠，西、北与十三团相邻，东西宽约18.5km，南北长约22.1km，团域地理坐标位于北纬40°25′23″~40°40′08″，东经81°30′33″~81°51′55″。全团土地总面积409.78km^2。

十一团是连接阿克苏地区和和田地区的重要交通节点，随着自治区民航、铁路、公路网络的建设，成为重要的公路、铁路交通枢纽要塞，地理位置十分重要。水土资源属塔里木河冲积细土平原，沿河岸及冲沟两侧略有抬升，地势由西北向东南倾斜。水资源有阿克苏河、塔里木河及胜利、上游、多浪三大平原水库；气候属于暖温带极端大陆性干旱荒漠气候，极端最高气温35℃，极端最低气温-28℃，垦区太阳辐射年均133.7~146.3千卡/cm^2，年均日照2556.3~2991.8小时，垦区雨量稀少，冬季少雪，地表蒸发强烈，年均降水量为40.1~82.5mm，年均蒸发量1876.6~2558.9mm。水文方面，十一团属于灌溉农业，主要利用昆马力克河、哈拉玉尔滚河、阿克苏河、多浪河以及叶尔羌河、和田河等河水。

十一团境内人文旅游资源主要位于十一团十三连、十五连南部沙漠区的昆岗遗址群，该遗址群方圆数千米，出土的尸骸头发全为金黄，颧骨高耸，面型偏长，身形高大，呈现欧罗巴人种的诸种特征。出土的所有棺木皆无底座，且男女上下合葬，屈肢葬、二次葬为主导类型。墓葬附近古河道遗迹宛然，干枯的胡杨林面积特别庞大，有明显的生活区特征。近年来，古墓葬、古村落陆续发现，相关文物纷纷出土，透露出欧罗巴人种与蒙古利亚人种的交织，西羌部族开启绿洲农耕经济的身影。佐证了西域史前文明景象、羌汉同文同种、绿洲农耕特性、古今屯垦脉络等多方面信息。按照英国贝尔法斯特皇后大学碳14世界测年中心鉴定，昆岗古墓葬与古村落出土文物构成了距今近四千年、三千余年、一千年左右不等的时间序列，说明文明遗址渊源久远，且持续时间漫长，为研究昆岗的古代历史提供了丰富的实物资料。

野生植物资源主要有：芦苇、蒲草、铃铛刺、白刺、骆驼刺、罗布麻、甘草、胖姑娘、盐索索、碱草以及胡杨、沙枣树、红柳等。野生动物主要有：草鹿、野猪、黄羊、狐狸、黄鼠狼、蜥蜴、蟾蜍、野鸡、野兔、布谷鸟、啄木鸟、麻雀、乌鸦、蝙蝠、扁吻鱼、裂鳆鱼等。

（二）产业背景

1. 国内旅游产业蓬勃发展

随着我国经济水平和人们生活质量的提高，消费者对旅游休闲的需求不断增加。据统计，国内年旅游人次已由1985年的2.4亿人次增长到2020年的45亿人次。国内旅游收入已由1985年的80亿元增长到2020年的8万亿元，增长速度十分迅速。近年来中国制造业产能过剩，中国经济急需新的起带动作用的龙头产业。学者们的呼吁，加上旅游休闲产业自身的发展，国家把旅游休闲产业定位为国民经济的新增长点。另外，现在全国各省(自治区、直辖市)都将旅游业列为本省(自治区、直辖市)的战略性支柱产业，85%以上的市(地、州)，80%的县(市、区)将旅游业列为支柱产业。第一师十一团昆岗沙漠旅游文化产业园项目正是在这种背景和当地政府的大力支持下应运而生，定能吸引大量的游客前来旅游观光，休闲娱乐。

2. 全国对口援疆，助推新疆文旅发展

为落实中央新疆工作座谈会提出的发展任务和目标，国家展开了为期十年的对口援疆工作安排，19个省市对口援助5年内投入将达到约680亿元，

再加上中央及企业计划投资 2 万亿元用于资源开发、基础设施建设等。此外，国家还对新疆资源税进行了改革，建立了两个特殊经济政策区。上述政策的实施，将使长期制约新疆发展的政策、资金、技术、人才以及机制体制环境得到极大改善。

十一团位于阿拉尔市域范围内，区域经济的跨越式发展必然带动团场的发展，同时，浙江省作为对口援建第一师的内地省份，已经对第一师的援助项目和资金进行了统筹安排，大部分落地项目，产生了良好带动辐射效益，其中就包括本项目。抓住内地省市援疆机遇，完善十一团的基础设施和公共服务，大力发展旅游业，并建设昆岗沙漠旅游文化产业园，增强产业发展能力，优化城镇、人口和产业布局，改善职工生产生活环境，实现拴心留人、安居乐业的目标。

3. "一带一路"建设

在国内外两个市场不景气，国内产能过剩，国际政治形势复杂，国内资源战略调整之际，"丝绸之路经济带"和"海上丝绸之路"先后被写入《中共中央关于全面深化改革若干重大问题的决定》、国务院《政府工作报告》，上升为国家战略。第二次中央新疆工作座谈会重新定位了兵团的功能，要让兵团成为安边固疆的稳定器、凝聚各族群众的大熔炉、汇集先进生产力和先进文化的示范区。新疆地处我国最西端，是丝绸之路经济带中国境内最西部的省份，也是我国连接中亚、西亚地区的咽喉，具备特殊的区位优势，同时国家政策一直鼓励新疆地区的发展。在丝绸之路经济带建设中，新疆兼具区位优势、资源优势、政策优势和后发优势，是丝绸之路经济带上重要的战略枢纽，在建设丝绸之路经济带上具有不可替代的地位和作用。

新疆是丝绸之路经济带的核心区，而十一团地处新疆天山以南的地理中心，位于丝绸之路经济带上的节点城市，在未来具有很大的开发潜力。这对于十一团将是千载难逢的机遇，因此十一团应抢抓机遇，勇敢迎接挑战，借助新疆丝绸之路经济带核心区建立的契机，结合团场拥有良好的区域优势、优良的农副产品资源以及独特的旅游资源，促进团场产业结构转变，加快一、三产业的发展，促进团场社会稳定和长治久安这个总目标的实现。

4. 兵团向南发展战略契机

落实中央"兵团南进"特殊政策，兵团将把南疆建设作为重中之重，在财力分配、产业布局、资源配置、民生项目建设上优先考虑南疆兵团建设需求，力争到2030年形成南疆各地州市有兵团战略支点，314国道、315国道沿线有重点维稳团场的安全链条。由于历史原因，兵团整体"北强南弱"，着力加强南疆兵团建设，既是新疆维稳现实需要，也是兵团职责使命所在。当前和今后一个时期，兵团要按照国家已有规划加快有关团场扩建步伐，全力支持规模小、人口少、实力弱、位置重要的小团场做大做强，支持有条件的团场挖潜升级，增强承载人口、吸纳就业的能力；要加快南疆兵团城镇化步伐，在全面推进兵团设市建镇工作的同时，重点做大做强现有城市，加大垦区中心城镇和团场小城镇建设力度，逐步形成以兵团城市为支点、团场小城镇与地方城镇功能互补、符合维稳戍边战略需要的城镇格局；要加大产业结构调整，加快壮大南疆师团经济实力。

十一团位于南疆兵团城市阿拉尔市范围内，是师域的一般城镇，在兵团向南发展的战略契机下，十一团应抓住机遇，结合自身资源和文化优势，大力发展沙漠旅游文化，将十一团打造为集国际沙雕赛事、沙漠特种旅游、昆岗文化体验、现代农业观光、旅游商贸交易等功能于一体的梦幻昆岗、丝路驿站。

5. 兵团旅游大发展格局基本形成

兵团提出以"中国屯垦旅游"为主题，以旅游保障和改善民生为根本出发点和落脚点，着力推进旅游产业转型升级，把兵团建成国内一流，国际知名的线路型旅游目的地，丝绸之路经济带旅游示范区和新疆旅游品质服务基地。兵团将围绕"中国屯垦旅游"品牌，依托兵团丰富的旅游资源，实施"一师一色、一团一品"战略，深度开发屯垦文化旅游、红色旅游、农业观光体验旅游、休闲度假旅游、边境旅游、工业旅游、特种旅游、商务旅游、冰雪旅游、节庆旅游和民俗风情旅游十一大旅游产品。兵团为更好地推动中国屯垦旅游实体化、平台化、项目化发展，推进各旅游线路、旅游点、旅游城镇及旅游基础设施等项目落地，启动了《中国屯垦旅游发展战略研究及专项规划》编制工作，该规划将第一师阿拉尔市定位为七个区域中心城市之一，作为支撑屯垦旅游发展的重要节点城市，将阿拉尔市纳入"丝绸中道"文化旅游廊道和"龟兹于阗道"文化旅游廊道。

二、产业发展市场需求分析

(一) 国内旅游市场的经济形势

1. 旅游人数持续增长

随着国内基础设施不断完善,高铁、高速公路里程快速提升,国内居民出行便利度有了明显的改善。中国游客已经不再满足于观光旅游。2000—2018 年我国人均出游率见图 16-1。

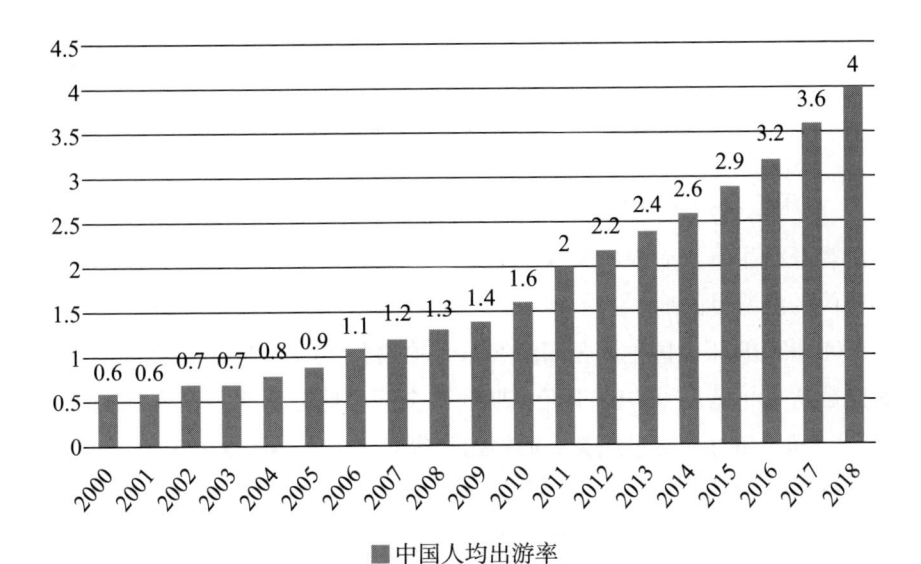

图 16-1 2000—2018 年我国人均出游率

2019 年小长假国内旅游出行人次明显回升。相比元旦、春节假期的低迷表现,2019 年清明、五一假日期间,国内接待游客同比增速达 11%~14%,均高于去年同期;端午假期国内接待游客同比增速达 7.7%,略低于去年同期增速 0.2 个百分点,主要受到 6 月 7 日、6 月 8 日的高考影响。预计数据回暖受益于政府减税、五一假日延长等因素。2017—2019 年小长假国内游情况见图 16-2。

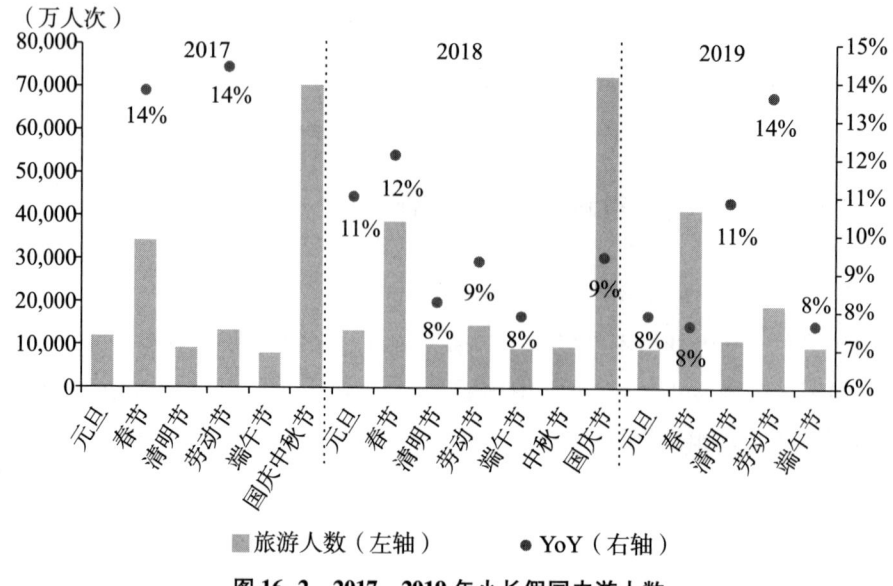

图 16-2 2017—2019 年小长假国内游人数

2. 休闲旅游持续升温

游客开始注重旅途中的文化体验，主题公园、城市周边的休闲度假景区成为热门的旅游目的地。

2008—2019 年我国主题公园游客量年均增长 13%，2018 年中国主题公园游客总数达 1.9 亿人。2019 年五一期间，全网主题公园类景区在线购票同比增长 28.1%，超过人文景观类、博物馆类等景区的在线购票增速。

2018 年，我国主题公园人均访问量 0.14，明显低于美国 2017 年主题公园人均访问量 0.65。目前在中国 A 级景区中，游乐类的景区为 339 家，占比 3.9%，还有很大提升空间（图 16-3）。

美国的主题公园以奇幻、卡通人物类为主。中国拥有厚重的文化底蕴，历史、文化类的主题公园占比将快速提升。2018 年历史、文化类的主题公园占比为 13%，未来占比将达到 28%（图 16-4）。

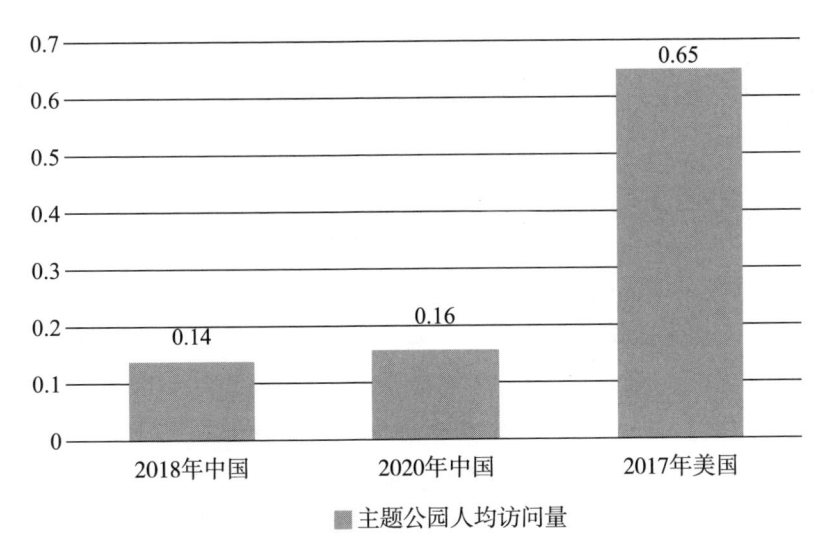

图 16-3 中美主题公园人均访问量对比

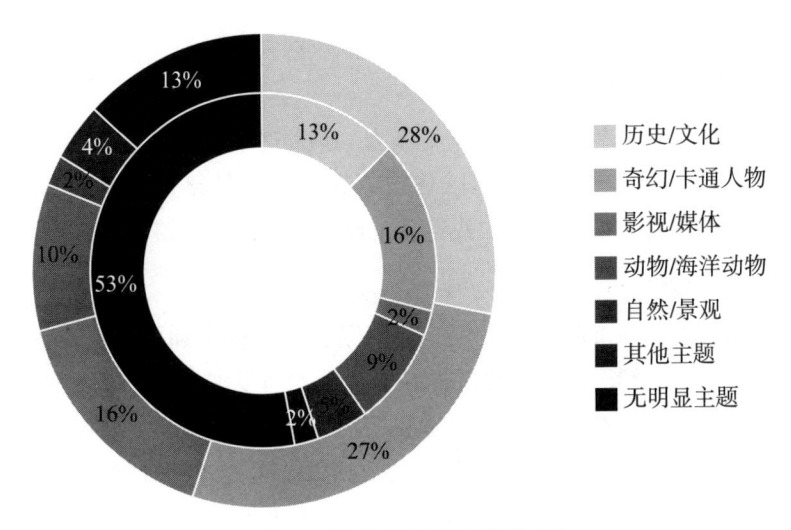

图 16-4 中美主题公园类型对比

3. 新疆旅游井喷式增长

2018 年，新疆累计接待国内外游客 1.5 亿人次，同比增长 40.09%；实现旅游总收入 2579.71 亿元，同比增长 41.59%；实现旅游就业 176.72 万人，同比增长 21.80%。近年来，新疆旅游业呈现"井喷式"增长，在夏秋等旅游旺季继续保持快速发展态势的同时，乌鲁木齐、阿勒泰地区等地大力开展冬季旅游活动。

阿克苏地区2019年的旅游接待人次为1250.2万人，旅游收入为74.3亿元，同比增长81.2%和89%。旅游就业人数7.4万，同比增长23%。今年1~4月，阿克苏地区接待疆内外游客283.9万人次，旅游收入16.53亿元。

（二）第一师文化旅游发展态势

第一师阿拉尔市科学规划，实行园镇引领，加快功能集聚区建设。立足师市历史、文化和旅游资源，突出产城、产镇融合，结合职工创业园建设，以打造"文化产业园区""两大文化旅游名镇"为引领，加快文化旅游功能示范集聚区建设，提供各类文化和旅游企业的发展平台和孵化基地。依托"南疆重要的战略支点"，围绕"绿色生态城、红色旅游城、现代农科城、循环经济城"的城市发展定位，利用师市各种资源，招商引资，建设文化产业园区。重点打造三五九旅红色文化、西域历史文化、节庆民俗等特色文化，引进新闻出版发行、广播影视制作、印刷复制、文化旅游、美术工艺、演艺娱乐和动漫等产业。

1. 昆岗羌人故里

已列入兵团"跨越式发展"支持项目。通过项目资金和招商引资等多种筹资渠道，结合昆岗文化产业园区建设，突出"走丝路、渡塔河、探昆岗、览古国"特色文化旅游主题，加快巨人复原馆、昆岗遗址博物馆建设。

2. 昆岗沙漠园

已列入兵团和师市服务业发展规划。通过项目资金和招商引资等多种筹资渠道，依托塔克拉玛干沙漠的世界知名度，大力发展沙漠汽车越野、沙疗、沙雕等"沙产业"文化旅游品牌，建设与昆仑山相关的众多神仙沙雕群，培育塔克拉玛干汽车越野训练、比赛基地，成立以热气球、滑翔伞、动力伞训练为主要内容的低空飞行俱乐部，建立小型私人飞机训练、比赛基地。

3. 睡胡杨谷

已列入兵团和师市服务业发展规划。通过项目资金和招商引资等多种筹资渠道，结合昆岗驿站建设，加快万亩枯萎胡杨及周边特色资源整合开发力度，突出"沧海桑田、英雄寻梦"的文化旅游主题，大力发展原始森林探险、胡杨摄影、胡杨根雕展示等文化旅游业态。

4. 塔河古渡

已列入兵团和师市服务业发展规划。利用现渡口在塔河两岸分别建立古渡口标志。重点培育古渡摄影、古渡文化展览和古渡雕塑展等特色文化旅游业态。

5. 多浪湖 3A 级景区质量提升

地处"双城"之间，为阿拉尔市北大门，积极引入多浪文化元素，建设成"双城"市民亲水乐园、南疆特色文化休闲度假区。

6. 色彩农业休闲园

立足"双城"和阿拉尔国家级现代农业（科技）示范区核心区，大力发展都市观光休闲农业。以六团为核心，重点培育色彩农业观赏、果品采摘体验、农夫儿童乐园等业态，建设色彩农业休闲园。以十团为核心，重点发展创意休闲农业，积极培育创意创作、采摘体验、花卉苗圃观光等业态。

三、产业发展总体战略

（一）基本原则

1. 区域统筹，协调发展

统筹十一团、阿拉尔地区发展，协调第一师十一团昆岗沙漠旅游文化产业园与阿拉尔、阿克苏的关系，将文化产业园融入到阿拉尔地区的发展中。

2. 产业协调，突出重点

依据十一团的地域特色，合理规划产业布局，重点推进红色兵团文化下第一产业与第三产业的融合与发展。

3. 规模合理，适当超前

合理确定项目平台的发展规模，规划充足的用地，适当扩大规模，预留发展用地。

（二）指导思想

紧紧围绕兵团及第一师文化旅游产业发展战略目标，以屯垦戍边为政治基础，以开展爱国主义红色教育为导向，以发展兵团经济为出发点，以企业化经营、品牌化运作、规模化生产和创新型利用为支撑，以循环发展为原则，以建设富裕型小康社会、实现低碳旅游为目标，为景区提供权威的基础支撑和方向引导。将第一师十一团昆岗沙漠旅游文化产业园的发展作为兵团旅游资源的重要组成部分。通过政策支持、招商引资，科技植入等方式，进行科学保护、合理布局、综合开发建设，建设独具特色的"爱国主义教育、观光、娱乐、疗养"为一体的自然生态文化旅游区，为人们提供爱国主义教育、旅游度假、教育科考、农事活动、民俗体验、休闲娱乐的场所，逐步提高生态效益、经济效益和社会效益。利用其资源、区位优势，加强兵团资源交流，带动提高兵团职工的收入，达到将旅游业培育成为十一团国民经济结构中重要支柱产业的目的。

（三）战略目标

以红色屯垦文化为引领，以塔克拉玛干沙漠为特色，以昆岗遗址群为亮点，以现代商贸服务业为基础，将十一团打造成为集国际沙雕赛事、沙漠特种旅游、昆岗文化体验、现代农业观光、旅游商贸交易等功能于一体的梦幻昆岗、丝路驿站。运用品牌吸引客源，大力发展红色文化、昆岗文化、沙漠文化、康养文化，立足建成兵团领先、辐射自治区的集爱国主义教育、观光、疗养、娱乐、文化于一体的综合性休闲中心。利用已有资源，借助独具特色的"爱国主义教育、观光、娱乐、疗养"这一主题的多重内涵，发挥区位优势，通过旅游业带动周边服务业和农业，把十一团建设成为：

爱国主义教育基地；

新丝绸之路上的休闲驿站；

第一师阿拉尔市的文化旅游中心；

第一师阿拉尔市的现代服务业中心；

南疆最美的旅游新镇；

塔里木河流域文化旅游第一镇。

1. 社会目标

进一步丰富基层团场职工业余文化生活，密切党群干群关系，满足边疆人民群众日益增长的多元化文化需求和精神文化生活，增强大家的文化认同感和归属感，增进凝聚力和向心力，为第一师阿拉尔市乃至南疆的政治稳定、民族团结、社会和谐提供稳定器和减压阀，为乡村振兴提供有力保障。

2. 经济目标

进一步提高对周边产业的辐射力度,有效提高阿拉尔地区的就业率,增加周边居民的收入,同时带动当地文化、教育、卫生事业的发展,促进产业结构的优化调整,为十一团的社会经济发展做出新贡献。通过旅游宣传和推介工作,昆岗沙漠文化产业园的旅游市场竞争力和占有率将不断得到提高,进入正常运营后,年收入将达到300万元以上。

3. 文化目标

文化戍边是屯垦戍边的最高阶段,引领现代文化是兵团发展的最高境界。没有现代文化的发展就没有新疆的长治久安。产业园的建设,要以先进的文化为引领,大力弘扬兵团文化精神,让职工群众望得见山、看得见水、记得住乡愁。要融入现代元素,更要保护和弘扬传统兵团文化,延续军垦历史文脉。昆岗文化是更早于西域文化的古代文明遗存,与巍巍昆仑、丝路通衢、塔里木河流域民族融合有着密切的联系,是名副其实的"大河文明"和中华西域文明的佐证,填补了塔中地区古人类遗址的考古空白,是兵团乃至新疆的特有文化旅游资源。因此,产业园项目的开发离不开对昆岗文化内涵的挖掘与释放,从而更好地继承和弘扬中华文明。

4. 生态目标

环境是地区旅游业发展的宏观背景,各种等级景区的旅游活动都在此大背景下展现,游客对旅游目的地的首要印象也反映了该地区环境的好坏。因此,要通过科学系统的规划和对昆岗沙漠文化产业园建设的分步实施,使旅游业的发展和当地生态保护达到良性互动,不急功近利,不以牺牲环境为旅游开发的代价。贯彻绿水青山就是金山银山的思想,增加绿地覆盖、净化环境,使天蓝、山绿、水清,不仅使人与自然的和谐景象得到延续,而且增加了旅游目的地的吸引力,最终达到本地旅游业和自然生态环境的可持续发展。

(四) 产业发展总体布局

结合团域旅游资源的空间分布,确定旅游空间布局结构为:一心——屯垦文化广场;一河——丝路景观河;一区——综合服务区;六园——现代农业观光园、昆岗遗址公园、沙漠湿地公园、沙漠激情公园、沙漠牧场生态园、359生态林园;六带——红色文化宣传带、绿色林果产业带、昆岗文化产带、有机养殖产业带、沙漠生物产业带、沙漠康养产业带。

1. 一心

屯垦文化广场，位于镇区中部，屯垦文化广场是纪念军垦老一代对农一师做出的不朽贡献，以爱国主义为核心，以不畏艰险、坚守信念、为人民利益勇往直前的精神风貌为根基而形成的屯垦文化，激励了一代又一代的兵团人。文化广场的建设，有助于进一步弘扬丰富的屯垦文化内涵。此外，政府可以对广场进行完善，设立专门的舞台，每年进行多场次的爱国主义教育电影的放映，以及组织专门的以民族团结为主题的宣讲活动与小故事讲述，从而激发各族群众的爱国热情，促进民族团结。该屯垦文化公园为全开放性公园，供职工和游客休闲、娱乐、纳凉（图16-5）。

图16-5 屯垦文化广场

2. 一河

丝路景观河，以排水渠为载体，展现丝绸之路上以西域文化为特色的文化景观以及丝绸之路沿线的自然景观（图16-6）。

排水渠附近人烟稀少，植被保护良好，河水清澈见底，其沿岸芦苇环绕，丛草密布，乘皮筏艇自上而下漂流，游客可以充分体验到大自然的神奇、深邃、秀美与粗犷。漂流区目前暂无旅游相关配套设施，可建星级宾馆、旅游商品购物中心及通往景区道路等。

图 16-6　丝路景观河

3. 一区

综合服务区，以游客集散中心为中心，同时成立餐饮中心、购物中心。主要提供以下服务及设施：旅游咨询、景点介绍（触摸屏、多媒体电子屏、广告、折页展示台、旅游线路介绍、飞机、汽车、火车时刻表等）、导游服务、基本游客服务、旅游管理（医疗救援、游客投诉联网受理）、票务服务、邮政、电信服务、旅游购物、餐饮、安全监控、办公管理设施等。服务区的建设可以全面支撑和引领文化旅游全产业链、价值链发展。

4. 六园

（1）现代农业观光园

以十一团的农区为载体，以特色养殖和特色种植为纽带，以建设"一片林"（特色生态林）、"一朵花"（特色种植）、"一盘菜"（特色餐饮）为主要目标，让游客直接参与体验十一团的田园风光。使得十一团的游客能赏胡杨林景、观田园风光、探远古神秘、品特色餐饮、享农家之乐（图 16-7）。

图 16-7　现代农业观光园

（2）昆岗遗址公园

据了解，20世纪90年代初，第一师十一团境内发现了一座古墓群，经碳14测定，这里出土的尸骨距今4600—900年（图16-8）。

图16-8 昆岗遗址公园

塔里木大学西域文化研究院称，史料记载"阿拉尔"古称"昆岗"——因发源于昆仑山系的喀什噶尔河、叶尔羌河、和田河、克里雅河，历史上曾经在阿拉尔境内汇聚成塔里木河，冲积扇形成丘陵绿洲，即"岗"。

一号昆岗古墓群遗址在第一师十一团团部南约20km处，自2012年"昆仑高峰论坛"开办以来，每年都有海内外专家学者汇聚于此，探访研讨。

（3）沙漠牧场生态园

十一团位于塔克拉玛干沙漠北缘，是典型的沙漠干旱区和生态脆弱区。四翅滨藜是一种耐干旱、高寒和盐碱，广泛用于防风固沙、改造盐碱的优良饲料灌木。在十一团建设沙漠牧场生态园，种植四翅滨藜21000亩治沙修复生态，配套滴灌工程建设，探索防沙治沙新模式，从而实现"百里治沙"，是师市乃至全疆的沙漠治理与农业循环经济结合的示范工程。同时，四翅滨藜的种植可以作为牛羊等的饲料，发展绿色养殖产业（图16-9）。

图16-9 沙漠牧场生态园

(4) 沙漠湿地公园

以排水渠的终点为基础建设沙漠公园,可以有效保护沙区野生动植物资源、湿地资源和自然人文资源,修复可治理的沙化土地,大力恢复林草植被,改善基础设施条件,提高荒漠生态系统功能。

(5) 沙漠激情公园

以原始的沙漠世界为主体,游客可以爬沙丘,涉沙海,开展越野拉力赛、沙碉、沙地摩托、滑沙、沙漠探险等项目,也可以借助"沙漠之舟",一边听着悦耳的驼铃声,一边欣赏大漠风光。这里开辟了滑沙、狩猎和观看沙漠日出、日落等,让沙漠之旅丰富多彩,趣味无穷。若还有余兴,游客还可以就地住宿,来个"天当被,沙做床"式的浪漫。这里被中国汽车运动联合会批准,设为汽车沙漠拉力赛基地,自2013年起,每年秋季举办一次赛事。这里可以作为学校进行科普教育实习的基地,更是进行沙疗的理想场所(图16-10)。

图 16-10　沙漠激情公园

(6) 359 生态林园

建设 359 生态林,秉承"荒漠沙滩也是金山银山"的理念,栽植树木,加大防沙治沙建设步伐,种植梭梭树、红柳、白杨、胡杨和沙枣等,可以起到防风固沙的作用,有效遏制土地沙化拓展,最终实现沙漠变绿洲。用绿色植物作为屏障,可以在生态林里种植一些沙生植物,如仙人掌、红沙、盐爪爪、霸王、白柠条、木旋花、骆驼刺、白刺、花棒、沙蒿。还可以引进一些国内外植物,如从北美引进火炮树,从德国引进水飞蓟,从西亚引进阿月浑子,从黎巴嫩引进旱生油瓜,从阿尔及利亚引进沙拐枣,从俄罗斯引进银槐等。359 生态林的建立不仅可以成为我国西北地区荒漠植物的科研、教学和内外技术交流的场所,而且可以以其独特的景观、丰富的文化内涵成为大漠的一方名胜。

"生在井冈山、长在南泥湾、转战数万里、屯垦在天山"是359旅这支光荣劲旅从革命战争到维稳戍边的辉煌写照，他们用勤劳的双手将昔日的戈壁荒滩建设成土地肥沃、绿树成荫、交通发达、生活便利、充满生机和无限希望的边陲新镇，因此359生态林可以作为爱国主义教育基地，激励人们继承屯垦精神，不断战胜艰难险阻、发扬艰苦奋斗和无私奉献的崇高精神。

5. 六带

（1）红色文化宣传带

以屯垦文化广场为中心，充分利用现有的兵团文化，发扬屯垦精神与沙漠卫士精神，加强爱国主义教育，宣传红色文化、屯垦文化，激发各族群众奋发向上、永不服输，从而形成甘于吃苦、甘于忍耐、忠于职守、乐于奉献的"胡杨精神"，推进各族群众大融合。

（2）绿色林果产业带

在强化林木资源保护的基础上，突出林果业生态和产业建设两大主题，绿色资源优势不断向产业优势转化，依托现代农业观光区，把发展现代农业与满足群众的需求和生态环境的保护有机融合，努力建成集高端的绿色生态农产品供应基地、农民生活品质提升高地、乡村休闲旅游目的地于一体的现代农业生态体验区，走出一条产出高效、产品安全、资源节约、环境友好的农业现代化道路。

（3）昆岗文化产业带

以团部（花桥镇）为载体，是区域的旅游服务中心之一，依托区域小商品经济的集散辐射力度，在现有发展基础上，形成专门的购物平台，一方面推进以丝绸之路上西域文化为特色的文化创意产品开发；另一方面销售各种体现丝绸之路特色的旅游商品，如新丝绸之路上的农特产品红枣、香梨、核桃、长绒棉工艺品等，古丝绸之路上的特色纪念品，如各种乐器、服装、挂饰、工艺品等。

（4）有机养殖产业带

依托生态林、农业区，重点推进林下鸡、鸭产业和绿色有机牛、羊草食动物养殖基地建设，培育多元化畜禽养殖龙头企业、专业合作社等经营主体，引导畜禽产业向产、供、销一体化产业经营转变，做大、做活、做优、做强畜禽养殖产业。此外，还可以种植一些农副产品作经济用途，如沙漠洋芋、干鲜果等。

（5）沙漠生物产业带

在沙漠适宜地区大规模种植甘草、肉苁蓉等中药材，发展天然药业，既实现了防沙绿化的目的，又带来了可观的经济效益。同时，可以利用沙漠丰富的阳光、土地、生物等资源，发展光伏、生物质能源和新材料等清洁能源产业。

（6）沙漠康养产业带

依托沙漠，推进沙疗学术交流和康养研究的力度，将沙疗与养生、旅游、文化产业有机结合，积极探索"沙疗+食疗"，结合独有的南疆特色，推进沙疗产业化发展。

四、效益分析

（一）社会效益分析

1. 产业带动效应明显

文化具有产业属性，是知识经济和信息社会的重要生产力，是经济社会发展的重要支撑。半个多世纪以来，兵团发挥人民军队精神文化传统和汇聚五湖四海特色、开放包容进取的文化优势，白手起家创办了新疆的现代农业、现代工业和商贸运输业，建设了一大批团场、企业和城镇，发展了科教文卫等社会事业，成为新疆先进生产力和先进文化的代表，在天山南北书写了不朽的人间奇迹，兵团军垦文化为兵团事业的持续快速发展提供了有力的支持。新时期，面对加快转变经济发展方式，提升产业结构的发展要求，兵团文化迫切需要产业成为兵团支柱性产业、新的发展增长点和转变发展方式的着力点，带动产业经济全面发展。

2. 促进当地居民就业

产业园的建设可直接带动相关产业，如建筑材料、建筑施工、社会服务等行业的发展，项目的运营、管理和服务需要吸纳富余劳动力，增加当地下岗人员再就业。安置项目用工除管理人员内部调配外，其他员工均从当地招收。项目区设施的完善，可促使当地居民通过手工艺制作、农副产品销售等活动投入服务业中，为当地居民带来经济回报，加快当地富余劳动力转移，提高当地居民就业水平和经济收入水平。

3. 满足人民文化需求

文化建设是社会主义现代化建设的重要内容，发展文化产业是构建现代文化产业体系和满足人民多样化精神文化需求的重要途径。兵团大力发展文化事业，建设文化设施，组建文化机构，培养文化队伍，打造职工群众共有的精神文化家园。昆岗文化遗址的传承与弘扬，一方面能够促进新疆对外交流合作、增进新疆各族群众对中华文化的认同；另一方面能够很好地满足兵团人民的文化需求，完善公共文化服务体系的构建，推进文化惠民工程，提高当地居民的生活水平和幸福指数。

4. 营造和谐社会氛围

半个多世纪以来，兵团把"为新疆各族人民多办好事""不与民争利"作为行动准则，形成了促进民族团结的一系列重要文化理念，以自己的模范行为在新疆营造了团结和谐进步的文化氛围。在新时期，面对新疆跨越式发展和长治久安的历史任务，兵团要发挥好"大熔炉、稳定器、示范器"的作用，迫切需要更好地发挥兵团屯垦文化增进团结、营造和谐的重要功能，通过昆岗文化园对历史继承和优秀传统的弘扬，开展兵地文明共建活动，宣传表彰民族团结进步模范，推动兵团主动融入新疆大局、发展融合经济，在兵地共融中推进跨越发展，巩固边疆同守、资源共享、优势互补，营造和谐的社会氛围。

（二）生态效益分析

1. 项目的环保节能效益显著

旅游服务业是能源消耗低、环境污染少、附加值较高的绿色产业，发展潜力与空间巨大。产业园的能耗主要是水和电，依据国家合理用能、用水标准和节能、节水设计规范，其在该项目选择与建设方案设计上，严格遵循节水、节能原则。在整个项目建设过程中，尽可能使用节能环保型材料。与其他产业相比，旅游服务业作为无烟产业，具有一定的生态价值。在节水的同时加大污水处理力度，实现污水资源化，使生产废水、污水得到最大化利用。

2. 改善居民生活环境

为了适应旅游业发展的需要，越来越多的基础设施得以完善和发展。交通基础设施和三废处理设施的建设，大大减缓了环境污染问题，改善了当地居民的生活环境。旅游景点的开发和建设，促进了当地经济的飞速发展，这些基础设施的改善和经济建设的繁荣发展，进一步使人们的生存环境得到改善。

3. 改善当地生态环境

项目建设对生态环境的作用非常明显。该产业园的建设形成的文化旅游产业、有机养殖产业、沙漠生物制药产业、沙漠康养产业、绿色林果产业五大产业与周围自然景观和人文保持高度协调。通过产业园外部生态建设和内部绿化建设，项目建成后将使区域绿地覆盖率大幅度提高，有效减少了土地的裸露时间和面积，有利于降低水土流失、风沙等自然灾害对环境的破坏，使区域环境步入良性循环轨道。同时，产业园的建设为自然资源与环境保护提供了动力，使地方居民逐渐地意识到自然资源与环境保护在现实生活中的作用，从而积极地参与资源与环境保护。

（三）经济效益分析

1. 营业收入估算

（1）旅游营业收入估算

昆岗沙漠旅游文化产业园项目营业收入的主要来源包括以下项目。

①门票收入：按接待游客人数计算，票价为20元/人；

②餐饮收入：以30元/人/天为基数计算，近期年增长率10%，中远期年增长率4%；

③住宿收入：以20元/人/天为基数计算（综合考虑了中远程过夜旅游者与近程游客的比例后的平衡值），近期年增长率10%，中远期年增长率4%；

④娱乐收入：以50元/人/天为基数计算，近期年增长率12%，中远期年增长率7%；

⑤购物收入：以50元/人/天为基数计算，近期年增长率12%，中远期年增长率8%。

（2）项目土地增值收入估算

土地增值收入主要分为两部分：一是项目前期投入的土地征用税费和财政返还；二是项目建成后土地的增值收入。

①按照相关规定，建设单位前期对本项目投入的税费和规费，政府要给

予一定比例的返还。因此，经估算，建设单位在项目建成后将得到共计 14100 万元的土地征用税费和财政返还。

②基础设施建设和土地整治后，该部分土地价值将得以提高。土地升值产生的收益作为公共服务设施建设和土地整治的回报，用于偿还回收公共服务设施建设投资和土地平整投资。经估算，基础设施建设和土地整治后土地增值总收入为 54690 万元。基础设施项目的营业税金及附加为 3008 万元，其中营业税 2735 万元，城市维护建设税 191 万元，教育费附加 82 万元。

2. 成本费用估算

项目年经营成本为 176 万元。折旧费、摊销费、财务费用估算折旧费总计为 2240.8 万元，摊销费总计为 131 万元。经上述计算，项目在计算期内的总成本费用为 4131.8 万元。

3. 利润及估算

经过估计预算，昆岗沙漠旅游文化产业园计算期内实现利润 141726.44 万元，年均利润 9448.43 万元。上缴所得税共 45210.51 万元，年均上缴所得税 3014.03 万元。税后利润总额 96515.93 万元，年均税后利润 6434.4 万元。昆岗沙漠旅游文化产业园经营成本效益及预测如表 16-1 所示。

表 16-1　昆岗沙漠旅游文化产业园项目经营期景区利润及预测

(单位：万元)

年度	营业收入	经营成本	税前利润	上缴所得税	税后利润
2015	2550	2777.17	−277.17	—	−277.17
2016	3366	2855.77	510.23	—	510.23
2017	4448.3	2954.94	1493.36	246.4	1246.96
2018	5885.14	3071.97	2813.17	464.17	2349
2019	7792.42	3214.91	4577.51	755.3	3822.21
2020	9090.62	3725.16	5365.46	1770.6	3594.86
2021	10606.4	3998.54	6607.86	2181.58	4426.28
2022	12387.2	4318.56	8068.64	2662.65	5405.99
2023	14469.89	4710.8	9759.09	3220.5	6538.59
2024	16911.89	5133	11778.89	3887.03	7891.86

续表

年度	营业收入	经营成本	税前利润	上缴所得税	税后利润
2025	18874.75	4920.23	13954.52	4604.06	9350.46
2026	22171.38	5514.12	16657.26	5496.9	11160.36
2027	23531.18	5758.9	17772.28	5864.85	11907.43
2028	26283.72	6254.34	20029.38	6609.7	13419.68
2029	29377.11	6811.15	22565.96	7446.77	15119.19
合计	207746	66019.56	141676.44	45210.51	96465.93

4. 财务分析

（1）盈利能力分析

根据经营期景区利润预测表、项目投资现金流量表计算以下财务指标。

总投资利润率=31%

总投资利税率=45.52%

内部收益率：税前内部收益率=20%

税后内部收益率=17%

投资回收期：税前投资回收期=8.17年

税后投资回收期=8.85年

净现值：税前净现值42840.57万元

税后净现值25061.45万元

分析以上财务指标，无论税前还是税后内部收益率，均高于设定的基准收益率8%和银行贷款利率5.22%，净现值均大于零。综上，说明该项目在财务上是可行的。

（2）盈亏平衡分析

该项目计算期内，年平均经营收入12220.35万元，年平均固定成本1907.06万元，年平均可变成本与营业税金及附加之和为2494.24万元。根据上述数据计算项目盈亏平衡点如下：

盈亏平衡点=年平均固定成本/（年平均营业收入-年平均可变成本-年平均营业税金及附加）

$$BEP = 1907.06/(12220.35-2494.24) = 19.6\%$$

盈亏平衡分析表明，当年平均经营收入为2326.76万元（12220.35×

19.6% = 2395.18）时，该项目就可以保本。

5. 敏感性分析

影响该项目经济效益的因素很多，如游客人数、门票价格、建设投资等。本项目拟对经营性收入、固定资产投资和经营成本做不同程度的风险分析。各因素对财务内部收益率的影响由大到小依次为经营性收入、经营成本、固定资产投资；当各因素由 +10%、+5%、-5%、-10% 发生变化时，其财务内部收益率均发生相应的变化，并大于行业基准收益率 8%。从项目的盈利能力分析来看，该项目具有较强的盈利能力；从项目的不确定性分析来看，该项目具有较强的抗风险能力。综上所述，该项目从财务上讲是可以接受的。

五、主要结论与建议

（一）主要结论

通过对昆岗沙漠旅游文化产业园项目的建设条件、市场条件、经济效益等方面的综合分析，我们认为该项目符合兵团提出的大力发展旅游业的思想，有利于完善开发区旅游产品结构，丰富旅游产品内涵，提升地区旅游形象，促进开发区旅游业可持续发展；有助于开拓周边旅游市场，推动开发区旅游业大发展；有助于保护历史文物，促进旅游开发与文化保护协调发展。昆岗沙漠旅游文化产业园项目的开发具有稳定和持续增长的效益，随着人们生活水平的提高，地方政府的大力支持，客源的增长及消费水平的提高，投资者的预期会得到较好的体现。

综合经济和社会效益、生态效益，本项目是可行的，可作为昆岗沙漠旅游文化产业园建设旅游经济强县的支撑项目之一。

（二）对策建议

在经过经济效益、社会效益、环境效益综合分析后，得出本项目可行性研究结论：第一师十一团昆岗沙漠旅游文化产业园红色旅游、工业旅游、基础设施项目建设具有重大社会经济环境效益，项目可行，建议有关部门尽快批准。同时，为了更好地发挥昆岗沙漠旅游文化产业园现有资源特色，丰富人民群众文化生活内容，提升开发区核心竞争力，提出几点对策与建议：

第一，本项目建筑工程量较大，工程建设中应多听取有关专家的意见和建议，有关论证设计监理施工要紧密配合，对于建设过程中出现的问题，应用科学的方法进行分析比较论证。在设计监理和施工中，吸取省市类似规模的市场建设经验，采用合理可行有效的技术手段，确保工程万无一失。

第二，加强宣传，营造一种良好的旅游文化氛围。要结合中国人的特点，细说旅游消费不仅是一种生活享受，而且十分有益于人的身心健康。红色旅游是旅游者通过对历史的感知，感受革命先烈的生活情景，它对于增进现代社会爱国主义教育情怀很有帮助。从这个意义上讲，它是一种十分有效的爱国主义教育学习手段。工业旅游通过对城市工业发展情况的再现，使旅游者体会历史上工业的发展水平和规模，有助于形成一种积极向上的人生态度。同时，基础设施是旅游发展的基础，良好的设施服务、便利的交通为旅游活动的开展提供了先决条件。总之，要把旅游与现代人的生活方式联系在一起，造就一种旅游人生的新观念，营造一种良好的旅游文化氛围。

第三，提高服务的质量，增强消费者的旅游意识。从经济角度来说，旅游行为是一种消费行为，服务质量的好坏直接关系到旅游者的满意度与舒适度。服务质量好，消费者的旅游意愿会加强，反之，则会削弱。从这个意义上讲，旅游服务不但关系到消费者旅游意识的培育，还涉及如何使消费者的旅游意愿转化为旅游消费行为。因为，只有人民群众热心参与旅游活动，昆岗沙漠旅游文化产业园才能得到真正可持续的发展。

第十七章　塔里木油莎豆"三生共赢"产业开发模式研究

一、油莎豆开发研究简介

油莎豆，又名虎坚果，属被子植物门、单子叶植物纲、莎草目、莎草科、莎草属，是一种粮油饲兼用的经济作物，起源于非洲尼罗河流域的沙漠地区，经济价值较高。油莎豆的地上部分可以作为优质饲草料，地下块茎富含油脂、淀粉等营养成分，利用途径广阔。我国新疆塔里木盆地的塔克拉玛干沙漠，是世界第二大流动沙漠，自然环境极端恶劣，大部分植物和全部的农作物都难以生长，而油莎豆可以很好地适应南疆沙漠或荒漠土地，且能有效地抵御风沙侵蚀。

国内外众多学者研究发现，油莎豆具有适应性广，生育期短，产量高，含油量高等特点，因此如果利用我国大量的沙化地种植油莎豆，可以提高我国食用油的自给率。有一些学者从油莎豆产品成分上进行研究，发现油莎豆油脂含量平均达25%，淀粉35%，糖分15%，粗蛋白5%左右。还有一些学者从油莎豆产品开发的角度进行研究，发现油莎豆可以制作食品、食用油、优质面粉、糖、酒等多种产品，经济价值较高。因此，油莎豆可以作为一种价值较高的特色农产品。

发展油莎豆产业不能停留在种植阶段，必须从"建链"着手，产前育种、专用肥、播种收获机械、产后加工等"供、产、加、销"全产业链式发展，才可把"小特色、大产业"做大做强。特色农产品产业化发展可以产生小规模的异质化产品（杨志龙等，2021），产业化发展能减少交易成本，提高土地效益（高圆圆等，2022），促进产业升级与融合（高鹏，2022），在提高农民收入和生活水平方面起到了关键作用（陈文江等，2022）。

农为邦本，本固邦兴，发展农业产业，实现产业振兴是农业强国建设的需要(青平等,2023),而产业振兴的关键是实现农业产业化,让农民分享地方产业发展的经济效益(黄思,2020),地方政府应避免简单地引入工商资本或下指标的形式来实现脱嵌的产业化(夏柱智,2020),应结合当地特色,在农户参与的基础上,发展特色产业,实现乡村振兴。同时,在西北地区发展农业特色产业,还应该注重用水等生态问题(朱立志等,2020),要通过循环经济实现特色产业可持续发展(李余等,2013),重视农业产业间的协调发展和共生耦合(尹昌斌等,2012),通过绿色发展,提高产业竞争力(盛彦文等,2017)。

已有的文献一是从油莎豆的功能层面出发,探究油莎豆如何应用,二是从宏观发展的角度,研究区域特色农产品产业化发展的相关问题。基于此,本章试图将二者结合,从新疆生产建设兵团54团已成规模的油莎豆产业化发展实例入手,分析这种特色农产品的产业化发展的模式和产生的效益,意在从中找到特色农产品产业化发展成功的一般性经验,以期使其他地区实现产业振兴得到一定的借鉴,并发现其发展过程中的问题,提出相应的建议。

二、塔里木发展油莎豆产业意义

长江大学受农业农村部委托成立专题研究组,对我国油莎豆产业进行了综合调查分析,调查结果表明:油莎豆是粮油兼丰新作物,抗旱节水,高产稳产,适应我国丰富的沙化非粮边际土地生产。近年来,油莎豆品种选育和机械化收获等生产关键技术有重大突破,初步具备了规模化发展条件。每亩能生产4亩大豆或2亩油菜的优质食用油和0.6亩玉米相当的饲料饼粕,生产效益和效率凸显,初步具有新油源替代潜力,发展空间可达5000万亩。因此建议国家加大投入,强化关键技术攻关,开展油莎豆集成技术试验示范,加快油莎豆产业发展。塔克拉玛干沙漠是我国最大的沙漠,面积约为34万km^2,在南疆塔里木沿边发展油莎豆产业,潜力无限,前景无限。是确保我国粮油安全,改善南疆人口结构,稳疆安边,实现"三生共赢",满足人民美好生活需要的可行之举。

(一)粮食安全

粮食安全是关系经济发展和社会稳定的全局性重大战略问题,是国家安全的重要基础。党的十八大以来，党中央把解决好十几亿人的吃饭问题作为治国理政的头等大事，确立"以我为主、立足国内、确保产能、适度进口、科技支撑"的国家粮食安全战略。2023年中央一号文件强调，在保障粮食生产的同时，要深入推进油料产能提升工程，油料作物的发展受到了国家的高度重视。同"米袋子"一样，"油瓶子"也是国家发展和人民生活中不可或缺的，是国家粮食安全中重要的一环。根据中国海关的数据，2022年，我国共进口大豆603.13亿美元、豆油4.78亿美元、油菜籽15.65亿美元、菜籽油16.54亿美元。可见我国油料作物产量较低，供给缺口很大。面对国际经济政治局势动荡和新贸易保护主义的抬头，提高油料作物的自给率是应对粮食安全结构风险的重要举措。在这种背景下，发展油莎豆产业，可以利用我国潜力巨大的沙化土地资源，使中国人握紧自己的"油瓶子"。早在2016年，原农业部印发的《全国种植业结构调整规划（2016—2020年）》，就提到要"两油为主，多油并举"，在确保花生和油菜种植的基础上，在不同的地区发展适合当地种植的油用牡丹、油莎豆等作物，使我国油料来源更广泛。2022年，《国家发展改革委关于进一步做好粮食和大豆等重要农产品生产相关工作的通知》（以下简称《通知》）发布，《通知》将油料作物的生产，放在了继粮食生产之后的第二位，这说明国家大力支持各地发展油料生产，提高我国油料产能和植物油自给率，以应对油料作物的进口风险。

（二）乡村产业振兴

当前我国乡村特色产业发展正经历着重大的转变，从发展产品转变为发展产业，从追求数量转变为追求质量，从发展第一产业转变为一、二、三产业融合发展。所以这一阶段，各地要重视乡村产业的发展，尤其是特色农产品产业的升级。同时在产业振兴过程中要因地制宜，既不能固步自封，停留在已有传统发展模式中，也不能盲目跟风，直接套用其他地方的成功模式。现代农业产业化发展，可以提高农业生产效率和农业发展收益，从而壮大集体经济，带动农民增收，实现共同富裕。农民生活富裕后，会提高对文化和生态环境的需求，从而带动农村的发展。近年来，随着脱贫攻坚的全面胜利，我国农村实现产业化发展已经有了一定的物质基础，乡村产业发展也已经取得了一定的成效，但是在发展过程中，存在着发展链条较短，质量效益不高等问题，因此仍需深入挖掘重点产业，探索区域发展特色，从而实现产业振兴。

（三）兵团向南发展战略

新疆生产兵团向南发展，既是国家安全战略要求，又是南疆稳定发展必需。但是南疆地区生态环境非常脆弱，水资源也较为匮乏，绝大部分土地是沙漠与荒漠，而且风灾沙暴威胁农业发展。因此兵团向南发展困难重重，最大的"瓶颈"是土地与水资源制约；最大的困难当属产业发展和人口就业困难。兵团南进，产业发展是先招，如果兵团能在南疆地区发展好一个"潜力产业"，就能产生集聚效应，使兵团快速扎根，带动经济增长和群众增收。通过产业来不断带动人口集聚和城镇建设，而人口集聚和城镇建设又会带来更多的物质资本与人力资本，带动产业持续推进，形成良性的循环。近年来，兵团不断重视南疆发展，加强对南疆差异化、精准化的政策扶持，着力提升南疆团场的公共服务力度，推动大批重点项目，基础设施建设项目落户南疆，实行财政激励政策，加大南疆各师团的招商引资能力。

（四）沙漠生态——经济可持续发展"新产业"

新疆在塔克拉玛干沙漠边缘实施"塔克拉玛干沙漠锁边"工程，固定半固定沙漠提升工程，人们在长期的防沙治沙实践中，已经发展了以枸杞、沙棘、沙枣、肉苁蓉、苜蓿、甘草等为主的沙区特色节水型林草产业，走出了一条符合自然规律、符合国情地情的新疆特色防沙治沙道路，实现生态效益、社会效益与经济效益多赢。油莎豆在南疆部分沙漠、荒漠地区试种成功，实现了"向荒漠要食物"，也开辟了中国防沙治沙的新路径。因此，在南疆塔里木发展油莎豆特色产业，是确保我国粮食安全，提高塔里木区域畜牧业饲草供给能力和牛羊肉供给保障能力，满足人民美好生活需要的可行之举。

三、构建"塔里木特色"油莎豆产业链

新疆兵团 54 团油莎豆种植成功、形成产业规模，构建产业链，实现产业化发展，增加农民收入，已成为"团域"内兵地乡村振兴的龙头，兵团南进"特色产业示范"，其政治、经济、生态意义十分重要。54 团的油莎豆产业化发展的创新举措，已成为"中国油莎豆产业化模式"。

（一）"冬小麦+油莎豆"两年三熟制种植模式

新疆生产建设兵团第三师54团，地处塔克拉玛干沙漠和布古里沙漠之间，气候环境恶劣，风沙灾害频繁，特别是春季，风沙灾害使54团"种啥都被风刮走"。54团试种了多种作物均未成功。当引入油莎豆试种时，奇迹发生了。油莎豆不仅适合在沙壤土中种植，耐旱耐盐碱能力强，而且抗风蚀能力很强，油莎豆在54团的种植获得成功。在扩大种植面积过程中，2021年推广了"冬小麦+油莎豆"两年三熟轮作种植模式。这种轮作模式是指在每年的4月种植油莎豆，北方油莎豆的生育期为120~150天，在油莎豆叶片2/3枯黄后，进入收获期，收获油莎豆后，再播种冬小麦，待第二年六月冬小麦成熟收获后，再种一茬油莎豆，提高了亩产和经济效益，还实现轮作倒茬。据测定54团冬小麦单产达460kg，油莎豆450kg，干草300kg，分别以单价2.45元/kg、5.9元/kg、1.65元/kg计算，减去冬小麦种植成本720元/亩，油莎豆种植成本1200元/亩，合计每亩效益能达到2357元。

表17-1　沙土地种植油莎豆与主要油料作物的产量比较

	大豆	油菜	花生	向日葵	芝麻	油莎豆
亩产/kg	150~200	200~250	150~300	150~200	40~100	400~500
含油量/%	15~20	35~45	45~50	45~50	45~55	20~30
出油率/%	15~18	30~35	30~35	40~45	42~45	约20
亩油脂产量/kg	20~40	60~90	70~90	60~90	15~45	80~100

注：数据来源于长江大学《油莎豆发展现状调查》课题组研究报告

在沙地滴灌种植油莎豆可实现节水、省工、省地，非常适宜南疆极端干旱的气候特点，结合水肥一体化技术，可以提高肥料的利用效率，达到降低成本、增加收入的效果。"冬小麦+油莎豆"两年三熟轮作模式实现了对土地的有效利用，实现了"粮、经、饲"三元种植，同一块土地在保证了粮食的种植之外，同时发展了油料作物和饲料的种植，轮作倒茬还有利于改善土壤营养成分，提高土壤肥力，这对于南疆沙土地开发利用而言意义重大。2023年中央一号文件提到，支持开展粮豆轮作和稻油轮作，以保障油料作物供应，"冬小麦+油莎豆"两年三熟的轮作模式是南疆地区发展粮食、油料作物轮作模式的有效补充，也是确保食用油稳产保供的可行之举。目前，54团已经累计推广"冬小麦+油莎豆"轮作模式两万余亩，是全国油莎豆种植规模最大的地区，并于 2021 年被评为全国"一村一品"示范村镇。

（二）油莎豆产业链式发展模式

油莎豆的茎叶含粗脂肪 7.6%~8.9%、糖 10.6%、粗蛋白质 9.8%和粗纤维 19.3%，是优质的饲料。油莎豆的地下块茎含丰富的营养成分，其中脂肪占 20%~30%；淀粉占 25%~30%，其中支链淀粉占 66%，直链淀粉 24%；糖占 15%~20%，其中蔗糖占 90%，葡萄糖和果糖占 10%；蛋白质占 3%~10%；此外，油莎豆还富含多种膳食纤维、黄酮、维生素等。正是因为油莎豆富含各种营养物质，因此开发价值极大。54 团以油莎豆规模化基地建设为产业基础，深入挖掘油莎豆精深加工和综合利用价值链，初步形成了油莎豆循环加工、链式发展的模式。

油莎豆进行精深加工可生产一系列的豆类食用产品，西班牙的油莎豆产业化发展较好，很早就有"油莎豆乳汁"饮料，可以作全脂牛奶的替代品。油莎豆的亩油脂产量是大豆的 2~3 倍，被誉为"油料作物之王"。

54 团已建成年产 5 万吨油莎豆食用油的生产线，并对油脂和油饼进行精深加工，初步形成了"油莎豆产业集群"。

第一，"虎坚果"休闲食品：油莎豆可以生食，也可以炒食，其营养丰富，口味香甜，因此可以作为零食加工出售，54 团建立了油莎豆食品加工厂，将油莎豆去皮之后进行初级加工，生产"虎坚果"特色食品包装出售。

第二，油莎豆精炼油：将收获的油莎豆进行榨油。如表 17-1 所示，这是油莎豆产业深加工最重要的一项。54 团还计划引进萃取油的技术，进一步提高油莎豆的出油率，同时可以确保产出的油保持应有的营养成分，而不会影响下游其他环节的生产加工。油莎豆油的营养价值与橄榄油类似，其中的不饱和脂肪酸含量非常高，油酸含量达 64%以上，并且 $\omega 6/\omega 3$ 脂肪酸约为 1/6，符合世界卫生组织和联合国粮油组织推荐的膳食中 $\omega 6/\omega 3$ 脂肪酸的比例，优于花生油的比例，是不干性油，对人体健康非常有益，因此油莎豆精炼油打开市场后，将会产生极高的价值。

第三，油莎豆面粉：油莎豆榨油的饼粕，其主要营养成分是淀粉，油莎豆饼粕约含淀粉 60%、糖分 20%和粗蛋白 8%，其淀粉中的支链淀粉含量占 60%左右，因此油莎豆淀粉的凝胶成型，冻融稳定性和老化性均优于玉米淀粉。因此，54团将油莎豆榨油环节的剩余饼粕用来制取低 GI 面粉。油莎豆制成的面粉热量低，纤维含量高，且富含多种营养物质，可以制作面条、馒头和各种糕点，制作面粉后的剩余麸皮还可以制成饲料。

第四，除了制作面粉外，54团还开发了油莎豆饼粕"酿造白酒"产业。54团修建了酿酒车间，引进了酱香型白酒的加工设备和技术，将榨油后的饼粕用来酿造白酒，由于与普通白酒的原材料不同，因此油莎豆白酒的香味很有识别度，产品质量有所保障。酿造白酒之后的酒糟加工成饲料，是用于发展养殖业的优质牛羊饲料。

为使油莎豆的经济价值更大，54团还引入了啤酒加工设备，传统啤酒的大麦芽、小麦等同油莎豆结合制造特色精酿啤酒，进一步放大油莎豆产业的利益。

第五，油莎豆收获后经过多次加工环节，最终把牛羊粪便作为有机肥料还田，形成了一个完整的"产业链"。上一个环节产生的废弃物成为下一个环节的原料，既提升了上一个环节的收入，又降低了下一个环节的成本，并在整个生产过程中实现了绿色循环发展，增加了整个油莎豆产业的经济效益和生态效益。

第六，油莎豆产前、产中"补链"。54团除了注意建设油莎豆产后加工生产链之外，还注重油莎豆产前、产中"补链"。54团引进了雨为农业科技有限公司，负责研发出售油莎豆的相关机械，如油莎豆收获机、油莎豆无破损抛光机和油莎豆无破损旋松机等。与新疆农垦科学院、石河子大学等科研单位建立了"产学研"合作联盟，培育适合塔里木资源气候条件的油莎豆品种。此外，54团还建立了肥料加工厂，将生产过程中的部分废弃物和养殖排泄物等加工成肥料。油莎豆产业化发展的过程中，实现了由种植特色农产品的第一产业，和加工与销售的第二、三产业的融合，因此油莎豆由一种特色作物，逐渐发展成为带动地区经济发展的产业。

（三）种养结合发展模式

油莎豆草，即制作面粉后的麸皮和酿酒后的酒糟，是优质的牛羊饲料，解决了南疆长期存在的"牛羊饲料短缺"问题，必将极大地促进南疆以牛羊养殖业为主的现代畜牧业发展，进而实现"以豆兴农—以农兴牧—以牧兴果"，实现南疆大农业提出的种植、林果、畜牧"三足鼎立"的可持续发展结构。

54团投资建设了5000头肉牛养殖厂，消纳了大量的油莎豆产业的"副产品",保障了养殖业的饲草料,降低了肉牛的养殖成本,使油莎豆的产业链条更加完善,也减少了发展单一产业可能存在的风险。同时,肉牛养殖产生的粪便又可以当作有机肥料,用于发展特色林果业,提高了果品品质和价值。因此,构建种养结合的"农、牧、经"三元循环农业发展结构,增加土壤肥力的同时减少了化肥的使用,提高了土壤有机质,降低农业面源污染,实现了土地可持续利用,尤其是对于土壤质量较差的沙漠、荒漠土地,具有重大的意义。油莎豆产业链式发展模式如图17-1所示。

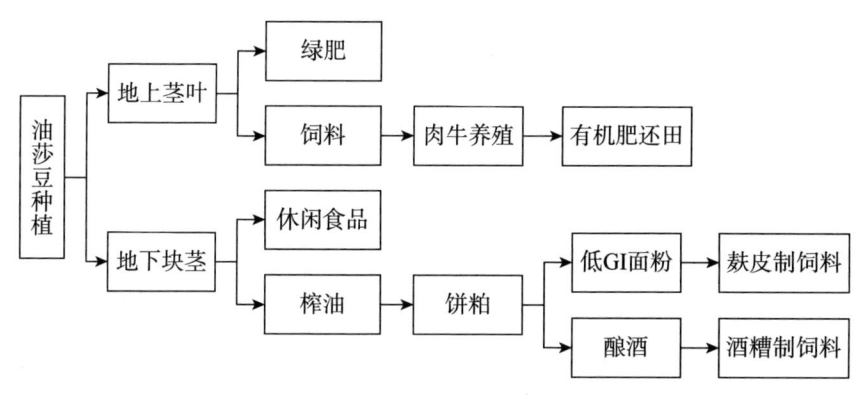

图17-1 油莎豆产业化链构建示意图

(四)产业化组织模式

54团在油莎豆的种植环节,成立了"满疆红油莎豆农民专业合作社",建立了多元主体共同参与"龙头企业+合作社+农户"的发展模式。在油莎豆的种植上,54团邀请石河子大学、新疆农垦科学院等高校和科研单位,参与油莎豆育种、种植、田管环节的技术研究开发,并将研究成果推广到合作社,合作社掌握油莎豆种植的技术规范后,再指导农户进行油莎豆种植。龙头企业也参与其中,54团通过招商引资吸引油莎豆加工企业,并提供政策和资金支持,龙头企业则积极开展油莎豆的订单农业,切实保障职工种植油莎豆的收入稳定。

54团建立了"龙头企业+农户"现代化肉牛养殖场。养殖场以"龙头企业+农户"模式建设肉牛养殖产业链:以低于市场10%的价格,将牛犊售卖给农户,并开展肉牛饲养技术指导,吸引农户参与"龙头企业+农户"肉牛养殖产业的养"架子牛"环节,在肉牛重量达到450kg时按市场价回购"架子牛"，由养殖场集中育肥、统一出售。这种发展模式既提高了肉牛养殖的规模，也带动了农户增收，还充分利用了油莎豆产业循环中产生的"零星或边角饲料"，在实际运行中取得了良好的效果。在 54 团油莎豆产业的发展中，从政府到龙头企业，从合作社到农户，多主体共同参与，各司其职，使参与的利益主体发展动能使用在同一个产业链，最后都从油莎豆产业价值链中获得收益，共享油莎豆产业的发展成果。这样能够不断提高 54 团油莎豆的规模化和专业化程度，为油莎豆产业的继续发展奠定组织基础。

（五）"政产学研"合作开发机制

54 团政府在油莎豆产业的发展中，采取了"行政推动+技术支撑"双轮驱动战略。54 团地区经济区位不佳，资源环境恶劣，对资金的吸引力弱，如果想要××产业快速规模化发展，离不开基层政府的行政推动。54 团在发展油莎豆产业的过程中，以油莎豆种植基地为依托，申请了"疆沙莎""虎坚果茅"等商标，研发和申请了关于油莎豆的实用新型专利和发明专利 20 多项，组织制定了油莎豆行业多项团体标准，并组织召开了两届油莎豆产业发展论坛。油莎豆产业对农民而言是全新的发展领域，如果没有政府通过行政手段大力引导，仅靠"致富能人"带动将难以实现如今的规模。在油莎豆特色啤酒加工厂的建设中，54 团提供了空置房屋作为厂房，并且投资 52.2 万元，购进一套啤酒加工设备。啤酒加工设备的安装、调试等费用，先由团镇垫付，建设完成后，交给职工生产运营，待项目产生收益后，再根据项目获利情况逐年收回资金，资金可再次用于建设其他项目或扩大生产。

一个产业的发展，离不开技术的支撑，油莎豆产业从试种到产业化发展，54 团始终坚持"政产学研"合作的"技术外引"模式：团场划出试验田，从适沙抗旱耐盐优良品种的筛选，到播种、培育、滴灌、施肥等环节，都有科研机构的相关人员在 54 团进行大田实验，提高油莎豆的产量和效益，以保障产业的发展。在油莎豆加工层面，油莎豆食品研发和设备制造采取引进龙头企业投资研发并促基地生产专用作业机械。"政产学研"合作的"技术外引"模式在整个油莎豆产业链的链接和延伸，起到了关键的作用。

为了提高油莎豆产业集群效益，54 团计划由政府出资建立油莎豆产业园区，将产业链的各个环节企业安排到产业园区，然后由园区建立"油莎豆研发中心"并聘请专职或兼职专家及科研人员驻园开展"油莎豆研究"，研究产生的专利、技术等由专家和园区共同拥有，企业可以向园区购买专利、技术的使用权，也可以采取利润分成的方式，将专利、技术应用到油莎豆产品的生产中，以提高油莎豆产业化发展的科技水平，进而提升生产效率，获得超额利润。这种"行政推动+技术支撑"的发展方式，提供了特色农产品产业化发展的外源动力，有效推动了54团油莎豆产业化的科学发展和良性循环，是具有借鉴意义的发展模式。

四、塔里木油莎豆产业效益分析

（一）经济效益

油莎豆是集粮、饲、油、药于一体的特色作物，有极高的经济效益。油莎豆产量较高，单价较高，属于"双高"特色作物，尽管种植成本较其他粮油食作物较高，但亩比较收益更高，并且由于特色农产品具有异质性，能够满足不同消费群体的多样化需求，相比一般粮食作物和经济作物，销路更广、市场更稳定，因此市场风险较小。油莎豆产业化开发经济效益更具潜力，将油莎豆产业化后，榨油、GI面粉、酿酒、啤酒、饲料，随着产业链延长，产生的收益在不断增加。

油莎豆地上茎叶部分和生产废弃物加工成为饲料，使收益进一步增加，饲料通过肉牛养殖直接转化为高品质牛肉收益，同时这个环节产生的有机肥回归到油莎豆种植，减少了种植的成本（如果把有机肥用于优质林果业，产生的效益更大）。另外，油莎豆产业化、集群化发展，实现了产前、产中、产后的链式发展，将现代技术有效地融入特色农业，提高了生产效率，产业链所包含的环节越多，整个产业链的增值空间就越大，因此油莎豆特色产业的发展，有效地调整了54团的产业发展结构。

此外，油莎豆产业化发展还实现了对其他产业，尤其是农业生产性服务业的带动作用。在油莎豆的种植和加工中，要求农业机械、农资、物流运输行业、田间作业、服务业和商业等与之配套发展，当这些产业发展到一定规模后，还会有各行各业以附加链的形式加入油莎豆特色农业产业化中，产业价值进一步扩大，使特色农产品的价值随着产业链的延伸不断增加，市场风险也因为产业链环节的增加而分散，通过产业化各主体之间相互关联和组合，使整体效益大于单个主体发展的效益之和，即"1+1+1>3"的系统效应。更重要的是，这种产业化的发展能够带动形成区域品牌效应，区域品牌效应则会继续提高产业的经济效益，从而实现良性循环，带动当地经济的不断发展。

（二）社会效益

油莎豆产业化发展的社会效益，最主要的体现在增加土地规模，增加就业岗位，实现调节社会结构、优化人口资源。油莎豆产业化发展中，从油莎豆种植到加工（如榨油、酿酒）再到养殖，最后到机械制造与销售等环节，可提供大量的就业岗位。油莎豆产业集群化发展提供的就业机会，有力地保障了中央肯定、兵团党委积极推进的"产业融合发展，安置人口就业"工程。此外，除了可以解决54团"人口融安"任务外，还可以为莎车县这个人口大县，提供很多就业岗位，解决当地的就业问题，进而可提供自治区党委倡导的"兵地融合发展模式"示范。

随着兵团南进战略深入发展，产业发展集聚人口成为必选策略，油莎豆产业的发展实现了这一目标。油莎豆种植和产业发展，特别是油莎豆精加工深加工业的发展，提高了农民的经营性收入、工资性收入，还带动了当地油莎豆"基地建设"、集体经济配套产业发展和农村资源的价值提升，有力地促进了地区经济发展和财政收入增加，成为乡村振兴的"支柱产业"，对南疆地区乡村振兴战略和"不发生集聚性返贫"问题，都有着非常积极的推动作用。

油莎豆产业开发利用南疆大量的边际土地，使兵团在南疆有更多的土地开发空间和产业选择，促进了南疆地区的农业生产。另外，边际土地是实施"藏粮于地"战略的重要耕地资源补充，边际土地的开发和利用避免了与主粮争地，新开发的土地保障了粮食和油料作物的生产。危文亮（2008）等测算了42种非木本油料植物的利用潜力，初步认为油莎豆的油脂品质好，综合利用价值高，在边际土地发展潜力最大。针对油莎豆产业，如果我国能够充分利用沙化边际土地种植油莎豆，可以生产约600万吨食用油，综合折算可以减少2000万吨左右的大豆进口，这将改善我国油料作物的进口结构，提高我国食用油自给率，对握紧自己的"油瓶子"具有重要的意义。

（三）生态效益

南疆地区风大、沙大，土壤以砂质土为主，盐碱化程度高，生态环境恶劣，54团曾尝试种植棉花、玉米等农作物，效果都不理想。因此，在塔克拉玛干沙漠西南边缘"严重风蚀、风灾"区如何发展农业，并实现经济效益与生态效益兼顾，是关系到"区域人类生存"的问题，关系到当地城镇村落会不会成为现代"尼雅、楼兰遗址"的问题。油莎豆具有耐旱、耐贫瘠、耐盐碱、病虫害少的特点，并且油莎豆的根系分蘖能力强，根系发达，整个根系可以发育至40~60cm，可以有效地固定沙土。因此，在沙化土地中种植油莎豆，利于其地下根系和块茎的生长，提高了风蚀严重、风灾频发的沙化土地的生物多样性，可以削弱风沙流强度，阻风淤沙，防风固沙的作用十分明显。油莎豆既可以依靠发达的根系不被吹走，又有很强的繁殖能力，只要有一粒块茎留在土中，油莎豆就会重新长出，因此可以有效地减轻土壤风蚀，改善表层小气候。除了防风固沙外，作为豆科作物，油莎豆对于土壤改良和培育地力也有重要的作用，油莎豆的块茎在分解后，可以激活土壤微生物群落，调整沙地微生态环境，增加了土壤有机质，有效地起到了沙地土壤和轻度盐碱地改良修复的作用，拓宽了农业生产空间。研究表明，油莎豆种植后土层的盐分累积显著降低了20~40cm，对改善土壤盐碱化具有重要的作用。因此，油莎豆的种植对干旱区农田的可持续发展，具有重要的生态意义。

除了种植油莎豆本身产生的生态效益外，油莎豆产业化发展，也实现了绿色循环。在种植模式上，两年三熟的"粮、经、草"种植模式有效地实现了作物轮作，既保障了粮食安全，又保持了土壤肥力，降低了农业病虫害。种养循环的发展模式，畅通了种植业和畜牧业之间的能量流动与物质循环，减少了农业化肥使用量，减少了农业和畜牧业的生产"面源污染"和农业碳排放，提高了农村人居环境的质量。

五、油莎豆产业化发展经验与启示

（一）"三个循环"的农业产业化发展模式

54团油莎豆产业化发展"三个循环"：一是"冬小麦+油莎豆"的种植结构，使农作物种植实现轮茬，实现了"粮、经、饲"三元种植结构，既能提供粮食，又能提供油料作物，还可以提供牧草给畜牧业，确保了种植结构上的循环；二是农业结构上的循环，在农牧业结合的基础上，实现了"以农养

（保）牧，以牧促农"的良性循环。油莎豆最早是作为饲草开发利用的，在现代农业中它依然提供了两种"主产品"，即地上的茎叶饲草和地下的根茎油莎豆。茎叶和加工副产品可以作畜牧业的饲草料投入，畜牧业的粪便可以为种植业提供有机肥料；三是在产前、产值、产后"产、加、销"产业化经营的基础上，实现了第一产业为第二产业提供原料，第二产业又通过生产加工中的废弃物加工成饲料、肥料，反馈给农业发展，第三产业是以实现成品销售为目的的商业发展，又必须从价值上反哺"第一、第二产业"，实现了三次产业间的价值循环，增加了产业的效益。"三个循环"是传统农业向现代农业的转变，是推动农业产业化产前、产值、产后"供、产、销，种、养、加"一体化链式发展模式的最好示范。

（二）"政策引导、政府扶持、多主体参与、科技落地、农民受益"组织模式是关键

54团在发展油莎豆产业的过程中，把油莎豆产业发展与国家和地区政府扶持农业产业化发展政策相衔接，进一步研究油莎豆产业支持的具体政策，使政策引导既有地区特色性，又有产业特殊针对性，具有带动一个区域的这个产业振兴的政策效应。

政府扶持是指在农村产业发展过程中，一个新的产业对于农村、农民而言存在一定的行业技术进入壁垒，仅依靠农村的自我创新和自我发展很难实现，并且一个产业在发展到一定规模后才会产生效益，发展前期存在一定的沉没成本，这是农民无法承受的。因此，在新产业发展的前期，需要政府的资源、资金、服务等经济、行政手段来支持产业的落地。各级政府要在特色农产品种植推广等方面予以扶持，使特色产业更好地"萌芽"，尽快形成"规模化种植基地"。

多主体参与是指在产业的发展中，不仅需要政府的扶持，还需要企业、科研实体和农村新型经营主体的共同参与，形成产业化的组织结构，他们之间通过自下而上的产品链和自上而下的利益链，将分散的农民种植基地与农业合作组织，招商引资来的企业主体通过产业组织分工与合作，产生更高的效益，再把做大做强的产业收益按照各利益主体的"价值占有能力"，公平合理地分配到各参与主体，使各个环节都能获得与自身贡献或价值占有能力一致的收益，多主体协调的关键有两个：一是合作能把"蛋糕做大"的系统效

应放大；二是能建立稳固的"利益均沾"分配制度和机制。

技术支撑与落地是指在特色产业化发展的主体结构中，技术起到了双重作用：一是指导和引领产业开发的"先进生产力"作用，既是支撑整个产业发展的关键，又是提高产业价值的关键；二是吸引技术研发主体"科技下乡、人才下乡"，因地制宜研发解决特色产业发展具体科技的问题。这样才能赋予产业以生命力，在面对不确定的市场时有竞争力。

农民受益是指在农业产业发展时，必须确保农民的主体地位，以提高农民收入为主要目标。农民通过种植，为产业发展提供原材料，是特色产业发展的基础，所以必须在产业发展的过程中使农民受益。农民收入提高后，其在生产过程中的积极性、主动性和创新性才能被激发出来，进而促进产业发展。

六、存在的问题与建议

（一）基地规模较小，产业化链各企业的"产能"未能发挥

在油莎豆种植方面，虽然54团油莎豆产业发展已经基本成型，并且成为油莎豆种植面积最大的基地，但是就目前来看，2万亩的油莎豆种植面积仍然较小，规模报酬没有实现，这对产业发展形成了重大的限制。下一步要在第三师图木舒克市的协调下，"垦区"内各团场安排种植10万亩油莎豆，形成"基本规模化"基地建设，以支撑54团"油莎豆产业园"原料供给。进一步与地方政府合作，带动地方农村油莎豆产业发展。

（二）基础研究跟不上，良种良法无定式

54团油莎豆种植基础研究水平不足，主要体现为油莎豆缺乏优质品种资源，并且还未探究出标准的油莎豆种植技术体系和标准化种植模式，使得油莎豆整体的种植成本较高，技术风险较大。发展油莎豆产业，就要关注油莎豆的基础研究，实现专业化种植，必须要有"良种良法"支撑或保障。要建立良种繁育制度，利用先进的育种技术提高种子品质。还需要在栽培技术和水肥技术上不断研究，充分发挥科研机构的作用，制定种植标准（良法）可以提高油莎豆的单位面积产量，降低种植成本，还可以为油莎豆的深加工留

出更大的利润空间。

（三）精深加工未开发、构链建链不到位

54团已经在油莎豆的深加工中探索出"榨油+制取面粉"和"榨油+酿酒"两条加工路线，并通过种养循环模式消纳油莎豆地上茎叶。整体的发展模式跳出了农产品直接销售和初级加工的限制。由于油莎豆独特的"低密油脂、纤维蛋白、低GI淀粉"在"保健食品"精深加工领域的开发空间巨大，因此，发展油莎豆产业需要在保健食品领域继续研究、开发系列"保健食品"。另外，不少研究也发现油莎豆具有药用和生物能源的利用价值，可用来萃取精油或芳香油，这些都是产品附加值更高的利用方向，但是对于技术的要求也更高。在产业基地稳定发展和基础产业链稳定运作的基础上，不断通过"政产学研"合作机制，研究开发更有价值的保健、医用、芳香类产品，提高产业增值水平，如能通过招商引资直接引进"优质企业"，实现对油莎豆产业优化升级，提高油莎豆产业效益，就可使塔里木油莎豆产业快速形成"区域品牌化、基地规模化、加工精深化、产业集群化"，成为区域乡村振兴和确保农民增收的"小特色、大产业"。

（四）产品认知度低，市场开拓能力不足

在油莎豆产品销售方面，54团油莎豆的食品加工产业体系已初步形成，但市场销售体系还未形成，产品的销售渠道少，主动性差，市场对于油莎豆的认知度仍然较低，市场竞争力比较薄弱。这里有"54团产业规模还很小"的限制，但现代市场化农业产业开发必须有两个前提：一是市场开发模式和渠道；二是产业开发的链条，即建链。油莎豆产业的发展前景一旦被三师图木舒克市和莎车县政府认知重视，列入区域重点开发产业，其发展速度和开发规模就会形成"井喷式"发展态势。其油莎豆产业的品牌、商业模式、渠道等都会产生巨大的商业价值。

因此，在油莎豆产业的发展中应加强产品的区域品牌建设，通过制定"标准+认证"的商业模式，提高市场油莎豆产业及产品的认识和品牌价值。更重要的是，油莎豆产业发展应同农村电子商务等新型商业渠道或业态相结合，可以通过天猫、淘宝、拼多多、京东等主流平台进行销售，也可以借助抖音、微信等平台的短视频、直播等形式进行产品推广，逐步形成现代化的

经营销售体系。这些新型商业模式可以有效地解决产品销售过程中的信息不对称问题，拓宽产品的销售渠道，减少商品销售的中间环节，节约交易成本。因此在油莎豆产业发展的过程中，政府要加强绿色产品认证、药食同源认证、农产品地区特色品牌注册等多种形式，逐渐扩大油莎豆的影响力，不断发挥其经济效益、社会效益和生态效益。

第十八章 结论与展望：
塔里木的绿色希望

一、塔里木开发潜力分析

塔里木盆地位于新疆维吾尔自治区南部，西起帕米尔高原东麓，东到罗布泊洼地，北至天山山脉南麓，南至昆仑山脉北麓，大致在北纬37°~42°的暖温带范围内。塔里木盆地东西长1400km，南北宽约550km，面积56万 km^2，是我国、也是世界最大的内陆盆地。塔克拉玛干沙漠位于塔里木盆地中心，东西绵延1000km，南北宽约400km，面积达34万 km^2，相当于9个多台湾省，占全国沙漠面积的47.3%，是我国最大的沙漠，也是世界七大沙漠之一，还是世界第二大流动沙漠。沙漠内部沙丘连绵起伏，一般高70~80m，最高可达250m，多为流动沙丘。

塔里木盆地是大型封闭性山间盆地。天山、昆仑山阻隔印度洋和西太平洋暖湿气流的进入，盆地内降水量小，北部一般在50~70mm，南部一般在15~30mm，空气十分干燥。塔里木属于暖温带气候，气温四季变化大，年均气温9~11℃，无霜期超过200天。自然灾害主要是风沙和干热风，夏季炎热少雨，白天沙面温度高达70~80℃；冬季气候又变得异常的寒冷，气温经常在-25~-20℃，最低气温可达-50℃。春季多风，平均每月大风4~5次，狂风怒吼，飞沙走石，风沙危害始终威胁着盆地周边工农业生产和人民生活。

塔克拉玛干大沙漠的西部盛行西北风，使沙丘向东南方向移动，沙漠东部盛行东北风，使沙丘向西南方向移动，塔克拉玛干流动沙丘总的移动方向是自北向南。故塔克拉玛干沙漠不断向南扩张，向着昆仑山麓推进。2000多年来沙丘平均向南移动了100km左右，使丝绸之路南道的绝大部分古城被风沙湮没。盆地地势西高东低，微向北倾，海拔高度在800~1300m，罗布泊湖面高780m，是盆地最低点。塔里木河位于盆地北缘，水向东流。盆地地貌呈环状分布，边缘是与山地连接的砾石戈壁，中心是辽阔沙漠，边缘和沙漠间是冲积扇与冲积平原，并有绿洲分布。塔里木盆地是一个典型的长期演化的大型叠合复合盆地，盆地沿天山南麓和昆仑山北麓，主要是棕色荒漠土、龟裂性土和残余盐土，昆仑山和阿尔金山北麓则以石膏盐盘棕色荒漠土为主。

（一）塔里木自然资源

1. 气候

塔里木盆地属于暖温带气候，太阳年总辐射量达 575~627 千焦耳/cm^2。年日照时数北部约 3000 小时，南部不到 3000 小时，多风沙和浮尘天气。年均温 9~11℃，南部略高于北部。大陆性气候由西向东加强，冬季东部比西部冷，1 月均温若羌比和田低 3.2℃，比喀什低 2.4℃。冬季均温低于-20℃的寒冻日仅 1~2 天。7 月均温 25~27℃。10℃以上有效积温超过 4000℃，其持续期南部 200 天，北部 190 多天；积温年际变化大。无霜期超过 200 天，北部 200~210 天，南部大多达 220 天以上，气温年均日较差 14~16℃，最大日较差 25℃。自然灾害主要是风沙和干热风。8 级以上的大风（风速大于 17m/s），一年超过 20 天的地区只有若羌、喀什、库尔勒。但盆地边缘植被覆盖度仅 10%，沙漠中心基本无植被，而风速每秒 5 米即起沙，故南部沙暴天气年达 30~40 天。以东北风和西北风为主，盆地边缘沙丘南移现象严重。干热风重害地区为盆地东部，每年 10~20 天；盆地其他地区出现次数较少。

观点之一：塔里木的"光与热"赋予了沙漠无限的"潜能"，20 世纪末，大科学家钱学森在晚年为国家提出了开发沙漠"阳光产业"的建议。依据现有的"光热能源"转换技术和产业，如果塔里木西北、东北缘"上风区"布局了风能发电，塔里木西南东南缘"下风区"布局了太阳板发电，用电力再把塔里木的"盐碱湿地浅层地下盐碱水"处理为作物可以吸收利用的灌溉水，俗称"中水"。那么，国家未来开发利用 1500 万亩的盐碱地计划，就可以"翻几个跟头"。国家的耕地保有量、粮食安全战略保证就在塔里木。

2. 水资源

塔里木盆地的水资源主要来自西风气流带来的北大西洋和北冰洋水汽，从中亚越过天山南脉河谷（如克孜河谷）或从准噶尔盆地越过天山垭口（如哈密、乌鲁木齐）进入盆地。盆地降水稀少，盆地西缘的乌什为 85mm，阿克苏 57mm；北缘的库车 63mm，库尔勒 52mm；南缘从西向东，阿图什 78mm，喀什 65mm，和田 35mm，若羌 17mm。盆地本身无法形成径流，但周围山区年降水量达 200~400mm，可汇流成河到达盆地。较大河流有南部的叶尔羌、克孜勒、盖孜、和田、克里雅、车尔臣（且末）等河流，北部的阿克苏、台兰、渭干、库车及开都（下游称孔雀河）等河流。自然状态下，上述河流能汇纳到塔里木河；在大量引水灌溉情况下，现有水汇入塔里木河的，只有阿克苏、和田、叶尔羌 3 条大河。从周围山区流到盆地的年径流量约 370 亿 m³，东经 84°以东土地面积占 45%，产生年径流量 18%，加上塔里木河向东输送的水量 32 亿 m³，实占 26%；西部土地面积占 55%，产生年径流量 82%，减去向东输送部分，实占 74%。盆地东部的罗布泊是塔里木河终点。

2015 年 9 月 14 日，中国科学家发现塔里木盆地实际上蕴藏着巨大的水资源，其蓄水量是北美洲五大湖总和的 10 倍。盆地地下水的补给主要来自河床、渠道及田间渗漏，地下水动储量为 110 亿~148 亿 m³；提高灌溉管理水平后，动储量还有 70 多亿 m³。地下水的合理利用，对解决盆地春季缺水和保护生态环境都有一定意义。此外，盆地内还有相当数量的地下水静储量，尤其在新生代沉积深厚的拗陷带内，如库车拗陷、喀什—叶尔羌拗陷等地带，亿万年来，从周围山区流到盆地的 370 多亿 m³ 的水资源，大部分都渗漏并积聚于这些地质层，形成了"塔里木地下静态水储量"。

观点之二：塔里木干旱缺水，是生命（绿色）禁区等，是千百年来人类对塔里木的传统认识，特别是把塔克拉玛干沙漠称为"死亡之海"。弄清水资源的数量和质量，对合理开发水资源，播种绿色希望，彻底征服塔里木的"沙魔风神"，开创塔里木美好明天具有理论与实践意义，对于国家石油、耕地战略接替区更具有"里程碑"战略意义。

3. 动植物资源（农业资源）

塔克拉玛干沙漠植被极端稀少，几乎整个地区都缺乏植物覆盖。在沙丘间的凹地中，地下水离地表不超过 3~5m，可见稀疏的柽柳、硝石灌丛和芦苇。但厚厚的流沙层阻碍了这种植被的扩散，而植被在沙漠边缘—沙丘与河谷及三角洲相会的地区、地下水相对接近地表的地区较为丰富。除了上述植物外，尚可见一些河谷特有的品种：胡杨、胡颓子、骆驼刺、蒺藜及猪毛菜。冈上沙丘常围绕灌丛形成。沙漠四周，生长发育着密集的胡杨林和柽柳灌木，形成"沙海绿岛"。特别是纵贯沙漠的和田河两岸，长生芦苇、胡杨等多种沙生野草，构成沙漠中的"绿色走廊"，"走廊"内流水潺潺，绿洲相连。林带中住着野兔、小鸟等动物，为"死亡之海"增添了一点生机。

该沙漠的动物极端稀少，只有在沙漠边缘地区，在有水草的古代和现代河谷及三角洲，动物才较为多样。在开阔地带可见成群的羚羊，在河谷灌木丛中有野猪、猞猁、塔里木兔、野马、天鹅、啄木鸟。在食肉动物中有狼、狐狸还有沙蟒。20世纪初还可见到虎，但它们从那时起就灭绝了。该地区沙漠动物约有272种，高等植物有73种，还有许多低等植物和微生物。稀有动物包括栖息在塔里木河谷的西伯利亚鹿与野骆驼，后者在19世纪末时尚在远及和田河的塔克拉玛干沙漠的多半地域徜徉，但当前只偶然出现于沙漠东部地区。

"塔里木"在维吾尔语中即河流汇集之意。旧时渭干河等河流也汇入塔里木河，后因灌溉耗水过多，塔里木河间已断流。考察发现沙层下有丰富的地下水资源，且利于开发。有水就有生命，科学考察推翻了"生命禁区论"。水源充足河流谷底和山麓盆地已发展为大大小小的灌溉绿洲，著名的有库尔勒、库车、阿克苏、喀什、叶城、和田、于田等。塔里木盆地是中国最古老的内陆产棉区，光照条件好，热量丰富，能满足中、晚熟陆地棉和长绒棉的需要，是中国优质棉种植的高产稳产区。昼夜温差大，有利于作物糖分积累，不利于病虫寄生与传播，因而新疆瓜果资源丰富，新疆瓜果享誉天下。著名的有库尔勒香梨、库车白杏、阿图什无花果、叶城石榴、和田红葡萄等。木本油料的薄壳核桃种植在新疆也很普遍，这里传统手工地毯编织和桑蚕丝织曾经都很发达。

观点之三：塔里木特色农业开发潜力巨大。在已有的传统绿洲农业现代化进程中，在已启动的"塔克拉玛干沙漠锁边工程"中开发的现代"新绿洲"，已经享誉天下的"新疆瓜果""新疆干鲜果品"正以"两位数"的速度扩展，而传统的"优质棉基地"等也在提质增效。例如，21世纪规划的"塔里木红枣产业带"已经"独领风骚"，"小面积"产业化的"粮豆"等战略产业，其品质、效益也"独步天下"。更有"塔里木的沙漠牧场"定会是"牛羊的天堂"的说法。

4. 油气资源

塔里木盆地中石油、天然气资源蕴藏量十分丰富，分别约占全国油、气资源蕴藏量的1/6和1/4，是中国最大的含油气沉积盆地。目前已探明油气资源总量约为160亿吨油当量，被地质学家称为21世纪中国石油战略接替地区。塔里木盆地油气勘探始于1952年的中苏石油股份公司，塔里木油田1989

年建成投产后，逐渐成为中国西部的能源经济中心。原油产量不断增长，天然气产量也从 2004 年的约 14 亿 m^3 猛增至 2009 年的 181 亿 m^3，成为"西气东输"工程的主力气源之一。截至 2015 年，塔里木盆地可探明油气资源总量 168 亿吨，油气探明率 14.6%，已发现和探明大型油气田 30 多个，年油气产量当量超 2500 万吨，油气产量当量年均增长百万吨。

观点之四：塔里木是中国最大的含油气沉积盆地，被地质学家称为 21 世纪中国石油战略接替地区。石油基地的建设，意味着投资与劳动的集聚，人类生活对"美丽环境"的诉求，会催生"另一类沙漠绿化、美化行动"，我相信"石油工人一声吼，沙龙也会跟党走"。塔里木石油开发前指基地（塔中小镇）很快就有可能超越"克拉玛依市"，成为中国石油城的"代称"。克拉玛依市建在准噶尔盆地西北缘的荒漠戈壁上，而"塔中"将会屹立在塔克拉玛干沙海中心，那辉煌、那震撼、那"中国奇迹"……

（二）人文历史资源

1. 民族迁移与演化

根据考古发现和文献记载，汉代以前居住在塔里木盆地缘边地区的居民，主要是操印欧语系语言的塞人、月氏人或吐火罗人，他们属高加索人种。汉代，为了争夺西域地区，匈奴人、汉人等相继进入塔里木盆地缘边地区，进而形成自东向西民族迁徙的第一次高潮。汉文帝前元三年（前 177 年）前后，大批匈奴人进入西域，并与汉朝展开对这片土地的激烈争夺。经过长期的战争，至 2 世纪中叶，南匈奴归汉南下，北匈奴西迁。汉代，大批汉人通过从军、屯垦、经商、任官、移民等多种途径进入包括塔里木盆地缘边地区在内的西域地区，成为到达新疆很早的民族之一。魏晋南北朝时期，中原战乱频仍，不少汉人迁往河西，又从河西辗转到新疆。他们和汉代屯田士卒的后裔汇集于今吐鲁番地区，并使该地区成为这一历史时期汉人在新疆聚居比较集中的地区。从北魏文成帝和平元年（460 年）起，这里先后建立起了阚氏、张氏、曲氏等以汉人为主的地方政权，其中曲氏高昌王国传九世，历经 140 余年之久。

突厥是继匈奴、柔然之后又一个在新疆地区建立起自己统治的游牧民族政权。射匮可汗时期（约 610—618 年），突厥汗国正式分裂为东、西两部分，西突厥统有东至阿勒泰山，西到里海的广大地区，"自玉门以西诸国皆役属之。遂与北突厥为敌，乃建庭于龟兹北三弥山"。射匮可汗死后，统叶护可汗即位，他北并铁勒，西拒波斯，南接罽宾，悉归之，控弦数十万，霸有西域，据旧乌孙之地，又移庭于石国北之千泉。其西域诸国王悉受颉利发，并遣吐屯一人监统之，督其征赋。与此同时，亦有大批突厥部落迁入塔里木盆地缘边地区，如葛逻禄等。

除匈奴、汉人、羌人、柔然、高车、突厥、吐蕃等民族和居民先后进入塔里木盆地缘边地区外，南北朝时期，还有嚈哒、吐谷浑等民族在这一地区活动。上述民族和居民进入塔里木盆地缘边地区后，不仅使该地区居民族属更加多元化，而且不可避免地发生不同民族之间的同化和融合。例如，突厥人和各地王族通婚，进而对当地原住居民产生影响。9世纪中叶，吐蕃势力退出西域以后，有不少吐蕃人留在了塔里木盆地缘边地区，特别是和田地区，并融合在了当地原住居民之中。

公元8—11世纪，大批操突厥语族语言的民族部落南下，以及回鹘西迁，他们与塔里木盆地缘边地区的原住居民融合，经过6—7个世纪的融合发展，塔里木盆地周围地区在政治、经济、语言、文化和宗教诸方面逐渐统一，形成了一个新的民族共同体——维吾尔族，使新疆的民族构成发生了巨大变化。

2. 文化旅游资源

塔克拉玛干有着辉煌的历史文化，古丝绸之路途经塔克拉玛干的整个南端。许多考古资料说明，沙漠腹地静默着诸多曾经有过的繁荣。科学家最新一项研究成果表明，塔克拉玛干沙漠可能早在450万年前就已经是一片浩瀚无边的"死亡之海"。科学家对塔里木盆地南部边缘的沉积地层进行了深入分析，发现其中夹有大量风力作用形成的"风成黄土"，年龄至少有450万年，而这些"风成黄土"的物源区（来源地），就是现在的塔克拉玛干沙漠。位于塔里木盆地中央的塔克拉玛干沙漠，面积有34万平方千米，相当于新西兰的国土面积。这里长年黄沙堆积，狂风呼啸，渺无人烟，一座座金字塔形的沙丘屹立在沙漠上。

文旅资源拾贝。在尼雅河流、克里雅河和安迪尔流域，西域三十六国之一的精绝国、弥国和货国的古城遗址，至今鲜有人至或鲜为人知。在和田河畔的红白山上，唐朝修建的古戍堡雄姿犹存。有品位的旅行者都会关注旅途中的人文内涵，关注相关的社会话题。为此，穿越塔克拉玛干有必要了解古丝绸之路文化，而欲了解古丝绸之路文化不能不了解与之密切相关的西域古国历史,以及千百年来各方面的变迁——为什么一系列的故国遗址今天大多远离人类社会,沉默在没有生命的大漠中?这是一个与自然环境及环境保护密切联系的话题。

英国籍匈牙利人斯坦因在西方当时流行的考古探险热潮推动下,于1901年1月来到新疆于田。他在获得尼雅河流域以北沙漠里有古代遗址的信息后,找到进入过尼雅遗址的维吾尔族人,并从他们手中购买了几件从尼雅遗址中带出来的卢文木简,随后带着一批发掘工人和骆驼队,沿尼雅河的干涸河床跋涉数天找到了当前的尼雅遗址,他将此遗址正式命名为"NIYA SITE"(尼雅遗址)。斯坦因的发现,在当时的中外探险考古学术界引起了轰动。因为尼雅遗址不仅是古代丝绸之路的一处重要遗址,它还向人们展示了被斯坦因称为"死亡之海"的塔克拉玛干沙漠所存在的一个悠久、古老、光辉灿烂的沙漠古代文明,尤其尼雅河三角洲的考古文化将会揭示大沙漠环境变迁和历史文化的诸多谜团。之后,越来越多的人关注它、了解它和研究它。于是,"东方庞贝",一个被沙漠掩埋的古代文明构成了历史浪漫主义的新概念,一个世纪以来有关其传说和故事源源不断。1949年后,我国考古单位单独考察或与日本考古学术界联合考察尼雅近10次,1995年10月中日联合考古行动收获最大,考古发现震惊了中外考古学术界。

将中国与中亚及欧洲联结起来的传奇式的商路——丝绸之路沿塔克拉玛干沙漠的北缘和西缘延伸。佛教在最初几个世纪,通过这条横贯亚洲的大路传到东亚,中国的多数外贸和其他对外联系也经由这条路进行。到15—16世纪时,通往东亚的海路已经取代了古老的陆路。一连数世纪,对于欧洲人来说,沙漠及其绿洲城镇成为神秘的僻壤。在三面围绕塔克拉玛干沙漠的高耸山脉和一边毗连的令人生畏的戈壁,严酷地限制了对这一极难穿越的地区的接近。

"沙"旅资源荟萃。塔克拉玛干沙漠由于地处欧亚大陆的中心,四面为高山环绕,在世界各大沙漠中,塔克拉玛干沙漠是最神秘、最具有诱惑力的一个。沙漠中心风沙强烈,温度变化大,全年降水少。变幻多样的沙漠形态,丰富而抗盐碱风沙的沙生植物植被,蒸发量高于降水量的干旱气候,以及尚存于沙漠中的湖泊,穿越沙海的绿洲,潜入沙漠的河流,生存于沙漠中的野生动物和飞禽昆虫等;特别是被深埋于沙海中的丝路遗址、远古村落、地下石油及多种金属矿藏都被笼罩在未知的迷雾之中,等着人们去探寻。

塔克拉玛干沙漠流动沙丘的面积很大,沙丘高度一般在100~200m,最高达300m左右。沙丘类型复杂多样,复合型沙山和沙垄,宛若憩息在大地上的条条巨龙，塔型沙丘群，呈各种蜂窝状、羽毛状、鱼鳞状沙丘，变幻莫测。沙漠有两座红白分明的高大沙丘，名为"圣墓山"，它们分别由红砂岩和白石膏组成，是沉积岩露出地面后形成的。"圣墓山"上的风蚀蘑菇，奇特壮观，高约5m，巨大的盖下可容纳10余人。

　　如果将全国各地的胡杨作比较，无论胡杨之美还是胡杨之刚毅都由新疆获冠。新疆胡杨号称"生而一千年不死，死而一千年不倒，倒而一千年不腐"。在轮台的塔里木河附近沙漠地区，胡杨林的气势、规模均在全国之首，轮台的胡杨林公园也是国内独一无二的沙生植物胡杨树林的观赏公园。当秋色降临，步入胡杨林，四周被灿烂金黄所包围。洼地水塘中，蓝天白云下，胡杨的倒影如梦如幻。由轮台往南100km的沙漠腹地，为大面积原始胡杨林，不少古老的胡杨树直径达1m以上。和田河的胡杨树皆为次生林，大部分树型呈塔状，枝叶茂盛，秋天时通体金黄剔透，此处的胡杨以成片的优美林相为显著特点，加上起伏的沙丘线条，随时进入眼帘的都是一幅美丽的风景画。在塔克拉玛干南部的沙漠中，经常可看到盆景般的胡杨景色，那里的胡杨静静地伫立于沙丘，千姿百态，仿佛人间修饰。

　　胡杨的美离不开其自身的沧桑，树干干枯龟裂和扭曲、貌似枯树的树身上，常常不规则地顽强伸展出璀璨金黄的生命，让大漠恶劣环境中的死亡与求生协调地表现出来。2016年1月14日，"死亡之海"塔克拉玛干沙漠中，胡杨身披雪白晶莹的雾凇。从2015年底以来，有"死亡之海"之称的新疆塔克拉玛干沙漠频现雾凇奇观，黄沙映着晶莹的雾凇，把"死亡之海"北部装扮成了一个璀璨迷离的童话世界。从秋天到第二年春天、每年10月下旬到11月中旬20天左右的时间，是穿越塔克拉玛干沙漠的黄金季节，最重要的是塔里木盆地的胡杨树叶非常张扬地变成一片金黄，在美景如画的和田河行走，能获取更丰富多彩的体验。

　　观点之五：21世纪，中东的迪拜、埃及、我国内蒙古等地沙漠旅游已成为新的经济增长点。作为中国最大的沙漠，塔克拉玛干沙漠旅游开发"方兴未艾"，潜力无限，"沙漠探险""文明溯源"是塔里木旅游的两大主题。旅游者的猎奇、探险、体验和增长知识的心理需求及特性，塔里木大漠沙海、斜阳沙浪等沙漠景观本身所具有的独特的自然美，塔里木人类古文明交会的历史文化遗迹，把沙漠与旅游紧紧联系起来，使沙漠成为一种特殊的旅游资源，也使沙漠旅游发展成为一项富有情趣和刺激性的旅游活动，环塔里木地区作为非遗资源富集地，需要进一步探讨环塔里木地区非遗旅游开发模式。

（三）经济社会资源

在行政区划上，塔里木盆地周边分布阿克苏、喀什、和田、克孜勒苏柯尔克孜自治州、巴音郭楞蒙古自治州5个地（州）的42个县（市）和生产建设兵团4个师的55个团场。巴音郭楞蒙古自治州2020年总人口161.38万人，占新疆总人口的6.24%，是以维吾尔族为主体的多民族聚居区。2020年实现生产总值1106.29亿元，占全疆生产总值的8.02%；其中，第一产业产值178.97亿元，占全疆的比重为9.03%；第二产业产值546.99亿元，占全疆的比重为11.53%；第三产业产值380.33亿元，占全疆的比重为5.38%。

二、塔里木开发与社会经济现代化

（一）塔里木文明演进

塔里木盆地是东西方文化交汇地，是绿洲农耕文明与西域游牧文明交汇地。塔里木盆地的特殊地理位置和丰富自然资源，使之成为古代丝绸之路的畅行要道，成为东西方文明的沟通桥梁和多元文化的交会之地，繁育出无数记载中华文明历史的珍贵文化遗产。塔里木河流域是我国古代西域绿洲文明的发祥地，它与长江、黄河一样古老，生息繁衍着以维吾尔族为主体的勤劳智慧的各族人民，共同创造与发展了西域文明、灌溉文明以及罗布文化、屯垦文化、绿洲文化等多元文化，共同汇入中华民族绚丽多彩的文化洪流。

塔里木河流域丰富的水利资源，使塔里木河流域的游牧狩猎文化走向绿洲农耕文化。塔里木河是塔里木流域广袤土地的灌溉水源，给大漠戈壁的生灵万物带来了生机和希望。为了收获庄稼，塔里木河流域的先民逐步开发了以塔里木河为母体的分散的灌溉系统。塔里木河流域及其源流和支流都是古代主要灌区。早在西汉时期，就有了塔里木河中下游轮台、渠犁的灌溉工程。汉宣帝时西域都护府在焉耆、龟兹设营屯田，屯田军民在今沙雅县、新和县修建很多渠道引水灌田。塔里木河下游罗布泊地区，成为田畴阡陌成片、水网渠道纵横的著名屯田区。东汉时西域动乱，中原与西域关系"三绝""三通"，农田水利事业虽然受到严重影响，但疏勒、楼兰、精绝等地的屯田还是断断续续进行了一百多年。从事屯田的军民还在这一时期构建了规模宏大的楼兰城官署。魏晋南北朝时期的农田水利建设主要集中在塔里木河下游的楼兰、尼雅、伊循等地，当时楼兰不仅设有戊己校尉，还设置了西域长史，对这一地区实行政治、军事和屯田的领导与管理。在屯田耕种的士卒中，还有守堤管水的专职军官。隋唐时期，塔里木河流域的伊循、且末、焉耆、龟兹、乌垒、疏勒等地，"大开屯田""规模宏远"，成为农田水利开发的重点地区。设在龟兹的西域最高权力机构西域都护府，分别设置了"掏拓所"和"知水官"等各级专管农田水利的机构官吏，每年负责组织军民整修土地，修建水利工程。清朝新疆的屯垦发达，仅1840—1850年，新垦荒地125万亩，其中南疆72万亩。1933年，新疆建立了屯垦委员会，在全疆掀起了大办水利工程和屯垦的高潮。中华人民共和国成立后，在1954年成立新疆生产建设兵团，在大沙漠边缘建起了58个团场。经过50多年的稼穑耕耘，农三师的18个农牧团场在塔克拉玛干沙漠边缘400多km的戈壁荒原上，平均向沙漠腹地推进了30km，造出人工林近5万公顷。塔里木河历史上曾经一次又一次地进行农田水利建设，孕育出人类繁衍的绿洲、城镇和文明因子，而塔河自然地理背景下的屯垦历史和灌溉文明，成为塔里木河流域历史文化的基本特征。

丝绸之路的开通，是塔里木盆地及周边民族部落文化的最初整合，与黄河文化不同的是，这种整合是极其松散顺其自然的，各绿洲单元既保存了自己的特性，又提供了异质文化交流渗透的土壤。于是塔里木河流域绿洲文化有了吸纳和创造的广阔发展空间，也有了选择、扬弃、转化、传播外来文化的极大自由度。其中最伟大的变革，是塔里木河流域的游牧狩猎文化走向绿洲农耕文化，这是划时代的进步。塔里木河水给大漠戈壁的生灵万物带来了无限生机。有森林草原，就有农田庄稼，为了收获，人们掌握了耕作技术并开发了以塔里木河为母体的分散的灌溉系统，于是，农耕文化时代开始了，塔里木河孕育的西域文明，达到了一个开创新纪元的高度。塔里木河流域的茫茫沙海中，埋藏着数十个一度辉煌的古代王国；那些废墟深处，隐藏着消失千年的西域文明，表明这里的人们曾经是人类文明最早的创造者、接纳者和传播者，至今仍燃烧着独具魅力的历史文化的光焰，闪耀着时明时暗若隐若现的神奇色彩。

塔里木河的神秘性，正是它的文化性之所在。它对人类文明已有的建树和未来的开拓意义，是其他大江大河无法替代的，是独一无二的。因此，塔里木河的名字，完全可以与尼罗河、印度河和恒河、黄河和长江的名字并列在一起。一条河流就是一部历史。河流比历史生动鲜活，永远奔腾不息……

塔里木河是伟大的，它有自己独一无二的优势。没有它，希腊文明、波斯文明、埃及文明、印度文明与华夏文明的撞击交汇可能要推迟许多个世纪；影响世界文化的中国四大发明，也许会长久地留在东方封闭的大地上；世界也许会是另外一种格局，另外一种状貌。甚至，欧洲的文艺复兴、工业革命也会缺少了适宜的催化剂。没有塔里木河就没有"丝绸之路"，就没有西域文明，也就没有了塔里木盆地36个或50多个绿洲王国，没有了高度发达的塔里木河流域三大文化中心——于田文化中心、龟兹文化中心、楼兰及罗布泊文化中心。当然也就难以孕育来源于中西文化相交，又影响中西文化发展的西域文明因子。

（二）中国式现代化塔里木模式与路径

在中国式现代化大背景之下，新疆塔里木盆地及其周边地区的发展，需结合当地资源禀赋、地理环境、历史文化等特点，探索出的一种现代化发展模式及其实现路径。

塔里木盆地拥有丰富的石油、天然气、煤炭等资源，这些资源的开发成为推动地区经济发展的主要动力。因此，要加大石油、天然气等资源的勘探开发力度。建立资源转化基地，推动资源就地加工转化，延长产业链。在资源开发的同时，强调生态环境保护，实施一系列生态修复和环境保护措施，如实施退耕还林、退牧还草等生态工程，恢复和保护生态环境。加强水资源管理，确保水资源的合理利用和可持续发展。同时，加强与周边地区的经济合作，推动区域一体化发展，形成优势互补、共同发展的格局。科技创新是第一发展动力，塔里木盆地要依托科技创新，提高资源利用效率，推动产业升级，发展特色农业，提高农产品附加值。推动工业转型升级，发展高新技术产业和战略性新兴产业，实现高质量发展。加强交通、通信、水利等基础设施建设，提高区域互联互通水平。推进城市化和新型城镇化，改善居民生活条件。尊重和保护各民族文化，促进多元文化的交流与融合，构建和谐稳定的社会环境。加强文化交流，促进各民族文化的相互理解和融合。发展文化旅游，打造特色文化旅游品牌。

（三）塔里木新质生产力开发与经济现代化

塔里木新质生产力开发与经济现代化是指在中国新疆塔里木盆地，通过科技创新和产业升级，开发新型生产力，推动地区经济向现代化转型的发展策略。塔里木新质生产力开发，核心是科技创新，通过增加研发投入（如增加对科研的投入），支持关键技术研发（如新能源技术、节水灌溉技术、生物技术等）。人才是科技创新的原动力，塔里木盆地地区要通过培养和引进高技术人才，提升科技创新能力。在科技创新的前提之下，可以通过开发风能、太阳能等清洁能源提高能源利用效率。水资源的利用在塔里木盆地地区尤为重要，有关部门要通过推广节水灌溉技术，提高水资源利用效率；优化产业结构，首先通过发展现代农业，提高农业生产效率和产品质量，实现农业现代化；推动传统产业升级，培育新兴产业，如新能源、新材料、生物医药等。新质生产力的开发有助于提高塔里木盆地生产的全要素生产率，推动当地经济现代化，实现经济高质量发展。

（四）塔里木社会治理现代化与乡村振兴

在新时代背景下，结合国家发展战略，实施社会治理创新和乡村振兴战略的具体实践。

社会治理包括法治建设、社会治安、民族团结、公共服务和基层治理几个方面。当地政府要建立健全法律法规体系，确保社会治理有法可依；加强法治宣传教育，提高公民法治意识，提高当地法治建设能力；通过加强社会治安防控体系建设，提高打击犯罪的能力；推进智慧城市建设，利用现代科技手段提升社会治理效率，加强社会治安。同时，坚持民族区域自治制度，保障各民族平等权利。加强民族团结进步创建活动，促进各民族交往交流交融。塔里木社会治理现代化还有一个重要的表现方面是公共服务的优化，一是提升公共服务水平，包括教育、医疗、文化等。二是推进基本公共服务均等化，缩小城乡、区域差距。基层治理是社会治理的重要环节，加强基层政权建设可以提升基层治理能力；推行网格化管理可以实现社会治理精细化。

乡村振兴的核心是产业振兴，当地政府要结合塔里木盆地的资源优势和产业基础发展现代农业，推广现代农业技术，提高农业生产效率和产品质量。发展特色产业，如特色种植、特色养殖、乡村旅游等。绿色是新质生产力的底色，加强生态环境保护，实施退耕还林还草、防沙治沙等生态工程，推广绿色生产方式，发展循环农业，有利于加强塔里木盆地的生态环境保护。当地产业的发展需要有良好的外部环境，因此，当地政府要改善农村基础设施，包括交通、水利、电力、通信等，并通过提升农村人居环境，改善农村卫生条件,为乡村振兴提供基础设施保障。人才振兴是乡村振兴的有力支撑,加强农村人才队伍建设,吸引和培养各类人才,能够推动农村教育、科技、文化等事业发展。另外,当地政府还要加强农村基层党组织建设,发挥党组织的战斗堡垒作用;推进农村社区建设,增强农村集体经济发展。

三、兵团"南进"战略与南疆稳定繁荣

(一)新疆兵团的使命与作用

兵团成为安边固疆的稳定器,体现了新时代兵团履行职责使命的基本要求。立国边防重,边固国才安。成为安边固疆的稳定器,这是由兵团的性质和肩负的职责使命决定的。中央明确规定:"兵团是党政军企合一的特殊组织""是维护新疆社会稳定,建设和保卫边疆安全的一支可靠的重要力量",要求"随着经济体制的根本转变,兵团的体制、职能也需要相应的改革,但劳武结合、屯垦戍边的任务不变。"戍边是兵团的主业而不是副业,"特殊组织"是实体而不是虚体。几十年来,兵团时刻牢记职责使命,听从党的召唤,顺利完成剿匪平叛,参加中印自卫反击战和"伊塔事件"边境管控及"三代"(代耕、代牧、代管)任务,参与平息百余起恐怖、骚乱、暴乱事件,兵团战略稳定作用、战略支撑作用、战略储备作用、战略影响作用在实战中进一步凸显,在实践中得到历史验证。近年来,兵团努力打造一支听党指挥、能打胜仗、作风优良、召之即来、来之能战、战之必胜的维稳戍边队伍,通过不断提升"兵"的能力,彰显"军"的属性。

兵团成为凝聚各族群众的大熔炉,是新时代更好发挥兵团特殊作用的重要途径。反对民族分裂、维护祖国统一,是国家最高利益所在,也是新疆各族人民根本利益所在。当前,新疆民族工作的内外环境发生了很大变化,对做好民族工作提出了新要求。要解决这个"最难""最长远"的问题,就要立足"三个离不开",增强对伟大祖国、中华民族、中华文化、中国共产党、中国特色社会主义的认同,为建设团结和谐、繁荣富裕、文明进步、安居乐业、生态良好的新时代中国特色社会主义新疆夯实基础。要加强制度设计,实现机制化、程序化、规范化,深化兵地深度嵌入、深度融合联动机制,形成区域发展联动、经济融合创新、文化交融共建、维稳责任共担、民族团结

共创的局面。在经济融合创新上，加强生产布局、市场体系、基础设施、公共服务的统筹规划，实现资源共享、优势互补、共同繁荣，使兵团的发展成果更多惠及兵地各族群众。在社会发展融合上，探索建立兵地教育、文化、医疗等公共资源服务对接机制。在维护稳定上，构建兵地一体、上下联动、应对及时、处置有力的维稳反恐体系。

兵团成为先进生产力和先进文化的示范区，是新时代兵团更好履行职责使命的着力方向。兵团因治国安邦而产生，因屯垦戍边而存在，因先进生产力和先进文化而快速发展。中华人民共和国成立初期，为了摆脱边疆地区的落后面貌，兵团人节衣缩食搞建设，用很短时间就建成了八一钢铁厂、十月汽车厂、七一棉纺厂等一大批工矿企业，开创了新疆和兵团现代工业的先河，为新疆和兵团经济发展奠定了坚实的基础。新形势下，兵团发挥维稳戍边特殊作用，做好新疆社会稳定和长治久安这篇大文章，充分发挥兵团先进生产力和先进文化的带动示范作用，不断增强凝聚力、引领力。如今，兵团已经成为拥有14个师、11个市，几千个国有独立核算工交建商企业的特殊社会组织，年生产总值近3000亿元，在天山南北和上千千米的边境线上，形成了中国内陆干旱地区独具一格的机械化、集约化、大规模现代化农业体系；形成了以轻工、纺织、食品、制革为主，兼有煤炭、建材、化工、电力、机械制造等门类的工业体系。屯垦兴则边疆兴，屯垦废则边疆乱。兵团肩负着任重道远的职责使命，要进一步利用兵团集约化管理、城镇化建设、新型工业化发展和现代化农业的优势，倡导先进文明生产生活方式，做好核心价值观示范引领，推动构筑各民族共同的生活和精神家园。

（二）新疆兵团向南发展战略

新疆一盘棋，南疆是"棋眼"。落实好党中央关于兵团向南发展的决策部署，既是当务之急，更是战略之举。兵团向南发展，是以习近平同志为核心的党中央作出的重大决策部署，是实现新疆社会稳定和长治久安的关键一招，是兵团必须完成好的重大政治任务。千难万难也要向南，兵团党委以强烈的使命担当坚定坚决推进向南发展。

2018年伊始，兵团党委七届三次全会对推进向南发展工作作出部署——加快推进兵团向南发展，进一步强化"棋眼"意识，加快南疆兵团产业升级发展步伐，深入推进南疆兵团城镇化建设，带动人口集聚和增长。

紧接着，兵团党委向南发展工作会议召开，要求各级深刻体会、全面把握中央关于兵团向南发展决策部署的重大意义、总体要求、基本原则、战略布局和重点任务，进一步强化"棋眼"意识，增强推进兵团向南发展的责任感、使命感、紧迫感。

"坚定坚决贯彻落实党中央决策部署，努力推动兵团向南发展实现新突破。""强化问题导向，狠抓责任落实，确保兵团向南发展不断取得新成效。""强化责任分工，积极主动作为，坚定不移推进兵团向南发展。"孙金龙多次主持召开兵团党委向南发展工作领导小组会议并赴南疆师团调研。南疆师团产业发展呈现蓬勃之势，城镇面貌焕然一新，脱贫攻坚工作实现突破，向南发展形成强大合力、呈现良好势头。

举全兵团之力推进，深入落实党中央关于兵团向南发展决策部署。

兵团党委向南发展工作会议指出，要深入落实党中央关于兵团向南发展的决策部署，紧紧抓住集聚人口这个核心，坚持以新型工业化为主战略，着力推进城镇化，全力打赢脱贫攻坚战，深入推进兵地融合，推动南疆实现更有利于长治久安的结构性变化。

在十四师皮墨北京工业园区一角，金泰针纺织品有限公司厂房内，一台台纺织设备在运转，工人有序忙碌着。这里的企业可以享受到用工、用地、用电等优惠政策，目前，该园区民营企业达46家，占园区企业总数的92%，吸纳1271人就业。这只是南疆师团产业快速发展的一个缩影。在南疆师团，一个个项目落地开花，越来越多的少数民族职工群众在家门口就业。

推动产业优化升级，是顺应发展大势、抢占竞争制高点的战略选择，是破解发展难题、培育发展新动能的迫切要求。兵团将振兴南疆产业作为激活"棋眼"的"先手棋"，加快推进新型工业化主战略。

在产业发展过程中，南疆师团紧密结合自身区位优势、资源禀赋，有计划有步骤地加快发展纺织服装产业、农副产品加工业、家电装配制造业、农业生产资料和农用化工产品制造业、矿产资源加工业、装备制造业等。

对于兵团来说，城镇既是经济发展增长极、建设全面小康火车头，又是现代文明聚集地、维稳戍边新堡垒、人口人才蓄水池。兵团深入推进南疆兵团城镇化建设，构建就近就便嵌入式发展、应急处突的战略布局；坚持能快则快原则，完成好南疆重点团场的建镇任务和改造提升工作；补齐南疆城市城镇基础设施和公共服务设施短板，进一步完善城市城镇的教育、医疗、文化、信息等公共服务设施。

如今，阿拉尔市、铁门关市、图木舒克市、昆玉市 4 座城市正在迅速崛起，逐步形成与周边地方城镇功能互补、适应维稳戍边战略需要的兵团环塔里木盆地南疆城镇带。

从改善贫困团场教育、住房和基础设施条件入手，兵团推进"三个加大力度"扶贫：加大教育扶贫力度，九年义务教育巩固率达 98.42%，义务教育残疾儿童入学率达 90.9%，实现建档立卡贫困学生资助全覆盖；加大健康扶贫力度，将免费体检范围覆盖到兵团所有居民；加大基础设施建设力度，在水利资金安排上进一步向贫困团场倾斜，争取中央资金近 10 亿元用于加强贫困团场水利基础设施建设。

产业和城镇的发展也为兵地融合注入了活力。同学习共成长，十四师一牧场的学校是周边多个县乡孩子入学的首选；同吃同住，在十四师 224 团，大量的地方劳务工融入团场建设与增收致富的洪流；同发展共致富，在 224 团和泰新村，胡木旦村和英阿瓦提村 540 户居民满怀感恩入住新居，他们不仅分到了土地，还学到了技术，个个兴高采烈。

从全局高度谋划，奋力开创兵团深化改革和向南发展新局面。

只有深化改革，才能激发内部活力、释放发展潜力。兵团上下牢牢把握兵团深化改革的正确方向，抓住改革的重大问题和关键环节，为兵团向南发展注入了强大动力。

兵团开展财政管理体制改革，加大了对南疆和边境团场公共服务的支持力度，对推进城镇化、产业化效果突出，集聚人口作用发挥明显的团场实施财政激励政策。兵团更从支持南疆兵团壮大产业、完善基础设施、拓展发展空间、加大干部人才引进力度等方面入手，全力推进向南发展。

改革是动力之基、活力之源。兵团深化改革，使兵团优势地位凸显，为兵团向南发展提供了全方位、多层次、宽领域的动力支持。深化改革壮大了兵团综合实力，使兵团各项事业取得显著进步，为兵团向南发展构建了坚实的基础和有力的支撑，推动了兵团向南发展不断取得新突破。同时，深化改革各项举措的实施，使南疆各团场发生了巨大变化，职工群众生活得到了有效改善，稳定基础更加牢固，为兵团向南发展打下了良好基础。

（三）新时期环塔里木"兵地融合"发展格局

1. 推进兵地经济融合发展

推动兵地农业社会化服务政策、项目等协同对接，促进农业产前、产中、产后服务深度融合。推动兵地在农机具研发推广、农资产品研发、检验检测、新技术应用等方面深度合作。共建产业园区，完善利益分配和分享机制、实现区域内资源和生产要素最优配置。围绕制造业高端化、智能化、绿色化发展，开展多种形式的交流合作。联合做大做强风光电新能源产业，培育特色消费品产业集群。促进兵地粮油、棉花及纺织服装、绿色有机果蔬、奶业、畜产品加工等产业集群布局互相嵌入发展，通过技术融合、产业融合、市场融合进行产业互促、产业交叉、产业重组，形成你追我赶、生动活泼的局面。

2. 推进兵地生态环境共护

完善兵地常态化信息沟通、联席会议机制，共同精准治污、科学治污、依法治污，共同治理、淘汰、清退各种落后产能和高污染企业。共筑国家西北生态屏障，共同推动绿色低碳发展，共同抓好生态环境保护，共同推进环境污染治理。加快推进塔里木河、孔雀河、车尔臣河、额尔齐斯河、伊犁河流域生态廊道建设，统筹推进山水林田湖草沙综合治理、系统治理、源头治理和一体化保护。

3. 推进兵地基础设施共建

合力建设现代基础设施网络，加快推进兵地水利、交通、电力、能源、通信、金融市场等互联互通、共建共享。加强现代化水利基础设施建设，加强流域水资源统一管理和联合调度，统筹做好兵地节水蓄水调水集约用水文章，推进大中型灌区续建配套和现代化改造。统筹规划兵地"三区三线"国土空间规划体系。协同提升中欧班列运营效能，优化交通运输结构，提高运输效率与质量。完善内联外畅的公路体系。提高乡村（连队）公路通达深度，拓宽"瓶颈路"、打通"断头路"。

4. 推进兵地公共服务共享

建立合作互动机制，构建社会事务公共服务一体发展新格局。在教育领域，组建兵地学前教育、基础教育、职业教育、高等教育联盟。推进师团优质教育资源向地县、乡镇开放，加强政策对接、标准衔接、服务链接。在医卫社保领域，建立兵地重大疫情和突发公共卫生事件联防联控机制、信息共享机制，共建应急防控指挥中心、医疗物资储备中心；推进区域内医保社保一体化，实现医保刷卡社保缴费一卡通、区域内医院检查结果互认、优秀医生资源共享。在住房公积金办理方面，建立跨兵地区域转移接续和互认互贷机制，实现"账随人走、钱随账走"。